Mobiliário no Brasil

ORIGENS DA PRODUÇÃO E DA INDUSTRIALIZAÇÃO

Dados Internacionais de Catalogação na Publicação (CIP)
(Jeane Passos de Souza – CRB 8ª/6189)

Santi, [Maria] Angélica
    Mobiliário no Brasil: origens da produção e da industrialização / [Maria] Angélica Santi. – São Paulo: Editora Senac São Paulo, 2013.

    Bibliografia.
    ISBN 978-85-396-0357-2

    1. Mobiliário brasileiro : História 2. Móveis (Indústria) 3. Móveis Cimo : História I. Título.

13-098s   CDD-749.0981

Índice para catálogo sistemático:
1. Mobiliário brasileiro   749.0981

Mobiliário no Brasil

ORIGENS DA PRODUÇÃO E DA INDUSTRIALIZAÇÃO

M. ANGÉLICA SANTI

Editora Senac São Paulo – São Paulo – 2013

ADMINISTRAÇÃO REGIONAL DO SENAC NO ESTADO DE SÃO PAULO
Presidente do Conselho Regional: Abram Szajman
Diretor do Departamento Regional: Luiz Francisco de A. Salgado
Superintendente Universitário e de Desenvolvimento: Luiz Carlos Dourado

EDITORA SENAC SÃO PAULO
Conselho Editorial: Luiz Francisco de A. Salgado
Luiz Carlos Dourado
Darcio Sayad Maia
Lucila Mara Sbrana Sciotti
Luís Américo Tousi Botelho

Gerente/Publisher: Luís Américo Tousi Botelho (luis.tbotelho@sp.senac.br)
Coordenação Editorial/Prospecção: Dolores Crisci Manzano (dolores.cmanzano@sp.senac.br)
Comercial: comercial@editorasenacsp.com.br
Administrativo: grupoedsadministrativo@sp.senac.br

Edição de Texto: Marília Gessa
Preparação de Texto: Sandra Brazil
Revisão de Texto: Globaltec Editora Ltda., Ivone P. B. Groenitz (coord.)
Projeto Gráfico, Capa e Editoração Eletrônica: Antonio Carlos De Angelis
Impressão e Acabamento: Coan

Proibida a reprodução sem autorização expressa.
Todos os direitos reservados à
Editora Senac São Paulo
Rua 24 de Maio, 208 – 3º andar – Centro – CEP 01041-000
Caixa Postal 1120 – CEP 01032-970 – São Paulo – SP
Tel.(11) 2187-4450 – Fax (11) 2187-4486
E-mail: editora@sp.senac.br
Home page: http://www.livrariasenac.com.br

© Maria Angélica Santi, 2013

Sumário

Nota do editor, 7

Prefácio – *Mauro Claro*, 9

Apresentação, 17

Introdução, 21
Aspectos da produção moveleira no Brasil e demandas sociais, 22
Móveis Cimo S.A., 31
Abrangência da obra, 33

MOBILIÁRIO NO BRASIL NOS TRÊS PRIMEIROS SÉCULOS
DA COLONIZAÇÃO, 35
Introdução, 37
Fatores que contribuíram para a caracterização do mobiliário
brasileiro nos três primeiros séculos da colonização, 38
Aspectos formais e técnicos: estágios de sua evolução, 42
Materiais e técnicas construtivas, 71
Repertório tradicional na produção atual, 84
Algumas considerações finais, 97

NOS PRIMÓRDIOS DA INDUSTRIALIZAÇÃO: DO FINAL DO
SÉCULO XIX À SEGUNDA GUERRA MUNDIAL, 99
São Paulo: fulcro impulsionador do processo de industrialização, 101
O historicismo acadêmico e as vanguardas na Europa, 107
O Brasil: da produção artesanal às primeiras indústrias, 119

O QUADRO CULTURAL E A INDUSTRIALIZAÇÃO
NO ALTO VALE DO RIO NEGRO, 149
Introdução, 151
A valorização da cultura do trabalho e o planejamento no Alto
Vale do Rio Negro, 154
O quadro cultural e a industrialização decorrente, 192

MÓVEIS CIMO S.A.: UMA EXPERIÊNCIA DE
INDUSTRIALIZAÇÃO NO SETOR MOVELEIRO, **203**
    Introdução, 205
    A gênese de uma ideia: os irmãos Jorge e Martin Zipperer, 206
    Indústrias Reunidas de Madeiras A. Ehrl & Cia. (1919-1924), 214
    Indústrias Reunidas de Madeiras Jorge Zipperer & Cia.
    (1925-1939), 230

A MÓVEIS CIMO S.A. EM SEUS DIFERENTES ASPECTOS, **265**
    Introdução, 267
    O desenho industrial, 272
    Outros desdobramentos, 312
    Algumas considerações finais, 337

Bibliografia, 345

Nota do editor

A Editora Senac São Paulo apresenta uma obra singular voltada para a área do design de móveis, a qual traça a seus leitores o perfil das origens da produção e da industrialização moveleira no país, destacando as matrizes culturais regionais e contextualizando a composição da produção industrial do mobiliário em escala de circulação nacional.

Mobiliário no Brasil: origens da produção e da industrialização é resultado da combinação da escrita prazerosa de M. Angélica Santi e de sua pesquisa ímpar a partir de entrevistas, análises de documentos, catálogos, fotografias, e, principalmente, de inúmeras peças de mobiliário.

A experiência e o conhecimento adquiridos pela autora em seu trabalho acadêmico e em sua atuação como designer provêm ao seu texto originalidade na abordagem e na análise da produção moveleira, de seus primórdios ao cenário contemporâneo.

Partindo da apreciação técnica detalhada de peças individuais, a autora explora as conexões entre o cenário atual industrial e nosso passado colonial e artesanal. Para tanto, elege como objeto central de seu estudo a Móveis Cimo, de enorme importância histórico-cultural por ter representado um marco divisor entre a produção artesanal e a industrialização do mobiliário brasileiro.

Conforme ressalta a autora nos capítulos deste livro, o mobiliário da Cimo simboliza uma época de mudanças sociais e incorpora novos valores, ao mesmo tempo em que resgata momentos significativos do passado e da história do Brasil. Assim, ainda que realizando um trabalho focado na trajetória de uma empresa, a autora não deixa de construir um panorama geral dos aspectos constitutivos da identidade do mobiliário brasileiro, com relação ao design, ao planejamento industrial e investimento em tecnologia apropriada ao produto, à formação e especialização da mão de obra e à definição de metas mercadológicas.

Prefácio

O estudo apresentado neste livro por Maria Angélica Santi mapeia e problematiza as origens da produção e da industrialização moveleira no Brasil e o faz indicando as conexões entre nosso presente industrial e nosso passado colonial e artesanal. Maria Angélica incorpora, nessa reconstrução da história de nossas origens moveleiras, as contribuições indígena, africana e europeia. O estudo traça um caminho certeiro, pois, após a historicização inicial, foca-se na análise do percurso de uma empresa cuja história, apresentada no livro, coloca-a como um caso paradigmático da incorporação de saberes diversos, artesanais e industriais: trata-se da Móveis Cimo que, como se esclarece, possui várias denominações desde o início da produção de cadeiras em 1921, vindo o nome Cimo (de 1944) a firmar-se, retrospectivamente, para o todo da operação fabril.

O texto abarca as primícias da produção moveleira brasileira, ainda na época colonial, mas o faz de modo particular, centrado em análises de peças individuais, por meio das quais a autora conduz o leitor pelos caminhos da técnica da marcenaria. Tais análises, que se repetem em todas as fases do estudo, são o ponto alto do trabalho que mescla erudição técnica – afinal a autora tem uma longa experiência com a fabricação de móveis, além de ser professora e pesquisadora acadêmica – com o necessário cenário imediato no qual ocorrem as diversas produções que analisa. A coleta de dados é feita em fontes primárias – são entrevistas com indivíduos que participaram dos acontecimentos e pesquisa em documentação técnica e administrativa da empresa Cimo –, o que traz fundamentos sólidos às conclusões que vão surgindo ao longo do estudo. É por meio dessas análises, aliadas à exposição dos fatos que as contextualizam, que vamos conhecendo as diversas articulações que permitem que a mão de obra artesanal aumente e dê vida a um processo que se consolida posteriormente como industrial.

A narrativa histórica é entremeada por análises técnicas rigorosas de peças de mobiliário, o que dá ao estudo sua força particular. Tal método – técnico, historiográfico e crítico – ainda não é suficientemente aplicado pelos pesquisadores do móvel moderno brasileiro, muito mais dedicados a apreciações também fundamentais, porém mais tributárias da história cultural. A autora não se perde na história, sem estabelecer relação com o que está sendo dito; ao contrário, sabe ponderar e dosar a informação necessária para, em seguida, abordar seu problema específico e, desse modo, caminhar por um espaço de reflexão concreto, no qual a história entra como elemento problematizador, nunca acessório. Desde já, é preciso dizer que o campo dos estudos do móvel brasileiro ganha, nesse aspecto, sem prejuízo dos outros que aparecerão ao longo da leitura, uma contribuição de primeira grandeza.

Os dois primeiros capítulos são históricos (concisos e úteis para os fins do estudo, sem se perderem nos fatos recuperados), os dois seguintes discutem o quadro cultural da colonização alemã no nordeste de Santa Catarina e a gênese da produção industrial nessa região; o quinto e último detalha o desenho industrial em todas as etapas dos diversos estágios da Cimo. A descrição inicial acerca dos usos, costumes e técnicas relativos à produção do móvel no Brasil colônia, sobre o Liceu de Artes e Ofícios em São Paulo e sobre a Revolução Industrial inglesa, com os desenvolvimentos bastante conhecidos (e pontuados no livro) da cadeira Thonet, do movimento Artes e Ofícios, da Deutscher Werkbund e da Bauhaus, dá lugar, conforme se aproxima na narrativa o ano 1921, ao exame do caso da então fábrica de caixas A. Ehrl & Cia., embrião da Móveis Cimo. As referências tratadas nos capítulos anteriores se consubstanciam na análise desse caso, e os antecedentes citados ganham contornos específicos, na medida em que o texto expõe a paulatina estruturação da empresa.

Nesse ponto, passamos a acompanhar aquilo que é o eixo central do livro: a configuração industrial de uma marcenaria no sul do Brasil, na primeira metade do século XX. A descrição do caso Cimo mostra o esforço empreendedor da família Zipperer, de imigrantes alemães, cujo patrono era marceneiro de ofício, e as muitas mudanças empresariais das quais o empreendimento foi objeto ao longo de seus mais de 60 anos de duração, entre 1921 e 1982. Por meio de detalhadas análises de processos produtivos, pode-se acompanhar a incorporação (em geral, bem-sucedida) de elementos do saber artesanal na produção industrial e, por esse intermédio, visualizar um processo que certamente ocorreu em muitas outras fábricas de móveis brasileiras em meados do século XX, das quais não restou tanta documentação industrial. A "componentização" e o uso do sistema de arcos vergados e de compensado laminado e moldado, nas décadas iniciais, são elementos essenciais para a massificação e racionalização da produção e são conquistas decorrentes de pesquisa em tecnologia, compra de máquinas, treinamento e aperfeiçoamento de mão de obra e, não menos importante, da presença de mestres de ofício. Nos decênios intermediários e nos finais, outros processos (revestimento laminado no compensado, uso de aglomerado e máquinas computadorizadas, além da própria descentralização da produção em várias cidades) foram também incorporados. Todos têm seu lugar na história da empresa e são tratados no livro.

No seu conjunto, a obra oferece um panorama do próprio estabelecimento da indústria de móveis no Brasil, do artesanato à manufatura mecanizada em grande escala e desta à produção automatizada. A Cimo representa bem essa história, embora em seu caso a mecanização tenha, a certa altura, como mostrará o estudo, cedido lugar novamente a estratégias de produção parcializadas e, até mesmo, manuais, decorrência de arranjos empresariais que, no auge de sua expansão industrial, tornaram-na uma empresa segmentada. A produção em massa, baseada em processos altamente tecnológicos incorporados nas décadas de 1930 e 1940, passa a conviver, na Cimo, a partir de 1944, com a produção em série, visando atender públicos específicos e aos modismos, numa demonstração de adaptação ao mercado, decorrência da incorporação de várias outras empresas moveleiras nesse mesmo ano. Tal diversificação traz consigo a perda do foco inicial no desenho industrial e aponta para o estabelecimento de um novo padrão, voltado à produção de valores de troca mais simbólicos e menos utilitários (embora o texto não avance por esse caminho, que fica apenas sugerido).

Nesse sentido, aliás, o caso Cimo pode ser referência para a compreensão de um momento de transição da economia brasileira – ainda fundada nas forças locais, antes de sua domesticação pelo capitalismo financeiro internacional (o que ocorrerá a partir dos anos 1960) – para outro, no qual tal incorporação se faz definitiva, empobrecendo um possível projeto de autonomia nacional. Mas isso já seria outra história. Para contrastar, é bom que se diga (e o livro faz isso) que foi com as indústrias Cimo e Patente (outra fabricante precursora), e com o método do desenho industrial utilizado por ambas, que o consumo do móvel no Brasil se popularizou, numa perspectiva que se pode associar ao que ficou conhecido como o programa estético moderno, de cooperação e fusão entre a arte e a indústria.

Maria Angélica Santi, com a pesquisa apresentada neste livro, estabelece um paradigma para os estudos de fábricas de móveis no Brasil. Pela primeira vez, uma obra se debruça com prioridade técnica sobre um acervo de projetos, explorando-o a fundo e fornecendo, desse modo, uma plataforma, um método, que poderá contribuir muito para o avanço dos estudos na área. A disciplina do desenho industrial brasileiro necessita de mais estudos com o caráter do presente livro.

Mauro Claro
Professor da Faculdade de Arquitetura e Urbanismo da
Universidade Presbiteriana Mackenzie, de São Paulo.

Dedico este livro ao meu companheiro Jairo, aos meus filhos Maurício e Daniel e ao meu neto Diego.

Apresentação

Foi o ensino de design, especificamente de móveis, ao qual me dedico há mais de duas décadas, que despertou em mim a necessidade de pesquisar na cultura popular brasileira como eram utilizados os equipamentos necessários às atividades de guardar, comer, dormir, trabalhar e de lazer pela população das cidades brasileiras que se encontram em crescente processo de urbanização desde o final do século XIX.

Nessa procura, encontrei, nas inúmeras fichas deixadas por Ernani da Silva Bruno, no Museu da Casa Brasileira, e nos trabalhos e publicações de Lina Bo e Pietro Maria Bardi, estímulo ao meu estudo, que pressentia que seria árduo diante da escassa bibliografia e pelo fato desta geralmente abordar os tradicionais móveis de estilo usados pelas elites e da que mais recentemente trata do mobiliário moderno.

Também foram referências aos meus estudos – e determinantes para a minha dissertação de mestrado, que resultou na publicação deste livro – as pesquisas realizadas no curso de pós-graduação da Faculdade de Arquitetura e Urbanismo da Universidade de São Paulo (FAU/USP), os ensinamentos do professor Carlos Lemos sobre as raízes da cultura brasileira, o texto de Lúcio Costa referente à evolução do mobiliário brasileiro e as publicações de Tilde Canti, que mostram um levantamento expressivo do repertório tradicional do mobiliário brasileiro, incluindo o popular.

Somam-se às contribuições dos mestres Costa e Lemos as de Ideo Bava, que, a partir de sua prática, escreve sobre os artesãos marceneiros que herdaram o fazer tradicional no trabalho com a madeira e a repercussão da industrialização sobre esses profissionais; o *Estudo da competitividade da indústria moveleira*, coordenado por Luciano Coutinho e João Carlos Ferraz; e a importante contribuição ao design nacional da Baraúna, de Carlos Motta e Maurício Azeredo.

A partir dessas contribuições, foi possível aprofundar os conhecimentos em relação à identidade do mobiliário brasileiro, de suas raízes culturais e na perspectiva da industrialização, quando o móvel se populariza, tornou-se, portanto, importante mapear as contribuições das Indústrias Cama Patente e Móveis Cimo S.A., sendo esta última o tema dos três últimos capítulos, na medida em que ocupa lugar de inegável referência no design nacional.

Minha experiência didática no ensino do design do mobiliário mostrou-me quanto era novo e desconhecido para os alunos (a maioria deles profissionais da área) o mobiliário identificado com a cultura brasileira e o repertório tradicional herdado. Faltavam a esses alunos conhecimentos teóricos e técnicos e conceitos básicos da linguagem plástica que propiciassem a compreensão dos aspectos que caracterizam o mobiliário brasileiro. Percebi, então, a importância de usar uma linguagem direcionada ao ensino do design e que, ao mesmo tempo, não deixasse de ser acessível a profissionais de áreas afins, como museólogos e colecionadores, bem como a todos os que têm interesse por temas relacionados à arte e à cultura.

Agradeço ao meu orientador Gabriel Bolaffi (*in memoriam*), a Michel Arnoult (*in memoriam*) e a Yvonne Miriam Martha

Mautner, que compuseram a banca examinadora da defesa de mestrado, pelo apoio e tempo dedicado a este trabalho e pela indicação da dissertação para publicação, o que me foi um grande estímulo. Sou grata à professora Maria Irene Szmrecsanyi pelo empenho na definição do objeto da dissertação.

Agradeço à Editora Senac São Paulo por ter viabilizado esta publicação e à equipe responsável pelo livro pela dedicação e contribuições valiosas.

Quero agradecer pelo interesse, dedicação e amizade de José Oswaldo Soares, com quem, desde o início, discuto este trabalho. Ele contribuiu com ideias e sugestões valiosas que ampliaram e aperfeiçoaram o texto e me encorajaram à publicação deste livro. Sou grata também a Mauro Claro, pelo apoio, dedicação, companheirismo e afinidade intelectual com o tema.

Agradeço a todos os meus alunos, que, ano após ano, demonstraram crescente interesse pelas aulas e, desejosos de saber, estimularam-me a levar adiante esta pesquisa.

Aos moradores de Rio Negrinho sou verdadeiramente grata pela acolhida humana e carinhosa e por disponibilizarem uma significativa quantidade de material. Na convivência com esses moradores, mergulhei na Cimo e no significado que teve para a cidade. Agradeço especialmente ao Museu Municipal Carlos Lampe e à Foto Weick.

Agradeço aos entrevistados, aos que cederam gratuitamente as imagens, e a todos que dedicaram seu tempo colaborando para a realização desta publicação. À Maria Lina Keil, pela amizade e pelo carinho com que me recebeu, disponibilizando-me sua casa, documentação e fotos da Cimo deixadas por seu querido avô Martin Zipperer.

À Neire, Regina (Reca), Yara e Jairo agradeço, pela generosa dedicação de tempo usado com transcrições de fitas, revisões e discussões, e pelo apoio amigo. Ao Amir, pelas valiosas opiniões sobre o texto, e à Martha, pelas conversas sobre o livro que resultaram em importantes contribuições.

À minha família e amigos devo o apoio afetivo e a compreensão, pois privei-me do convívio e estive ausente em momentos significativos e prazerosos por estar trabalhando no livro.

Introdução

A industrialização do mobiliário brasileiro teve parte de sua origem na produção artesanal. Desde o período da colonização, os artesãos portugueses foram responsáveis pela execução dos móveis e pela formação no ofício de marceneiro. Soma-se a essa herança artesanal a presença marcante das culturas indígena e africana e, posteriormente, a dos imigrantes no final do século XIX e início do século XX. A partir de então, coube aos artífices que trouxeram consigo alguma formação de seus países de origem, principalmente aos italianos e espanhóis e, em menor número, aos alemães no sul do país, grande parte da produção no setor.

Para a compreensão do desenvolvimento do produto seriado, este livro percorre a evolução do mobiliário no Brasil do período colonial ao republicano, centrando-se no processo de produção, com a emergência da fabricação seriada do mobiliário no final do século XIX e nas primeiras décadas do século XX. A maioria das empresas que se destacaram valia-se de uma estrutura familiar e tinha como modelo o móvel tradicional. Uma exceção a esse padrão foi o Liceu de Artes e Ofícios, instituição que funcionava como empresa-escola, porém sem inovação no feitio do mobiliário. Algumas dessas empresas atuam no mercado moveleiro até os dias de hoje, como a Riccó, que produz móveis para escritório, fundada em 1875, com o nome de Fratelli Riccó em São Paulo; a Thonart, desde 1908 com fábrica no Rio Grande do Sul; a Móveis Paschoal Bianco, aberta por volta de 1909 em São Paulo; a Móveis Teperman, em São Paulo desde 1912.

Os acontecimentos da Europa, a partir de meados do século XIX, também vieram contribuir para a construção desse conhecimento, introduzindo novas proposições para as manufaturas artísticas dos objetos de uso cotidiano, em reação aos produtos produzidos para as grandes exposições internacionais, em especial a de 1851 na Inglaterra e, posteriormente, a vanguarda modernista, contrapondo-se ao historicismo acadêmico, cuja influência se fez sentir no Brasil no pós Segunda Guerra Mundial, com a vinda de artistas, arquitetos e designers para o país.

ASPECTOS DA PRODUÇÃO MOVELEIRA NO BRASIL E DEMANDAS SOCIAIS

A fabricação do mobiliário hoje, em todas as regiões do Brasil, oscila entre métodos artesanais e industriais de produção. Segundo dados fornecidos pelo Centro Tecnológico do Mobiliário (Cetemo – Senai RS), em 1993, predominaram as micro e pequenas empresas, que representaram aproximadamente 95% da produção do setor.

Nesse contexto, um número reduzido de empresas possui tecnologia de ponta, propiciada por máquinas automatizadas, o que permitiria um alto índice de produtividade.

O texto a seguir tem como referências as contribuições de Luciano Coutinho e João Carlos Ferraz no *Estudo da competitividade da indústria brasileira*,[1] trabalho de relevante importância

---

[1] Coutinho & Ferraz, *Estudo da competitividade da indústria brasileira* (Campinas: Unicamp/UFRJ/FDC/Fundex, 1993). Esse trabalho teve continuidade no estudo *Design na indústria moveleira*, dos professores Ronaldo Marcus dos Santos, Telmo Pamplona

para a caracterização do setor moveleiro hoje, e de Ideo Bava com relação às implicações socioculturais que acarretam a passagem do produto artesanal para o industrial, na publicação *Madeira na arquitetura, construção e mobiliário* (Bava, 1988), particularmente com relação à análise da mão de obra.

As micro e pequenas empresas caracterizam-se por um funcionamento empírico, sem método organizacional de produção e utilização da mão de obra, o que leva a um desperdício de matéria-prima, encarecendo o produto sem beneficiar a qualidade.

Os móveis de madeira ainda prevalecem com relação aos de outros materiais, sobretudo no que concerne aos móveis residenciais, os quais congregam um grande número de pequenas empresas; muitas de caráter tipicamente artesanal são, na verdade, marcenarias ou pequenas fábricas que funcionam com um número reduzido de empregados e tecnologias tradicionais de produção. Quanto aos móveis de escritório, devido à maior complexidade no processo de produção, que envolve além da marcenaria, a tapeçaria e a metalurgia, não há espaço para micro e pequenas empresas.[2]

Na perspectiva da maioria das micro e pequenas empresas, os artesãos marceneiros deixaram de ser referência. Muitas das técnicas construtivas por eles adotadas caíram no esquecimento diante das novas exigências, não só com relação aos

---

e Marcus José Barbieri Ferreira, com a coordenação do professor Luciano Coutinho e coordenação executiva da professora Ana Lúcia Gonçalves da Silva (1999).

[2] Segundo Coutinho & Ferraz, o mobiliário de madeira é subdividido nas categorias: móveis retilíneos seriados, móveis torneados seriados e móveis sob medida. Os móveis de escritório dividem-se em dois setores: móveis para escritório sob encomenda e móveis para escritório seriados. Em Coutinho & Ferraz, *Estudo da competitividade da indústria brasileira*, cit., p. 5.

materiais disponíveis no mercado, mas, principalmente, no tocante à redução do tempo disponível para a produção. Os métodos e as tecnologias desses profissionais caracterizam-se por uma produção demorada, que eleva o preço do produto, chegando a inviabilizar a sua comercialização ou restringi-la a um reduzido segmento de mercado de alto poder aquisitivo.

Segundo Bava, desconhecem-se os aspectos evolutivos e as etapas da passagem do móvel artesanal para a indústria, no entanto é sabido que se abre mão dos detalhes próprios de uma execução manual, como cambotas, entalhes e encaixes e da expectativa quanto aos resultados do trabalho artesanal. Bava (1988) acrescenta que os velhos artesãos marceneiros ainda em atividade evoluem para uma consciência dos limites da nova realidade produtiva e muito teriam que ensinar da sabedoria herdada do fazer artesanal às novas gerações.

A realidade produtiva é outra, os novos profissionais marceneiros que atuam por conta própria ou nas micro e pequenas empresas

> [...] estão preocupados em se adaptar à realidade de mercado, querem usar produtos industrializados e a ele condicionar seu trabalho [...] concorrendo com os fabricantes de móveis industrializados, têm, como eles, a preocupação de rapidez de execução, reduzindo as tarefas às operações mais simples que possam como que entrar em "linha de produção" de armários embutidos e gabinetes de cozinha. (*Ibidem*)

Os conhecimentos que esses profissionais adquirem são orientados a partir de uma prática que desconhece o modo de trabalhar tradicional, e os profissionais não têm acesso aos novos procedimentos de produção, pois estes dependem de uma tecnologia avançada e mão de obra qualificada. As soluções adotadas por esses profissionais, muitas vezes, ocultam as soluções construtivas, o uso adequado dos materiais, podendo assim camuflar procedimentos inadequados.

Nesse contexto em que o conhecimento transmitido de geração em geração é interrompido e na falta de cursos profissionalizantes e de reciclagem para técnicos que operem em tecnologia avançada, o setor enfrenta dificuldade em obter mão de obra qualificada; a demanda por esses profissionais é grande, tanto nas grandes empresas que utilizam tecnologia de ponta quanto nas médias e pequenas empresas que possuem algum grau de modernização; por sua vez, as microempresas carecem da mesma forma da falta de marceneiros qualificados com conhecimento dos processos artesanais de produção.

As grandes empresas, localizadas principalmente nos estados de São Paulo, Santa Catarina e Rio Grande do Sul, embora sejam informatizadas, possuam tecnologia de ponta e métodos organizacionais de produção mais avançados do que as menores, segundo Coutinho & Ferraz, encontram-se defasadas em relação a outros países:

> [...] em geral, a característica básica da organização industrial é de grande verticalização do processo produtivo. Numa mesma unidade fabril convivem inúmeros processos tecnológicos dos quais se obtém uma grande variedade de produtos. Trata-se de um modelo industrial radicalmente distinto de países como a Itália. Esta característica da organização industrial do setor deriva, em grande medida, de um mecanismo de defesa das empresas do setor que visa garantir o fornecimento e a qualidade dos seus produtos. (Coutinho & Ferraz, 1993, p. 43)

Coutinho & Ferraz apontam quatro fatores básicos para a competitividade internacional: tecnologia, especialização da produção, design e estratégia comercial. Segundo eles, a liderança de países como Itália e Alemanha deve-se também à moderna indústria de máquinas e equipamentos que, integrada às indústrias de móveis, permite uma constante atualização. (*Ibidem*)

As grandes empresas no Brasil progressivamente inovam em tecnologia, tendo havido mais recentemente um acréscimo do número de máquinas com comando numérico computadorizado (CNC), no entanto, "mesmo entre as empresas líderes há uma disparidade muito grande quanto ao grau de modernização tecnológica. Em geral, equipamentos antigos convivem com equipamentos mais modernos de penúltima ou última geração". (*Ibid.*, p. 9)

Com frequência, as empresas com maquinário mais avançado comercializam seus produtos no mercado de móveis de escritório e popular; aquelas que direcionam seus produtos aos segmentos de menor poder de compra estabelecem como meta maior produtividade em razão do baixo preço, porém na ausência de um projeto apropriado, geralmente, a qualidade do produto fica prejudicada; aquelas voltadas para os segmentos de maior poder de compra, principalmente o de móveis de escritório, beneficiam-se da qualidade do produto, agregando novos valores à especificação do material, das ferragens, dos acessórios e do acabamento.

A exemplo do que ocorria no período colonial, a maioria dos modelos são importados pelos próprios donos das empresas, por meio de visitas a feiras internacionais, ou copiados de revistas especializadas pelas empresas de menor poder aquisitivo. Ao serem aqui copiados, esses produtos permanecem com características próprias dos países de origem, criando dificuldades por nem sempre serem compatíveis com as tecnologias e matérias-primas disponíveis na produção nacional ou, ainda, porque parte dos consumidores não estabelece identidade com esses produtos. Conforme Coutinho & Ferraz (1993), embora as empresas possuam departamento de protótipos para dar corpo aos modelos copiados, poucas possuem departamento de design. Como também não há a preocupação de terceirizar esse serviço, contratando-se escritórios de design, prática comum na Europa, as empresas brasileiras acomodam-se em copiar e seguir o que está em voga no mercado sem investir no desenvolvimento dos seus próprios produtos.

Tais procedimentos reiteram a dependência em relação aos produtos estrangeiros e retardam a possibilidade de o país vir a desenvolver uma escola própria de design, o que cria entraves para um crescimento nacional equilibrado, bem como para enfrentar a hegemonia dos países mais desenvolvidos. Para que isso ocorra, a produção de produtos manufaturados e industrializados deve ser compatível com os recursos naturais, econômicos e com a cultura local, adequando-se às particularidades regionais. Só a partir da formação educacional, da implantação de políticas governamentais e da conscientização do empresariado em investir no design nacional é que será possível gerar ideias e produtos e, em decorrência disso, tecnologias próprias. Desse modo, talvez seja possível reverter o que hoje é uma prática expressa. Nas palavras de Michel Arnoult: "O Brasil é um grande exportador de móveis, mas não é um grande exportador de desenho, é um grande exportador de mão de obra."[3]

---

[3] Entrevista concedida por Michel Arnoult para o vídeo realizado pela Universidade de São Paulo, Faculdade de Arquitetura e Urbanismo, departamento de Projeto, disciplina AUP 427 – Produção e Consumo do Objeto Industrial. Trabalho para fins didáticos sob

Entretanto, há exceções que representam um avanço, e estas se concentram no segmento de móveis para escritório. As indústrias de móveis que introduzem o conceito de design na produção comercializam seus produtos a preços altos, em razão, entre outros fatores, da natureza do projeto e da escala de produção. O mesmo acontece com grande parte dos designers que, pela complexidade de seus projetos e pelos obstáculos impostos pela indústria, dela se distanciam, produzindo móveis por encomenda e/ou em escala reduzida, utilizando-se dos mesmos métodos tradicionais de produção. Ganham destaque nesta publicação Maurício Azeredo, Marcenaria Baraúna e Carlos Motta, como exemplos de propostas que resgatam a herança tradicional e aspectos da cultura brasileira no desenvolvimento de seus produtos, caracterizados por revelar o design contemporâneo com identidade nacional.

Tanto a indústria que investe no desenvolvimento de produtos como o designer, por não conseguirem preços baixos, têm seus produtos acessíveis apenas aos segmentos de alto poder aquisitivo. Embora os segmentos populares constituam a maior fatia do mercado, estes ficam "descobertos", sem alternativa, a não ser consumir produtos de qualidade inferior. O móvel com qualidade sempre foi um produto idealizado e produzido para a elite, no entanto, quando a indústria o populariza, ele perde suas propriedades originais, dando lugar a soluções precárias e ilusórias. Vale recordar que, muito embora a realidade econômica do país esteja mudando, parte dos

responsabilidade da professora Yvonne Mautner, com a colaboração dos alunos: Ayumi Shigeta, Flavia R. do Valle Damiani, Eduardo H. de Campos, Márcia Moon Cho, Paula Rochlitz Quintão, Suzana Kaoki Okada.

segmentos populares não possui poder de compra e, portanto, não integra o mercado consumidor.

Verifica-se um distanciamento entre os móveis produzidos para o consumo popular e aqueles produzidos para a elite econômica, ou seja, os móveis que possuem qualidade de design são, em geral, mais caros, e os populares, a preços baixos, são de qualidade inferior.

Houve momentos na história do mobiliário brasileiro em que se tentou superar essa defasagem. Nas primeiras décadas do século XX, destacam-se as produções da Thonart, no Rio Grande do Sul, da Indústria Cama Patente L. Líscio S.A., em São Paulo, e da Cia. Industrial de Móveis – Móveis Cimo S.A., em Rio Negrinho (Santa Catarina) e Curitiba (Paraná), esta última, objeto de estudo deste trabalho. Comprometidas com a industrialização, essas empresas corajosamente padronizaram seus produtos, enfrentando os desafios próprios da produção seriada, e, em grande escala, na busca de preços acessíveis às camadas populares, não eliminaram a possibilidade de desenvolver produtos com qualidade, por meio da racionalização da produção, melhor aproveitamento do material, uso de novas tecnologias e processamentos condizentes com a produção seriada.

Essas indústrias procuraram suprir, com produtos de qualidade, o mercado que se expandia consideravelmente com a ampliação dos segmentos populares e, também, com o crescimento de setores urbanos representados por órgãos governamentais, comércio, serviços e instituições públicas e privadas. A relevância dos móveis produzidos por essas empresas se dá, especialmente, pela introdução da produção seriada em escala industrial, o que possibilitou a conquista de uma maior fatia do mercado da época, tanto residencial como institucional, beneficiando diferentes segmentos da sociedade. Há um dado estético e cultural significativo, visto que os objetos produzidos por essas empresas estão ainda hoje vivos na memória das pessoas como valor afetivo, lembrando pessoas queridas; além disso, são também uma referência histórica de móveis que marcaram época.

Outro momento significativo para a indústria brasileira e que representou avanço na industrialização do mobiliário foi a década de 1960, quando se intensificou a produção de móveis modernos; após a efervescência dos anos 1950, com o uso de novos materiais, do plástico à madeira então industrializada, das formas leves e espaciais, do tão conhecido "pé palito", arquitetos e designers estimulados pela nova concepção dos espaços arquitetônicos e da construção de Brasília, passaram a atuar na comercialização e produção de móveis, aproximando-se das indústrias; muitos abriram suas próprias fábricas; alguns desenvolveram produtos mais econômicos e com maior racionalidade, na tentativa de padronizar e aumentar a escala de produção e, assim, conseguir um móvel de qualidade a preço mais acessível, propondo como nicho de mercado a classe média. Como exemplos, podemos citar a Mobília Contemporânea do designer Michel Arnoult, a Unilabor com o designer Geraldo de Barros, que mais tarde fundou a Objeto, e a Arredamento, cuja linha foi desenvolvida pelo designer Miguel Arrastia.

O esforço desses empreendedores dos anos 1960 foi assimilado, em especial, pelo segmento de móveis de escritório que ganhou em produtividade, tornando-se mais dinâmico e eficiente, capaz de acompanhar mais tarde as transformações geradas pela informática. Quanto ao segmento de móveis residenciais, o móvel moderno foi aceito, a princípio, por uma elite cultural, visto que o mercado não estava preparado para absorvê-lo, e esses novos empreendedores, por sua vez, também não estavam preparados para voltar sua produção ao consumo de massa.

MÓVEIS CIMO S.A.

Neste quadro, recorta-se o histórico da Móveis Cimo S.A., que tem início em 1921, com a fábrica de cadeiras na então serraria e a fábrica de caixas A. Ehrl & Cia. Essa empresa teve um papel importante no desenvolvimento da cidade Rio Negrinho, que pertence hoje ao polo moveleiro da região do Alto Vale do Rio Negro, nordeste de Santa Catarina, compreendendo também as cidades de São Bento do Sul e Campo Alegre.

Com a fábrica de cadeiras, a Cimo nasce com vocação para a indústria. No âmbito da produção nacional, foi inovadora com relação ao partido adotado na concepção de seus produtos e na utilização de matérias-primas, sendo considerada avançada para a época por causa do emprego de tecnologias decorrentes da produção seriada e em grande escala.

Os caminhos percorridos por essa empresa, os investimentos em pesquisa e tecnologia e as dificuldades enfrentadas para a realização de seus produtos aportam contribuições à reflexão da problemática do setor moveleiro – hoje tão viva quanto em outras épocas, abrindo perspectivas e servindo de referência à indústria, aos artesãos e designers.

Na sua trajetória, principalmente em suas duas primeiras décadas, a Móveis Cimo S.A. representa um exemplo empresarial para a produção seriada com qualidade, além de ser um modelo de determinação e luta. Com sua postura científica e empreendedora, lançou bases para outras empresas da região nordeste de Santa Catarina, um dos polos moveleiros mais importantes do país.

Os estudos e pesquisas relativos à Móveis Cimo S.A. revelam que essa empresa representou uma experiência singular no quadro da introdução do processo de produção seriada em escala, com grande penetração no mercado. De fato, durante a primeira metade do século XX, o mobiliário produzido por ela equipou lugares públicos e privados, permitindo que diferentes segmentos sociais tivessem acesso a um objeto industrial em seu cotidiano na cidade: em bares, cinemas, escolas, repartições oficiais, estabelecimentos comerciais e de serviços e até mesmo nos espaços residenciais.

A Móveis Cimo S.A. permanece viva na memória das pessoas, tanto como um valor afetivo, lembrando entes queridos, quanto como uma referência histórica de um móvel que marcou uma época; muitos se recordam das salas de aula, das cadeiras de cinema com o assento móvel, do formato anatômico dos assentos, dos braços curvos das poltronas. Fazem também parte dessa memória detalhes técnicos como a textura nos topos das peças decorrente da utilização de madeira laminada e colada.

Ainda hoje esses móveis são encontrados, ora cumprindo sua função, ora conservados como objeto de estimação. Inúmeras pessoas de diferentes segmentos sociais não querem deles se desfazer, principalmente quando se referem aos assentos.

Nas cidades de Curitiba, no Paraná, em São Bento do Sul e Rio Negrinho, em Santa Catarina, berço da Móveis Cimo S.A., foram encontradas por esta pesquisa inúmeras fontes primárias e secundárias; no entanto, é em Rio Negrinho, por meio dos testemunhos da população local, que se verifica a importância histórica desse empreendimento na memória da maioria da população, ou seja, a presença viva da Móveis Cimo na história da cidade, na memória e na documentação existente.

A ABRANGÊNCIA DA OBRA

Apesar da magnitude da problemática da produção seriada dos móveis no Brasil e da singularidade e relevância histórica do empreendimento da Móveis Cimo S.A., este estudo inscreve-se em limites.

Primeiramente, a pesquisa sobre aspectos da evolução histórica da produção mobiliária no Brasil, nos três séculos coloniais, pauta-se em fontes secundárias, conforme bibliografia referente aos primórdios da industrialização. Além das fontes secundárias, contou com entrevista concedida por Milly Teperman e Mario Ghisalberti, empresários do setor.

Já no que tange ao empreendimento industrial da Cimo S.A., o estudo apoiou-se em pesquisas secundárias e, sobretudo, em extensas pesquisas primárias: levantamentos estatísticos, documentos entre os quais constam diários, relatos e crônicas deixados pelos primeiros proprietários da empresa; a pesquisa iconográfica contou com o acesso a álbuns de fotografia do acervo da família e catálogos; realizaram-se entrevistas e visitas, estabelecendo-se um contato com a população local, entre outras ações.

Este trabalho se detém especialmente nas primeiras décadas do século XX, entre os anos de 1921 e 1944, quando são lançadas as raízes e premissas que originaram o processo que se desenvolveu em direção à produção seriada e em grande escala. Esse processo desdobrou-se em experiências e ações que contribuíram para compreender a passagem da produção artesanal à seriada em escala industrial e a implantação do desenho industrial na indústria nacional. Além disso, descrevem-se também alguns dos desdobramentos ocorridos a partir de 1944 até seu fechamento em 1982.

Cabe ressalva: o nome Cimo S.A. está relacionado à sexta e última mudança da razão social da empresa. Sua utilização deve-se à sua identificação com a sociedade e com o universo da produção do mobiliário com esse nome.

A riqueza do material levantado sobre a Cimo abriu inúmeras possibilidades de estudos. Parte dele foi contemplada neste trabalho, porém o estudo sobre dados significativos apenas foram apontados, como os relativos às reservas de matas e ao reflorestamento; à cidade de Rio Negrinho como base produtiva e à política da empresa quanto à mão de obra; ao Centro de Formação para Supervisores, uma experiência educacional voltada aos filhos dos funcionários que repercutiu na base produtiva da empresa e às questões administrativas e gerenciais dos últimos anos da Cimo que levaram ao seu fechamento.

Cabe destacar, ainda, que o material iconográfico apresentado ao longo desta pesquisa tem o papel de subsidiar os textos e evidenciar a intensa produtividade dessa empresa, ilustrando parte de sua produção.

Mobiliário no Brasil nos três primeiros séculos da colonização

Mobiliário no Brasil nos três primeiros séculos da colonização

INTRODUÇÃO

Nas várias fases de seu desenvolvimento, o mobiliário brasileiro foi se caracterizando por uma soma de influências culturais que vieram definir seu perfil e nortear sua produção. Destacam-se, a princípio, a influência da Metrópole, o legado nativo, a presença africana e, posteriormente, a partir da Independência, a influência dos imigrantes europeus. Das características adquiridas, algumas permearam todo o seu processo de desenvolvimento, tais como: a prática empírica, o espírito artesanal da produção do qual decorre a falta de método e de padronização, e a dependência cultural de modelos hegemônicos. Essas práticas contraditórias aos avanços tecnológicos, ao uso apropriado de novos materiais e às demandas da sociedade atual por mais produtos constituem parte da problemática que caracteriza a produção do setor moveleiro hoje.

Os textos a seguir pontuarão essas características no processo histórico, com o objetivo de identificar elementos dessa herança e as possíveis causas que dificultam a atualização e o aperfeiçoamento da produção em escala do setor moveleiro e, por meio de um distanciamento no tempo, apontar algumas possibilidades para a superação de dificuldades atuais. Essa abordagem é realizada com base em aspectos dos fatores produtivos, tecnológicos e das dimensões socioculturais, tendo como referências, entre outras, aqueles levantados pelos estudiosos Carlos Lemos (1978, 1989) – no que se refere às heranças culturais –, Lúcio Costa (1975/1939) e Tilde Canti (1985, 1988) – em relação à evolução do mobiliário brasileiro – e Luciano Coutinho & João Carlos Ferraz (1993) – no *Estudo da competitividade da indústria brasileira*.

Cabe também destacar aspectos positivos do saber artesanal como importantes para a qualificação da produção seriada, em grande escala. Nesse sentido, ao final do capítulo, abordam-se algumas experiências relevantes ao resgate desse saber artesanal, apontando os trabalhos realizados pela Marcenaria Baraúna e pelos designers Maurício Azeredo e Carlos Motta, como exemplos que se alicerçam na perspectiva futura e agregam valores à produção seriada intensificada no país nas primeiras décadas do século XX, com destaque para a Móveis Cimo S.A.

FATORES QUE CONTRIBUÍRAM PARA A CARACTERIZAÇÃO DO MOBILIÁRIO BRASILEIRO NOS TRÊS PRIMEIROS SÉCULOS DA COLONIZAÇÃO

Desde os primórdios da colonização, o mobiliário dos primeiros colonos portugueses era um prolongamento da cultura da Metrópole. Os móveis eram importados de Portugal pelos donatários, por alguns funcionários que possuíam altos cargos e por fidalgos enriquecidos ou, então, eram executados aqui por artesãos portugueses e seus aprendizes. Desse modo, chegaram tardiamente, por meio de Portugal, as influências europeias e orientais que serviriam de modelo para o mobiliário produzido no Brasil; essas influências, por sua vez, se adaptaram às possibilidades regionais com relação ao material e à mão de obra, bem como aos aspectos culturais dos nativos e escravos africanos.

> Pelos cronistas sabe-se que já havia, em fins do século XVI, certo requinte e até luxo nos interiores das casas-grandes e residências dos mais destacados fidalgos e ricaços da colônia e funcionários da Corte de Portugal e Espanha. (Canti,1985, p. 79)

A influência portuguesa predominou por mais de três séculos, inclusive durante o período das invasões holandesas no nordeste do país e durante a vinda da Missão Francesa. Somente a partir da segunda metade do século XIX, com a importação de produtos manufaturados de outros países, predominando aqueles provenientes da Inglaterra e da França, e com o incentivo à imigração europeia, especialmente destinada a trabalhar na lavoura do café paulista, é que o mobiliário recebeu outras influências, sobretudo dos imigrados de centros urbanos.

No Brasil, no período do descobrimento, os equipamentos utilizados pelos habitantes eram poucos e diversos daqueles empregados pelos colonizadores em Portugal, espelhando as diferenças culturais, sobretudo no tocante aos valores atribuídos ao trabalho, uns como possibilidade de sobrevivência e outros como fonte de acumulação de riqueza. Os usos e costumes dos índios e dos escravos requeriam outros tipos de equipamentos em seus habitats. Entre os exemplos, elucidam essas diferenças o uso da esteira no lugar da cadeira, mobília típica de uma civilização ocidental, e o uso de redes em vez de camas, possibilitando que um único espaço tivesse múltiplos usos, como nas ocas indígenas. Tilde Canti aponta que

> até meados do séc. XVII, conforme inventários paulistas da época, entre peças de mobiliário utilizadas estão a rede, comumente empregada como cama, mais fácil de ser adquirida por ser de manufatura indígena e de transportar nas viagens; as caixas, cadeiras de estado, de espaldas e rasas, e ainda os bufetes e catres, estes "torneados a mão" sendo que a caixa é o móvel mais comum. (*Ibid.*, p. 80)

Os colonos portugueses foram, no entanto, forçados a se adaptar aos recursos materiais, ao clima e aos hábitos dos habitantes da região. O contato com a Metrópole era difícil, a maioria dos colonos possuía poucos recursos e dependia da mão de obra de nativos e escravos para a execução das tarefas diárias nos afazeres domésticos e, sobretudo, no trabalho da terra. Os colonizadores assimilaram os costumes dos nativos: nos transportes, utilizavam a canoa, e nos usos domésticos e cotidianos, cerâmicas indígenas (panelas, jarros e potes) e artefatos de fibras vegetais (cestos, esteiras e peneiras). Equipamentos e utensílios foram incorporados ao dia a dia dos colonizadores, sendo que alguns destes permaneceram com importante função nas casas brasileiras, como a esteira e a rede, principalmente no Nordeste, e o jirau,[4] nas casas paulistas.[5]

---

[4] "[…] armação horizontal de paus suspensa acima do chão. O jirau servia principalmente para o moquém – nele eram assados, ou secos ao sol, o peixe e a caça, para não falar na carne humana, o jirau fixou-se definitivamente na casa paulista." (Lemos, 1978, pp. 40-43)

[5] Ver Carlos A. Lemos em *Cozinhas, etc.*: um estudo sobre as zonas de serviço da casa paulista (2ª ed. São Paulo: Perspectiva, 1978), aponta contribuições dos indígenas aos colonizadores portugueses nos primeiros tempos da colonização.

> A ajuda indígena aos primeiros colonizadores portugueses foi de valor inestimável. O branco tomou emprestadas do índio a rede, a mulher, a canoa e comeu a mesma comida. Conheceu a mandioca, a farinha daquela raiz brava e saboreou pela primeira vez o suco refrigerante do caju. (Lemos, 1978, p. 37)

Em razão do novo modo de vida, os ambientes dos primeiros colonizadores eram simples e sóbrios, com poucos móveis e com número reduzido de equipamentos. Constituíam-se somente do necessário para suprir as necessidades básicas de se sentar, dormir, comer e guardar.

> [...] ao colono só interessava o essencial: além do pequeno oratório com o santo de confiança, camas, cadeiras, tamboretes, mesas e ainda arcas. Arcas e baús para ter onde meter a tralha toda. Essa sobriedade do mobiliário dos primeiros colonos se manteve depois como uma das características da casa brasileira. (Costa, 1975/1939, p. 137)

A influência indígena foi mais acentuada e duradoura em algumas regiões como São Paulo, cuja economia de subsistência somou-se à localização no planalto, distante do litoral e, consequentemente, do contato com Portugal. O contrário aconteceu em outras regiões, como Pernambuco e Bahia, centros das atividades econômicas do período colonial, cujo acesso à navegação marítima permitia uma aproximação maior dos colonos com a Metrópole, facilitando a importação de produtos manufaturados e a aquisição de escravos. Diante das dificuldades dos colonos portugueses em lidar com os indígenas, que se rebelavam aos mandos dos colonizadores com fugas, guerras e recusas ao trabalho, e do posicionamento, a princípio, dos jesuítas e depois de outras ordens religiosas e da Coroa Portuguesa contrária à escravidão indígena, os escravos negros eram preferidos aos indígenas. Preparado para o serviço braçal e constituindo mão de obra qualificada, o escravo negro foi indispensável para os colonos portugueses na lavoura de cana-de-açúcar no Nordeste brasileiro; gradativamente, ao longo dos três primeiros séculos, os negros representaram um contingente numericamente superior aos dos brancos e exerceram nessas regiões maior influência nos hábitos e costumes dos colonizadores.

Assim, o português, o índio e o negro formaram nos três primeiros séculos após o descobrimento os três pilares na construção da identidade cultural brasileira, influenciando consequentemente na caracterização do mobiliário.

ASPECTOS FORMAIS E TÉCNICOS: ESTÁGIOS DE SUA EVOLUÇÃO

Nos primeiros séculos da colonização, os artesãos portugueses, incumbidos da execução dos móveis, foram também responsáveis pela formação no ofício de marceneiros. Os colonos mais abastados podiam dispor da mão de obra escrava existente, a qual era mais apta a esse trabalho artesanal do que a dos índios. Contavam com a qualidade e abundância das madeiras brasileiras e, ainda, com uma dimensão de tempo mais elástica e pautada pelo ciclo da natureza e pela ausência de interesses econômicos; esses fatores permitiam a elaboração de peças requintadas e com acabamento esmerado;

> [...] as peças em si eram bem trabalhadas e bonitas; não só porque a tradição do ofício era fazê-la assim como também porque os oficiais e ajudantes deles eram muitas vezes gente da casa, escravos cujos dotes naturais, em boa hora revelados, a convivência do senhor havia

> sabido aproveitar. Trabalhando sem pressa, nem possibilidades de lucro, o "prazer do fazer bem feito" era tudo o que importava: isto ao menos era deles – o dono não podia tirar. (*Ibidem*)

Como mostra Tilde Canti (1985), baseando-se em relatos feitos pelos cronistas da época, as madeiras utilizadas eram, entre outras, o cedro, a canela, o jacarandá-da-baía, o vinhático e a suaçucanga, madeira clara que lembra o marfim, utilizada nos adornos marchetados.

As condições propícias para a execução de peças de mobiliário luxuosas e confortáveis eram restritas a poucos privilegiados; a maioria dos colonizadores, como se apontou, dispunha de poucos recursos, o que impedia utilizar o tempo de trabalho escravo para funções que excedessem às necessidades essenciais.

A simplicidade e a rusticidade no modo de vida refletiam-se nos interiores das moradias, que resultavam sóbrias, simples e com poucos adornos. Nas formas retas e de "composição nitidamente retangular", nos dizeres de (Costa, 1975, p. 139), o mobiliário transparecia o modo de vida austero que levavam: o espaldar quase reto das cadeiras e assentos duros proporcionavam uma postura rígida e pouco confortável. Os pertences, desde roupas e objetos de valores até mantimentos, eram guardados em caixas de madeira, que poderiam ser revestidas de couro. Eram poucos os armários e contadores[6] nos dois primeiros séculos da colonização. Nas missões jesuíticas mais afastadas, os móveis eram ainda mais rústicos, feitos com os recursos que a própria região oferecia. Pela ausência de modelo

---

[6] "Contador – consistia numa caixa de origem oriental, ricamente trabalhada, composta de pequenas gavetas (de seis a dezesseis), colocadas sobre uma trempe ou suporte em forma de mesa. Utilizado para guardar documentos e valores, o suporte varia conforme o estilo do contador. No século XVIII, foi também denominado de 'escritório'". (Canti, 1985, p. 327)

e de mão de obra especializada, o mobiliário era improvisado e feito pelos próprios habitantes. Essa prática permaneceu até o século XIX, alterando-se posteriormente, devido às mudanças ocorridas nas relações sociais, no modo de viver da sociedade e nos avanços científicos e tecnológicos.

Antes do século XIX, esse mobiliário caracterizava-se por poucos elementos, formatos simples e sistemas construtivos aparentes. No entanto, a simplicidade e economia necessárias à produção dessas peças não isentavam do compromisso de realizar móveis com qualidades estruturais e de materiais e com desempenho adequado de suas funções. Somando-se a isso, havia também o cuidado em trabalhar detalhes, conferindo "beleza" à peça ainda que com sobriedade no emprego dos ornamentos. Como exemplo das qualidades mencionadas, a seguir, nas figuras de 1 a 10, analisam-se comparativamente os móveis desses colonos de poucos recursos e os daqueles mais privilegiados.

A figura 1 exibe uma cadeira representativa do móvel brasileiro dos dois primeiros séculos da colonização: com linhas retas, superfícies lisas e forma quadrangular dos elementos estruturais, fortemente reforçada por travessas; rigidez de composição, que também resulta quadrangular; o assento e o encosto são de couro de sola lavrada (figura 1a) e fixados com pregarias em dois tamanhos, nas travessas do assento e nas prumadas[7] do encosto; somente os couros do assento e do encosto são adornados com formas simbólicas, motivos fitomorfos, figuras humanas e de animais; no centro do encosto, um edifício, provavelmente um forte (figura 1b).

---

[7] Prumadas – eram suportes verticais retos, laterais que sustentam o espaldar das cadeiras; continuação das pernas traseiras do móvel. (Canti,1985, p. 329)

Figuras 1, 1a, 1b. Cadeira do século XVII. Acervo Museu Paulista da USP, São Paulo-SP. Pertenceu a um vigário da igreja de Santa Rita, em Itu-SP, faz parte da coleção Sertório, primeira coleção do Museu Paulista, foi doada pelo Conselheiro Francisco de Paula Mayrin; local de origem: provavelmente Brasil; material: jacarandá, couro e metal; dimensões: 50 cm (alt.) × 51 cm (larg.) × 45 cm (prof.). Fotografia: Hélio Nobre.

(2a)

A figura 2 mostra uma cama de solteiro conhecida como catre. Esta, em sua forma primitiva e rústica, evidencia como eram feitos os equipamentos das moradias populares: a madeira sem tratamento e acabamento, de aparência rústica e simplicidade extrema na concepção estrutural. Despida de qualquer ornamento, construída com poucas peças, todas de secção retangular com exceção do formato triangular provavelmente da cabeceira destacando-se como um diferencial do todo; os encaixes são aparentes e predomina o uso da espiga como sistema de ligação como pode ser observado na figura 2a, no pé são visíveis os topos das espigas da peseira ou cabeceira e da travessa longitudinal; nestas vê-se o topo da espiga da travessa transversal; notam-se também no pé os topos das cavilhas dispostas em diagonal colocadas transversais à espiga, geralmente utilizadas como reforço a essa ligação, assim como o prego utilizado na espiga, provavelmente da cabeceira. O suporte para o colchão (figura 2b) é de tiras de couro trançadas e amarradas nas travessas estruturais, transversais e longitudinais, cujo resultado destaca-se pelas nuanças tonais do couro e pela textura

(2)

Figuras 2, 2a, 2b.
Catre do século XIX. Acervo Museu da Casa Brasileira, São Paulo-SP. Doada por Aldo Portolano. Feita em madeira e couro; dimensões: 79 cm (alt.) × 200 cm (comp.) × 110 cm (larg.). Fotografia: Marcelo Andrade.

(2b)

do trançado proveniente do fazer artesanal provavelmente herdado de várias gerações. Essas características podem ser encontradas também no banco da figura 3.

A cadeira, figuras 4 e 4a, denominada escabelo expõe a dualidade encontrada em seu processo de elaboração. A forma curva e recortada do encosto somada à sua superfície entalhada e ricamente trabalhada, provavelmente pelos artesãos portugueses ou seus aprendizes, contrastam com a concepção elementar da estrutura, formada de poucos elementos e

Figura 3. Banco tosco, do século XIX. Acervo Museu da Casa Brasileira, São Paulo-SP. Doado por Floriano Paulo e M. de Lourdes de Almeida, proveniente de Ilhabela-SP. Feito em madeira maciça com tratamento rústico. Dimensões: 42,5 cm (alt.) × 86,5 cm (comp.) × 33 cm (larg.). Nota-se a irregularidade dimensional e no tratamento da forma do assento e pés decorrentes do fazer manual. Construído com quatro pés encaixados no assento deixando visíveis os topos. Esse tipo de banco, com assento retangular ou redondo, sendo este com três pés e geralmente com um orifício central, foi muito usado em moradias populares e ainda hoje é encontrado especialmente no campo. Fotografia: Marcelo Andrade.

clareza do sistema construtivo, na qual os pés, afinando-se em direção ao chão, encaixam e vazam o assento, deixando visíveis os topos, e o encaixe do encosto também aparente vaza o assento, como pode ser visto na figura 4a. Essas características somadas e as linhas retas e a superfície lisa do assento, e os pés trabalhados com discretas ranhuras, refletem a simplicidade e a clareza dos sistemas construtivos, herança do mobiliário das regiões menos favorecidas.

Figura 4. Escabelo, século XVII. Acervo Museu da Casa Brasileira, São Paulo-SP. Foi doado pela Pinacoteca do Estado de São Paulo. Feito em madeira maciça. Dimensões: 91 cm (alt.) × 43 cm (comp.) × 35 cm (larg.) No encosto é entalhado um brasão com as iniciais MGS e o símbolo de uma cruz. Fotografia: Marcelo Andrade.

Figura 4a. Vista posterior do escabelo. Essa figura evidencia a clareza do sistema de ligação do encosto com o assento, solução original para a época, cujo recorte forma uma espécie de malhete, vaza e ultrapassa a espessura do assento. Fotografia: Marcelo Andrade.

(5a)

(5)

Figuras 5 e 5a Arquibanco, século XVIII. Acervo Museu da Inconfidência, Ouro Preto-MG. Local de origem: Minas Gerais. Pertenceu à igreja Nossa Senhora do Carmo de Ouro Preto. Fabricado em madeira maciça e ferro nas ferragens. Dimensões: 125 cm (alt.) × 272 cm (larg.) × 41 cm (prof.).

A figuras 5, 5a e 6 são exemplos típicos de assentos do período colonial estendendo-se para o século XIX; no caso da figura 5, a peça funciona também como caixa para guardar os pertences, solução comum na época. O uso diversificado dessa peça, para se sentar e guardar coisas, demonstra o caráter prático e econômico do mobiliário do período. Esses assentos recebiam, geralmente, um tratamento rústico, com ausência de adornos, contando apenas com discretos recortes, geralmente curvos, nos braços, encostos e pés, de construção rudimentar, clareza das soluções construtivas empregadas, e sistemas de ligações aparentes. Os exemplos apontados mostram essas características e, em ambos os casos, os montantes laterais recebem também recortes para apoiar as peças dos encostos e do fechamento frontal e posterior da caixa, no caso da figura 5a, e da travessa frontal na figura 6 – soluções essas que agregavam às peças qualidades estéticas sem deixar de serem econômicas, pois prescindiam, para sua manufatura, de mão de obra qualificada dos artesãos portugueses. Os bancos típicos mineiros são expressões ímpares do mobiliário brasileiro, pois até hoje são usados em igrejas e residências do interior.

Figuras 6. Banco. Acervo do Museu Regional de São João Del Rei, Minas Gerais, século XIX. Feito em madeira maciça. Dimensões da peça: 114 cm (alt.) × 218 cm (comp.) × 40 cm (prof.). Nessa peça as espigas do assento encaixam nos montantes laterais deixando visíveis os topos. Fotografia: Maria Assunção de Oliveira Magalhães.

Figura 7b. Detalhe da ligação em malhete do tipo rabo de andorinha. Fotografia: Hélio Nobre.

Figura 7c. O detalhe mostra a acomodação interna da caixa. Fotografia: Hélio Nobre.

Figuras 7 e 7a. Arca, fechada e aberta, século XIX, acervo, Museu Paulista da USP, São Paulo-SP. Os materiais utilizados são o cedro, o jacarandá e o metal. Dimensões: 59 cm (alt.) × 142 cm (comp.) × 62 cm (larg.). A base apoiada no chão é uma solução comum para esse tipo de mobília; a fechadura de metal e a moldura da tampa destacam-se da simplicidade do conjunto. A utilização do malhete como sistema de ligação nos quatro cantos da caixa enriquece o desenho da peça. Na lateral, alças para locomover a peça e internamente um pequeno compartimento, provavelmente para organizar a guarda de pertences menores (figura 7c). Essa peça foi catalogada como arca, quando o termo caixa seria mais apropriado, segundo pesquisa realizada por Tilde Canti. Fotografia: Hélio Nobre.

Caixa, nome dado às arcas portuguesas no Brasil,[8] segundo Tilde Canti (em estudos baseados em inventários brasileiros), foi um dos equipamentos básicos da casa brasileira nos séculos XVII e XVIII. "Conforme relatos da época, nela se guarda 'de um tudo', desde roupas de uso, até mantimentos ou valores

---

8   "A designação arca não é muito comum nos inventários e documentos da época colonial, aparecendo muito raramente durante o séc. XVII em inventários brasileiros. Baseados nos estudos desses documentos, supomos que a ausência da expressão arca nesses documentos se deve ao fato de que, no Brasil, foi adotado, para designar essa peça, o termo caixa, sendo que o termo arca, quando aparece, deve referir-se a móvel procedente de Portugal." Em Tilde Canti, *O móvel no Brasil: origens, evolução e características*, cit. p. 95.

e dinheiro" (1985, p. 95). Acrescenta que no "Brasil foi peça de mobiliário muito difundida e encontrada em inventários desde os fins do século XVI até o XIX" (*ibid.*, p. 326). As figuras 7 e 8 apontam duas dessas caixas como exemplo da maneira simples e direta – sem nada esconder – como os colonizadores solucionavam seus equipamentos de moradia. Construídas com poucos elementos, essas caixas apresentam superfícies lisas, sem acréscimos decorativos, e sistemas construtivos aparentes, destacando como elemento de ligação o malhete do tipo rabo de andorinha (figuras 7b e 8b), comum às duas caixas, acrescentando qualidade estética ao produto.

Figura 8b. Detalhe que mostra o malhete do tipo rabo de andorinha e o prego como elemento de fixação. Fotografia: Marcelo Andrade.

(8a)

(8)

Figuras 8 e 8a. Caixa aberta e fechada. Acervo M. Angélica Santi, São Paulo-SP. Feita em madeira maciça de tratamento rudimentar. Dimensões: 34 cm (alt.) × 45 cm (comp.) × 32 cm (larg.). A base é suspensa por sapatas de altura reduzida e sem tratamento especial. O malhete é visível nos quatros cantos da caixa e no quadro da tampa; as chapas de madeira maciça que fecham o fundo da caixa e da tampa são fixadas com pregos aparentes, o que reforça o aspecto rústico e a simplificação da fabricação. Fotografia: Marcelo Andrade.

(9)

(9a)

Figuras 9 e 9a. Arca, século XVIII, aberta e fechada, Museu Paulista da USP, São Paulo-SP, origem: Brasil. Doada por Eugênio Hollander. O material utilizado é a madeira maciça, cedro e jacarandá, e metal nas ferragens. Dimensões: 53 cm (alt.) × 85 cm (comp.) × 47 cm (prof.) Fotografia: Hélio Nobre.

Por sua vez, a figura 9 revela outro exemplo de caixa, na qual se verificam soluções mais elaboradas no tratamento da forma; os frisos decorativos entalhados ornamentam as superfícies lisas da frente e laterais da caixa formando retângulos com losangos almofadados. Esse procedimento exige mão de obra mais qualificada e maior tempo para sua execução, devendo pertencer aos colonos mais abastados, que tinham como referência o mobiliário da Metrópole. Se comparada às caixas das figuras 7 e 8, a abertura continua sendo feita pelo tampo (figura 9), porém as gavetas agregam valores com relação ao uso, propondo assim mudanças na organização dos pertences. Lateralmente, argolas de ferro para locomover a peça. A base é suspensa por sapatas de altura reduzida, as quais possuem tratamento simplificado; contrastando com o conjunto da peça, apenas recortes em curvas regulares.

Os armários, segundo Tilde Canti, popularizam-se na Europa no século XVII, porém no Brasil foram pouco usados; só a partir do século XVIII, e principalmente na segunda metade, são usados com mais frequência. De madeira natural ou pintados, alguns de produção rudimentar e outros mais trabalhados, "os armários tornaram-se comuns nas fazendas, engenhos e casas senhoris. [...] Em Minas Gerais aparecem na mesma época, os armários policromados. [...] Utilizados para a guarda de louças e outros objetos caseiros" (*ibid*., p. 98). A figura 10 revela um armário formado de dois corpos: na parte inferior, um gavetão com frente de superfície lisa, dois puxadores torneados e espelho de marfim na fechadura; o corpo na parte superior contém prateleiras de duas profundidades diferentes intercaladas entre si, indicando a preocupação em acomodar peças de diferentes tamanhos (figura 10a). O acabamento é em pintura policromada, e internamente os centros das almofadas das portas são decorados com singelos ramalhetes de flores pintadas, enriquecendo a peça, o que mostra um cuidado com a beleza, sem, no entanto, esconder a simplicidade estrutural, evidenciando assim o sistema construtivo, a exemplo dos móveis anteriores. O recorte da aba que contorna a parte inferior do móvel, por sua vez, dá movimento à composição retangular da peça.

A partir desses exemplos, nota-se que, desde os primórdios da colonização, os atributos que foram sendo agregados ao mobiliário evidenciavam a sobreposição da cultura do colonizador branco à dos nativos e dos escravos negros, impondo-se como a cultura dominante na construção do perfil do mobiliário brasileiro. As caixas, onde se guardavam as roupas e os utensílios dos primeiros colonos, foram acrescidas de gavetas ou substituídas por armários, visto que estes proporcionam maior conforto

(10)

Figuras 10 e 10a. Armário, segunda metade do século XVIII. Acervo Museu da Inconfidência, Ouro Preto-MG, procedente de Sabará-MG. Material: madeira com pintura policromada e osso. Dimensões: 220 cm (alt.) × 144 cm (comp.) × 58 cm (prof.).

(10a)

na guarda dos pertences. Ao longo dos primeiros três séculos, intensificou-se o uso de diversos tipos de bancos, como os compridos de caixas, usados principalmente em Minas Gerais e em Goiás, os individuais, como os escabelos, as tripeças e os tamboretes; por sua vez, as cadeiras ganharam espaldares mais altos, e a forma quadrada dos assentos evoluiu timidamente para a trapezoidal. Os leitos, aos poucos, substituíram o uso da rede. Segundo Canti (1985, p. 129), o termo "leito" raramente aparecia nos inventários paulistas, baianos e mineiros até o século XVIII e começo do XIX; este era conhecido como "catre".[9] O conforto que essas peças proporcionavam recuperava os hábitos vividos pelos colonizadores na Metrópole.

Os móveis utilizados pelas famílias mais abastadas, geralmente residentes nos principais centros das atividades políticas e econômicas da época, a princípio Bahia e Pernambuco e, posteriormente, Minas Gerais, passaram a ser mais trabalhados a partir do século XVIII. Havia maior requinte e elaboração nos detalhes e acabamento mais esmerado, tanto nos importados (os de procedência oriental eram ainda mais requintados), como nos produzidos no Brasil pelos artesãos portugueses e seus aprendizes, o que exigia, portanto, maior tempo de elaboração e mão de obra especializada. Em seu processo de desenvolvimento, o mobiliário brasileiro é marcado por diferentes períodos que, segundo Lúcio Costa, podem ser classificados da seguinte forma:

---

[9] "Catre – cama de origem oriental, entalhada ou lacada, vinda da Índia e da China desde o século XVI, inicialmente para Portugal. 1. Cama de campanha ou viagem, de desarmar com pernas dobradiças em X; 2. Camas simples pequenas; 3. No século XVIII, camas portuguesas sem colunas e dossel recebiam essa denominação; 4. No Brasil, as camas de solteiro mesmo com dossel; 5. Atualmente, camas dobradiças de lona." (Canti, 1985, p. 326)

> [...] o primeiro abrange os séculos XVI e XVII e prolonga-se mesmo até o começo do Setecentos; o segundo período, barroco por excelência, estende-se praticamente por todo o século XVIII; e o terceiro e último, isto é, o da reação acadêmica, liberal e puritana, iniciada em fins desse século, corresponde para nós, principalmente, à primeira metade do século XIX. (Costa, 1975, p. 139)

Segundo essa classificação, o primeiro período

> [...] Caracterizava-se todo ele, com efeito, pela sua estrutura de aparência rígida, fortemente travejada e de composição nitidamente retangular (...). As pernas torneadas ou torcidas, as almofadas formando desenhos geométricos, os tremidos, a ornamentação corrida ao longo das abas ou de florões marcando a amarração das trempes – tudo concorre para acentuar o aspecto construído "tectônico" (...). As curvas entram na composição como elemento acidental e, quando, no século XVII, o seu uso vai se generalizando, como que a prenunciar, de certo modo, o estilo setecentista, são simplesmente recortadas na espessura da madeira para formar pés e mesas; e mesmo quando trabalhadas em espiral ou volutas na frente das cadeiras, no encosto da cama e nas abas dos contenedores, a sua presença em nada afeta o aspecto essencial do móvel. (*Ibidem*)

Nas figuras que se seguem, a simplicidade dá lugar aos adornos e às formas mais elaboradas. As lisas e retas de seção ortogonal foram substituídas por outras curvas, nos recortes, torneados e entalhes. As molduras lisas ou trabalhadas e as almofadas salientes ornamentam as superfícies planas. Observa-se, no entanto, que de maneira geral a composição continua retangular ou quadrangular, sem alterações de caráter estrutural e de uso. Essas alterações eram de ordem decorativa, conforme evidenciam os próximos exemplos.

A figura 11 apresenta uma cama importada de Portugal, conhecida como "cama de bilros", devido às suas delicadas peças que, numa espécie de bilro, enfeitavam a cabeceira. As colunas servem, ao mesmo tempo, de pés e suportes para o sobrecéu da cama, solução muito comum, principalmente nas mais requintadas, do século XVII, desdobrando-se para os séculos seguintes; as colunas e galeria que formam a cabeceira são torneadas no formato de volutas espiraladas, e a barra que complementa a cabeceira recebe entalhes de influência hindu e no centro uma cruz simbolizando o catolicismo português (Figura 11a). Essa peça é desmontável, as travessas encaixam (sem cola) nos pés e são aparafusadas, ficando os parafusos aparentes, como mostra o detalhe da figura 11b.

(11a)

(11)

(11b)

Figuras 11, 11a e 11b.
Cama de bilros, século XVII. Acervo Museu da Casa Brasileira, São Paulo-SP, originária de Portugal. Doada pela Casa Civil do Palácio. Feita em jacarandá. Dimensões: 199 cm (alt.) × 220 cm (comp.) × 124 cm (larg.). Fotografia: Marcelo Andrade.

As figuras 12 e 12a constituem outro exemplo do mobiliário desse período que, se comparado à cadeira da figura 1, apresenta maior requinte na elaboração da peça, embora a composição continue retangular: cadeira com espaldar alto, encosto e assento em couro gravado com motivos decorativos fitomorfos, formas humanas e geometrizadas são fixados por pregaria nas prumadas finalizadas em carapetas metálicas;[10] o assento já se apresenta ligeiramente trapezoidal, o que indica uma evolução; os pés lisos são substituídos por outros mais trabalhados; a testeira, amarração que une os pés frontais, é entalhada em forma de SS invertido.

---

[10] "Carapeta – maçaneta, pião. Peça torneada em madeira. No mobiliário, pináculo que orna a terminação de móveis, sobretudo nas prumadas de cadeiras do século XVII e primeira metade do século XVIII em Portugal e até o fim do século XVIII no Brasil." (Canti, 1985, p. 326)

Figuras 12 e 12a. Cadeira de braço, século XVIII. Acervo Museu da Casa Brasileira, São Paulo-SP. Doação de Alfredo Mesquita. Feita em jacarandá, couro e metal na pregaria. Dimensões: 103 cm (alt.) × 51,5 cm (comp.) × 50 cm (larg.). Fotografia: Marcelo Andrade.

(13)

(13a)

Figuras 13 e 13a.
Banco de sacristia, século XVIII. Acervo Museu da Casa Brasileira, São Paulo-SP, doação de Giles Pastoreau. Dimensões: 113 cm (alt.) × 185 cm (comp.) × 44,5 cm (larg.). Nota-se gravada no encosto a data de 1760, provavelmente a data de sua fabricação. Fotografia: Marcelo Andrade.

A figura 13 expõe outro banco. Ao compará-lo com os das figuras 5 e 6, verifica-se que se assemelham principalmente com relação ao uso; permanece, na caixa, o desenho simplificado com superfícies lisas e sem ornamentos e os recortes curvos do encosto e braços, porém nestes as superfícies são trabalhadas com desenhos entalhados ainda bastante simples, mas evidenciando a preocupação com os efeitos decorativos. Diferencia-se daquelas na solução dada à estrutura, construída em três partes: encosto e braço, caixa com a função de sentar e guardar, e pés, os cantos da caixa recebem acabamento em madeira maciça (figura 13a), o que esconde o sistema construtivo, aparente apenas na traseira da peça, na qual fica visível a utilização de cavilhas; o fundo é aparafusado.

A mesma preocupação com a elaboração formal acontece com o armário da figura 14. Provavelmente construído em quatro corpos e para dar acabamento ao encontro destes, utilizaram molduras frisadas que reforçam as quatros divisões. As portas, gavetas e laterais são formadas por quadros de madeira maciça, também frisados que emolduram superfícies planas. As soluções utilizadas, comum a todos os componentes, resultam na coerência formal do todo. Na lateral (figura 14b) utiliza o mesmo sistema construtivo, porém o tratamento dado é simplificado, assim como nos pés (figura 14c), nos quais os frontais são torneados, e os traseiros, em linha reta, não recebem tratamento especial.

Figuras 14, 14a, 14b e 14c. Armário, século XVII. Acervo Museu Paulista da USP, São Paulo-SP. Foi doado por Eugênio Hollander, pertenceu ao capitão-mor de Itu (ou Porto Feliz) Vicente da Costa Taques de Goes Aranha. Dimensões: 203 cm (alt.) × 154 cm (comp.) × 66 cm (prof.). Fotografia: Hélio Nobre.

Figuras 15, 15a e 15b. Mesa, século XVII. Acervo Museu Paulista da USP, São Paulo-SP. Pertenceu ao colégio da Companhia de Jesus, em São Paulo, e posteriormente ao Palácio do Governo, sediado no edifício do Colégio (Pátio do Colégio), em São Paulo. Feita em jacarandá. Dimensões: 82 cm (alt.) × 122 cm (comp.) × 81 cm (larg.). Fotografia: Hélio Nobre.

Outro exemplo consiste na mesa evidenciada na figura 15: retangular, com quatro pés torneados, finalizados em caixa com gavetas que apoia o tampo (figura 15a); já na parte inferior, os pés são travados por quatro travessas, o que dificulta o uso da mesa para as refeições, pois impede a colocação das pernas sob o tampo. Esse tipo de mesa era geralmente usado como superfície de trabalho. As travessas no sentido do comprimento são aparafusadas nos pés; o desenho destes prevê uma peça reta, no formato de cubo e superfície lisa para a fixação das ferragens, aparentes na peça, como pode ser observado no detalhe da figura 15b, uma solução comum para esse tipo de mesa.

Desse período, há outros exemplos de mesa que denotam uma maior preocupação com o conforto e a utilidade, como a mesa de abrir, conhecida como mesa de aba e cancela; em geral, esse modelo de mesa era construído com quatro pés centrais fixos e outros giratórios, servindo de apoio ao tampo quando estivesse aberto, fosse redondo, oval ou poligonal. A quantidade de pés giratórios variava de acordo com o tamanho da mesa. Esse tipo de mesa liberava a parte inferior para a acomodação das pernas, proporcionando maior conforto para o exercício da função a que se destinava. As figuras 16 e 16a mostram uma mesa de aba e cancela com apenas dois pés giratórios e gavetas nas laterais.

Figuras 16 e 16a. Mesa facetada de aba e cancela, aberta e fechada. Acervo Museu da Casa Brasileira, São Paulo-SP, século XVIII. É provável que seja originária de Portugal, doada pelo Palácio de Campos do Jordão, São Paulo-SP. Feita em carvalho. Dimensões: 84 cm (alt.) × 138,5 cm (comp.) × 135 cm (prof.). Fotografia: Marcelo Andrade.

Segundo a classificação feita por Costa, o segundo período representa "uma transformação fundamental, verdadeiramente revolucionária, altera por completo o aspecto do mobiliário" (Costa, 1975/1939, p.141). Os elementos estruturais retos trabalhados em curvas foram substituídos por outros curvos, propiciando uma composição dinâmica e livre cujo olhar desliza continuadamente com poucas interrupções, contrapondo-se ao movimento da composição rígida em ângulos retos do período anterior. A essa leveza visual acrescentava-se a leveza física decorrente da redução de elementos estruturais.

> Essa impressão de movimento e de vida – em contraste com a feição estática característica do período anterior –, como se móvel fosse organismo e não coisa fabricada, é o traço comum que distingue de um modo geral a produção do século XVIII. Isto não só permitiu um melhor ajustamento do corpo, uma comodidade maior, como, também, tornou possível a adoção de formas mais adequadas à natureza dos esforços transmitidos aos suportes, recurvando-se e adelgando-se, foram tomando o jeito de pernas de gente ou de bicho, conseguindo assim reduzir ao mínimo o entrave das amarrações, ou mesmo, em muitos casos, desvencilhar-se delas completamente. (*Ibidem*)

Figura 17. Cadeira de couro D. José I, século XVIII. Acervo Museu da Casa Brasileira, São Paulo-SP. Doada pela Pinacoteca do Estado de São Paulo. Feita em madeira e couro. Dimensões: 123,5 cm (alt.) × 56 cm (comp.) × 52 cm (larg.). Utilizada geralmente em sala de jantar e em residências luxuosas. Fotografia: Marcelo Andrade.

Figura 18. Mesa de pernas em lira, século XVIII. Acervo Museu da Inconfidência, Ouro Preto-MG. Originária de Minas Gerais, sendo o último proprietário da cidade de Sabará-MG. Dimensões: 83 cm (alt.) × 273 cm (comp.) × 98 cm (larg.). Apesar do recuo da travessa inferior para o centro da mesa, seu uso para refeições ficou prejudicado pelo tratamento pontiagudo nas travessas, longitudinais superiores e pela altura desta somada à do gaveteiro, prejudicando a acomodação das pernas.

Acompanhou essas mudanças o desejo por maior conforto. Os móveis, com linhas mais orgânicas, ajustam-se melhor ao corpo: braços com forma anatômica, assentos das cadeiras mais baixos e trapezoidais, abrindo o espaço anterior para movimento das pernas e acomodação das roupas femininas, bastante volumosas, tabelas lisas[11] que acomodam as costas; um avanço significativo foi o recuo das amarrações inferiores dos pés que, além de conferir leveza visual à peça, abre espaço para acomodar as pernas. Nas mesas a amarração, no sentido do comprimento, desloca-se para o centro, e o espaço inferior é liberado, favorecendo a acomodação das pernas e o uso para refeições. As figuras 17, 18, 19 e 20 evidenciam as mudanças ocorridas nesse período.

---

[11] Segundo Tilde Canti, tabela, termo do sul de Portugal para "travessa perpendicular de madeira larga e recortada que guarnece o meio do espaldar da cadeira portuguesa do estilo Rainha Ana e posteriores; no norte de Portugal, dá-se a designação de lira a esta peça de cadeira". (Canti, 1985, p. 329)

Figura 19. Cadeira, século XVIII. Acervo Museu Paulista da USP, São Paulo-SP. Feita em jacarandá e couro. Dimensões: 122 cm (alt.) × 61 cm (larg.) × 48 cm (prof.). Como a anterior, esse modelo foi usado com mais frequência em salas de jantar e em residências luxuosas. Comparando as duas, observa-se que não apresentam as mesmas soluções nas amarrações inferiores dos pés; nessa figura as travessas estão dispostas no formato de X, e a da figura 17, no formato de H, porém em ambas há as mesmas qualidades estruturais e de conforto. Fotografia: Hélio Nobre.

Figura 20. Mesa, século XIX. Acervo Museu Paulista da USP, São Paulo-SP, doada por Olga de Souza Queiroz. Dimensões: 76 cm (alt.) × 118 cm (comp.) × 74 cm (larg.). Feita para encostar-se à parede, provavelmente utilizada como apoio; nota-se que dispensa o uso das amarrações. Fotografia: Hélio Nobre.

Para os colonos, economicamente menos privilegiados, os móveis continuavam rústicos, simples e sóbrios; os modelos eram menos confortáveis e com pouca variedade, prevalecendo os que atendiam às necessidades essenciais. O bom mobiliário da Metrópole, como nos períodos anteriores, continuava sendo um privilégio das elites.

A partir de meados do século XVIII, o mobiliário tende para o excesso de ornamentação sobre as superfícies das peças, camuflando a forma da estrutura e a tecnologia empregada na construção. A partir do século XIX, verifica-se na Europa e, por consequência, no Brasil, um retorno aos diferentes estilos do passado, cujos modelos são adotados não só pelos artesãos, mas também pelas indústrias, na ausência de um estilo próprio, como se verá no segundo capítulo. Na primeira metade desse século, ocorre no Brasil uma tendência à simplificação: conforme Lúcio Costa,

> a volta à sobriedade, ao partido retilíneo e à composição retangular, embora sob muitos aspectos mais artificial, marcam o terceiro e último período. As linhas gerais do estilo Luís XVI, das criações dos Adam e, mais tarde, do chamado estilo Império, foram aqui interpretadas de modo ainda mais simples, cedendo a talha e as aplicações de bronze o lugar, no desenho das guirlandas, dos medalhões etc., aos embutidos de madeiras claras ou em marfim. (Costa, 1975/1939, p. 143)

Nos móveis das figuras 21 e 22, a estrutura quadrangular e o desenho simplificado da peça remetem aos primeiros tempos da colonização e revelam aspectos da identidade do mobiliário brasileiro marcada pelo despojamento e clareza do sistema construtivo, sem deixar de revelar interesse pela beleza que se evidencia, a par do resultado harmônico do desenho desses

Figura 21. Cadeira, de estilo inglês, da primeira metade do século XIX. Acervo do Museu do Diamante, Diamantina-MG. De jacarandá, pau-marfim e palhinha. Dimensões: 89,5 cm (alt.) × 50 cm (comp.) × 37,5 cm (larg.). Frisos de embutido em pau-marfim contornam as peças que constituem a cadeira, e delicados desenhos de flores e arabescos se desenvolvem nas superfícies. Nota-se o requinte no acabamento e domínio da técnica da marchetaria.

móveis, na ornamentação das superfícies lisas com embutidos de madeira clara que contrastam com a tonalidade mais escura do jacarandá e na qualidade do trabalho com a madeira.

(22)

(22b)

(22a)

Figuras 22, 22a e 22b. Leito de casal, do princípio do século XIX. Acervo Museu Regional de São João Del Rei. Local de origem, Diamantina-MG. Feito de jacarandá e pau-cetim. Dimensões: 230 cm (alt.) × 200 cm (comp.) × 120 cm (larg.). Nesse móvel ficam evidentes a simplicidade de concepção e a clareza do sistema construtivo, como pode ser observado na emenda das três peças de madeira maciça que compõem a cabeceira da cama e no emprego dos parafusos aparentes, o que indica ser esta desmontável (figura 22a). Essas características e o tratamento rústico da madeira contrastam com os delicados desenhos marchetados em pau-cetim (figuras 22a e 22b) e com o tratamento mais elaborado dado aos quatros pés que afinam nas extremidades superiores, terminando com carapetas, o que proporciona maior leveza à peça.

(22c)

> Essa maneira delicada e graciosa de compor durou, contudo, relativamente pouco; deixou-se substituir por outra, mais conforme à tradição, e caracterizada pelos torneados miúdos, as estrias ou caneluras e os gomos armados em círculos ou em leque. [...] É a época dos bonitos e majestosos sofás de palhinha e das mobílias das salas de visitas de aspecto às vezes sóbrio, outras, pretensioso e rebuscado, em todo caso sempre formalístico. (Costa, 1975, pp. 143-144)

As modificações formais e estruturais evidenciadas a partir do século XVIII, bem como a busca por um maior conforto, não foram acompanhadas de alterações significativas nos sistemas construtivos do mobiliário, permanecendo a utilização das técnicas construtivas tradicionais. Essas alterações só ocorrerão a partir das últimas décadas do século XIX, com as mudanças tecnológicas decorrentes dos avanços científicos e dos primeiros passos para a industrialização, conforme se desenvolve mais adiante, a partir do estudo sobre a indústria de Móveis Cimo S.A., um dos marcos da produção seriada no Brasil.

MATERIAIS E TÉCNICAS CONSTRUTIVAS

Durante séculos, a madeira, no seu estado maciço, foi o material por excelência empregado na produção do mobiliário no Brasil; o metal era geralmente utilizado nas ferragens e nos adereços; a palhinha e o couro, nos assentos, e o tecido, nos estofados.

Nos três primeiros séculos da colonização, eram utilizadas para a construção do mobiliário as madeiras disponíveis na região onde se produzia, independentemente de sua qualidade, por causa dos poucos recursos de que os colonos dispunham e pelas dificuldades com o transporte; além disso, o tipo de móvel utilizado pelos colonos com poucos recursos não dependia de madeira de qualidade superior como a exigida na execução de peças mais elaboradas, e não havia tempo disponível nem acesso à mão de obra qualificada. Já para os modelos dos móveis, principalmente os produzidos a partir do século XVIII pelos colonos com mais recursos, as técnicas empregadas, sobretudo nos complicados detalhes decorativos e nas soluções estruturais mais leves e delgadas, exigiam madeiras apropriadas e de qualidade, em especial no que se refere à sua densidade e ao grau de umidade.

Em praticamente todas as regiões foram encontradas madeiras de vários tipos e de qualidades diversas apropriadas à fabricação de móveis; a seguir, especificam-se algumas espécies e suas ocorrências regionais, o que define a escolha da madeira de acordo com os estados.[12] Os jacarandás, em suas diferentes espécies, são encontrados: no sul da Bahia, estendendo-se ao Espírito Santo, e em Minas Gerais; o jacarandá-mimoso, nas regiões Sul e Leste; e o jacarandá-paulista, em São Paulo e no Paraná. O pinho-do-paraná e a imbuia são encontrados em Minas Gerais, em São Paulo e têm maior ocorrência nos estados de Santa Catarina, Paraná e Rio Grande do Sul. As três principais espécies de cedro encontram-se em vários estados, de norte a sul do país, e seu uso é frequente na produção do mobiliário. As canelas receberam várias denominações; as utilizadas no feitio do mobiliário são encontradas com maior frequência nos estados de São Paulo, Paraná, Santa Catarina. O vinhático ocorre no Rio de Janeiro, em Minas Gerais, no

---

[12] As ocorrências regionais da madeira foram levantadas em C. Mainieri & J. P. Chimelo, *Fichas e características das madeiras brasileiras* (São Paulo: Instituto de Pesquisas Tecnológicas, 1989).

Espírito Santo, na Bahia, e esporadicamente no Norte até Pernambuco. O pau-marfim é uma espécie exclusiva do sul do país, desde o estado de São Paulo até o Rio Grande do Sul, sendo também comum no estado de Mato Grosso, bem como fora do país, como na Argentina e no Paraguai. O pau-marfim foi usado com frequência em marchetarias ou embutidos, por ser uma madeira dura e de cor clara.

Outras madeiras como jatobá, caviúna e gonçalo-alves foram também empregadas na confecção de mobílias, porém com menor frequência, provavelmente por serem mais densas, o que dificulta o trabalho de marcenaria; portanto, a escolha da madeira está relacionada também com sua aplicação e feitio. "Na Bahia, durante o século XVIII, verificamos, conforme os inventários estudados, que as madeiras mais utilizadas são o jacarandá e o vinhático" (Canti, 1985, p. 87).[13]

Além da madeira, o couro foi muito usado no mobiliário brasileiro no decorrer do período em questão. Sua presença ocorreu nos assentos e encostos das cadeiras, nos revestimentos das caixas ou baús e em suas alças; já as argolas, fechaduras, molduras de espelho, dobradiças e cantoneiras que serviam de reforço para a estruturação das caixas e dos baús eram de ferro, bem como as pregarias para a fixação do couro ou outros elementos; a palhinha, material importado originário da Índia, foi usada com mais frequência a partir do século XVIII, especialmente nos móveis mais requintados.

---

[13] Tilde Canti, em *O móvel no Brasil: origens, evolução e características*, descreve, segundo cronistas da época colonial no Brasil, as madeiras empregadas na produção do mobiliário no decorrer dos três primeiros séculos e sua utilização nos estados de São Paulo, Bahia, Pernambuco, Minas Gerais e Rio de Janeiro.

Retomando os móveis dos primeiros séculos da colonização, dos rústicos de uso popular aos mais luxuosos, a técnica empregada na construção diferencia-se de acordo com as condições socioambientais e, em decorrência, na elaboração da forma, com maior ou menor quantidade de recortes, torneados, marchetados e, principalmente, de entalhes de execução trabalhosa. Os móveis eram feitos de madeira maciça e construídos artesanalmente; as ligações entre os elementos estruturais, na maioria, eram feitas com encaixes e/ou pregos e colados, empregados de acordo com a forma e a solicitação mecânica própria de cada tipo de estrutura às quais correspondem as respectivas funções. Nos móveis com poucos ou sem ornamentos de construção, às vezes até rudimentar, era comum transparecerem os encaixes utilizados; nesses casos, a forma estava diretamente relacionada com o sistema construtivo. Já nas peças mais elaboradas, a tendência ao excesso de ornamentação camuflava essa relação.

Alguns exemplos, já apresentados, foram selecionados para uma análise complementar com relação à natureza das técnicas empregadas na construção do mobiliário, próprias de épocas e situações econômicas distintas. Sobretudo, as análises a seguir contribuem para maior compreensão dos sistemas de ligações empregados, da correspondência possível entre a técnica construtiva e o resultado formal e da adequação do material utilizado às técnicas construtivas.

Retornando à figura 1, as travas da cadeira são espigadas nos pés, encaixe apropriado para esse tipo de ligação (figura 23a).[14] Essas travas estão colocadas duas a duas em

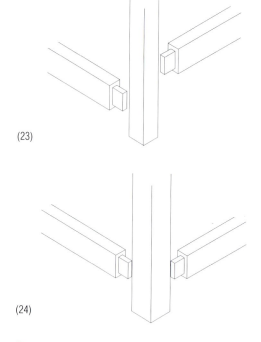

Figuras 23 e 24. Os desenhos dessa figura mostram as travessas usinadas nas extremidades que formam as espigas que encaixam nos pés e comparam o dimensionamento mínimo dos pés decorrentes do posicionamento das travessas: os pés da figura superior medem 3,5 cm × 3,5 cm, e os da figura inferior medem 5 cm × 5 cm. Desenho: Patrícia Mercedes Araújo.

---

[14] Esse estudo se restringe, para não fugir de seus objetivos, a sugerir os tipos de encaixes e/ou ferragens mais apropriados à fixação dos elementos tradicionalmente utilizados na

posições alternadas, as da frente e traseira ligeiramente acima das laterais; essa solução é frequente quando o tamanho da seção dos pés não comporta as duas espigas na mesma altura. O desenho da figura 23 mostra o uso da espiga como sistema de ligação e a colocação das travessas em alturas diferentes possibilitando um tamanho menor de pé. Se essas fossem colocadas na mesma direção, a seção dos pés teria de ser aumentada para criar um espaço às espigas das travessas laterais, dianteira e traseira, como mostra a figura 24.

Esses exemplos mostram que, em razão de uma necessidade técnica construtiva, as dimensões e a posição dos elementos estruturais alteram-se interferindo no resultado formal da peça, seja no movimento visual que as diferentes posições das travessas provocam, seja na proporção decorrente dos tamanhos dos pés ou, ainda, na leveza visual e física, propriedade importante quando se trata de cadeiras.

Figura 23a. Detalhe (figura 1) das travessas espigadas no pé e posicionadas em diferentes alturas. As seções dos pés medem 3,5 cm × 4 cm. Fotografia: Hélio Nobre.

---

fixação da estrutura em questão. A razão pela qual foi escolhido um determinado tipo de ligação, em detrimento de outros, deverá ser objeto de estudo de outra natureza.

(25a)

Quando os pés e travessas são torneados, é comum a criação de seções quadrangulares ou retangulares que se intercalam com as curvas dos segmentos torneados a exemplo da mesa de cancela da figura 16. Esse recurso visa favorecer o emprego de encaixes especialmente de espigas e parafusos, e de outras soluções construtivas, como mostram os detalhes da mesa de cancela (figuras 25 e 25a), na qual os segmentos de superfícies retas na parte superior e inferior do pé móvel são recortados e encaixados em meia madeira nos recortes da travessa longitudinal inferior e da caixa do gaveteiro que, por sua vez, é apoiado nos recortes dos quatros pés fixos. No detalhe da figura 25b notam-se outros

(25)

segmentos de superfícies retas que interrompem os torneados das travessas e dos pés: destaca-se entre eles, em primeiro plano, o utilizado para encaixar o pé móvel com mecanismo giratório, provavelmente construído com pino ou cavilha de madeira e, no segundo plano, o segmento reto localizado na parte inferior do pé, cuja função é receber as espigas das travessas.

Essa solução repercute direto no resultado formal da peça, tendo sido amplamente usada em diversos tipos de móveis e em diferentes épocas.

Figuras 25, 25a e 25b. Detalhes da mesa facetada de aba e cancela. Acervo Museu da Casa Brasileira, São Paulo-SP. Fotografia: Marcelo Andrade.

Figuras 26, 26a, 26b, 26c. Sistemas construtivos utilizados na caixa (arca), século XIX. Acervo Museu Paulista da USP, São Paulo-SP. Fotografia: Hélio Nobre.

Retomando a caixa da figura 7, destaca-se parte das soluções técnicas construtivas empregadas: a tampa de madeira maciça é encabeçada na frente e laterais com molduras de madeira maciça mais espessas e frisadas (figura 26); a figura 26a mostra o encaixe do encabeçamento na tampa, e a figura 26b, a ligação em meia esquadria, encaixe apropriado à emenda das molduras. Nos quatro cantos da caixa, é utilizado o malhete no formato de rabo de andorinha (figura 26c) como sistema de ligação. A ausência de ornamentos e a clareza do sistema construtivo indicam a predominância da intenção técnica construtiva na concepção dessa peça, da qual resulta a qualidade estética.

O malhete foi o encaixe empregado com frequência na construção de caixas arcas, evidenciado nos exemplos das figuras 7, 8 e 9. Os desenhos das figuras 27 e 28 mostram dois procedimentos na utilização do malhete: no primeiro, este é visível nas duas faces da peça, procedimento utilizado nas caixas ao lado, e na figura 28 o malhete é visível apenas em uma das faces exemplificada na gaveta da figura 29. O malhete do tipo rabo de andorinha, como mostram os desenhos das figuras 27 e 28, é usado com mais frequência e é muito comum na ligação da frente da gaveta com as laterais; os malhetes são feitos em outros formatos como os arredondados ou em linha reta de produção mais simplificada.

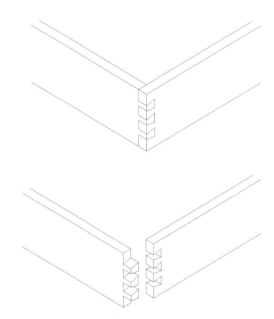

Figura 27. Sistema de ligação em malhete no formato de rabo de andorinha, visível nas duas faces da peça. Desenho: Patrícia Mercedes Araujo.

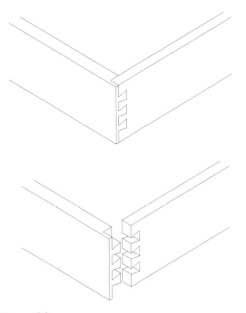

Figura 28. Sistema de ligação em malhete no formato de rabo de andorinha, visível em uma das faces da peça. Desenho: Patrícia Mercedes Araujo.

Figura 29. Detalhe da mesa da figura 20 com a gaveta aberta. Mostra o detalhe do malhete no formato de rabo de andorinha como elemento de ligação da frente da gaveta com as laterais. Museu Paulista da USP, São Paulo-SP. Fotografia: Hélio Nobre.

A forma simples de resolver esses móveis, despojados de ornamentos, nos quais a solução técnica construtiva empregada é concomitante com a solução formal, contrapõe-se ao partido adotado na caixa da figura 9. Nessa peça, verifica-se que os frisos decorativos entalhados camuflam nos cantos o tipo de ligação usado na construção da caixa (figura 30). As frentes das gavetas são provavelmente trabalhadas com placas de madeira maciça retangulares de diferentes tamanhos, dispostas em sequência decrescente e emolduradas com cordões de madeira formam desenhos que constituem as almofadas, nome dado a esse tipo de tratamento de função exclusivamente decorativa (figura 30a). O jacarandá é a madeira apropriada à execução dos entalhes dos frisos decorativos e das molduras. É provável que o sistema de ligação utilizado fora o malhete visível apenas na traseira do móvel (figura 30b), o qual era usualmente encostado à parede. Isso indica não haver valoração dos encaixes como uma contribuição estética, restringindo-se apenas a uma função técnica.

O recurso do sistema construtivo da peça aparente foi empregado com frequência no cotidiano do mobiliário popular. Esse partido foi resgatado e intencionalmente adotado depois por alguns designers e arquitetos, como recurso técnico e estético nas suas produções.[15]

(30)

(30a)

(30b)

---

[15] A reapropriação pelos designers do sistema construtivo anteriormente utilizado será abordada adiante nas propostas de trabalho desenvolvidas pela Marcenaria Baraúna, Maurício Azeredo e Carlos Motta.

Figuras 30, 30a e 30b. Detalhes construtivos da caixa apresentada na figura 9. Acervo Museu Paulista da USP, São Paulo-SP. Fotografia: Hélio Nobre.

Figura 31. Armário, segunda metade do século XVIII. Acervo Museu da Inconfidência, Ouro Preto-MG, procedente de Sabará-MG. Material: madeira com pintura policromada e osso. Dimensões: 220 cm (alt.) × 144 cm (comp.) × 58 cm (prof.).

Na figura 31, versão fechada do armário da figura 10, ficam evidentes as partes que constituem esse móvel, ou seja, os dois corpos, com gaveteiro e portas, a base inferior e o acabamento superior, assim como o sistema utilizado na construção das portas e laterais, visível na figura 10a. Estas são formadas por chapas emolduradas por quadros de madeira, ambos maciços, resultando em um desenho que traduz o sistema construtivo. Já no feitio do armário da figura 14, as superfícies planas são enriquecidas com placas e molduras de madeira maciça frisadas, formando quadros de diferentes formatos e tamanhos. Se comparado com o armário das figuras 10 e 31, esse móvel resulta em fabricação mais trabalhosa e deixa menos evidentes as soluções estruturais e os sistemas de ligação empregados.

Essas soluções foram desenvolvidas em substituição ao uso de madeira maciça larga devido às dificuldades que esta apresenta quando utilizada em superfícies maiores.

Essa maneira de construir painéis com madeira maciça só foi substituída pelo uso de madeira compensada, intensificado na primeira metade do século XX no Brasil, do aglomerado após a Segunda Grande Guerra Mundial e, a partir da década de 1990, pelo uso do MDF.[16]

Até hoje são usados cordões de madeira aplicados às superfícies lisas das portas, sugerindo os quadros de madeira maciça, com intenção exclusivamente decorativa; de fato, trata-se de

---

[16] *Medium density fiberboard (MDF)*: painel de fibra de madeira reflorestada, de densidade média, produzida no Brasil a partir de 1997; seu uso teve início em 1995, aproximadamente, importado de outros países, sobretudo do Chile. É uma evolução do aglomerado, facilita o acabamento, apresenta boa capacidade de corte. Não exige equipamentos específicos para seu uso.

uma pálida lembrança do passado, quando o uso dessa solução era decorrente de uma necessidade estrutural.

Conforme as figuras anteriores, as técnicas construtivas correspondem à parte do repertório utilizada na construção do mobiliário tradicional, sendo que muitas delas são ainda hoje empregadas na fabricação de móveis. No entanto, algumas dessas técnicas foram substituídas por outros sistemas de fabricação, com o intuito de facilitar a produção, tornando-a mais econômica e condizente com a produção em série.

O repertório tradicional na fabricação do mobiliário brasileiro ainda é utilizado por artesãos que carregam consigo a tradição do ofício de marceneiro e por marcenarias e fábricas que ainda dependem de uma tecnologia tradicional na fabricação de móveis mais conservadores que seguem os estilos do passado. Vale ressaltar que algumas fábricas já possuem máquinas automatizadas para a reprodução desses móveis. A tecnologia apropriada para a fabricação de móveis de estilo se justifica pela preferência do mercado, que oscila segundo as tendências em voga.

O uso de uma tecnologia tradicional e a necessidade de buscar o passado como referência, tanto por parte dos produtores de móveis como pelo mercado consumidor, são entraves, dentre outros, ao processo de produção seriada no setor moveleiro, dificultando avanços, em detrimento da qualidade dos produtos, principalmente daqueles destinados ao consumo em massa.

REPERTÓRIO TRADICIONAL NA PRODUÇÃO ATUAL

O acervo tradicional mantém-se vivo nos trabalhos de profissionais que se valem do repertório tradicional na produção atual, destacando-se aqui os nomes de Maurício Azeredo, Carlos Motta e da Marcenaria Baraúna. A prática desses profissionais revela a busca de uma identidade cultural para a produção nacional. Seus produtos agregam novos valores à produção do presente, diferenciando-se dos artesãos marceneiros, hoje em número cada vez menor que, ao reproduzirem modelos e técnicas tradicionais, utilizam-nas por dependerem de uma tecnologia já ultrapassada ou por atenderem a um mercado consumidor pautado em repertório limitado.

As pesquisas realizadas por Maurício Azeredo[17] tratam de sistemas construtivos vernáculos e da multiplicidade das madeiras brasileiras, explorando suas propriedades e possibilidades técnicas construtivas, bem como a beleza de suas cores e texturas visuais e táteis. O desenvolvimento de suas peças é orientado por essas pesquisas e também se referencia na cultura material brasileira. Por meio de uma linguagem que deixa transparecer, no próprio feitio das peças, o sistema construtivo, com seus respectivos e diferentes encaixes que interligam os elementos da estrutura, entre estes almas, espigas, cavilhas e outros herdados da marcenaria tradicional, recria os sistemas de ligações, como é possível observar no encaixe do encosto no pé traseiro (figura 32a), do banco de bar Chorinho (figura 32)

---

[17] Formado em arquitetura e urbanismo pela Universidade Mackenzie, foi professor diretor técnico e proprietário do ateliê e oficina de produtos de design Maurício Azeredo ME. Professor do Instituto de Arquitetura e Urbanismo da Universidade de Brasília e professor adjunto do curso de Design do Departamento de Artes e Arquitetura da Pontifícia Universidade Católica de Goiás. Recebeu o Título de Reconhecimento Público de Mérito Profissional, Cultural e Científico, concedido pelo Conselho de Ensino, Pesquisa, Extensão e Administração (CEPEA) da PUC-Goiás. Recebeu vários prêmios e participou de várias exposições no Brasil e no exterior.

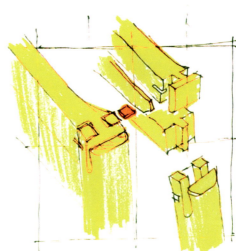

Figura 32. Banco para bar Chorinho, 1985, autoria Maurício Azeredo. Fabricado na oficina de produtos de design Maurício Azeredo ME. Feita em madeira maciça de diferentes espécies. Imagem cedida por Maurício Azeredo.

Figura 32a. Detalhe do sistema de ligação empregado no banco para bar Chorinho criado e patenteado por Maurício Azeredo. Desenho do autor.

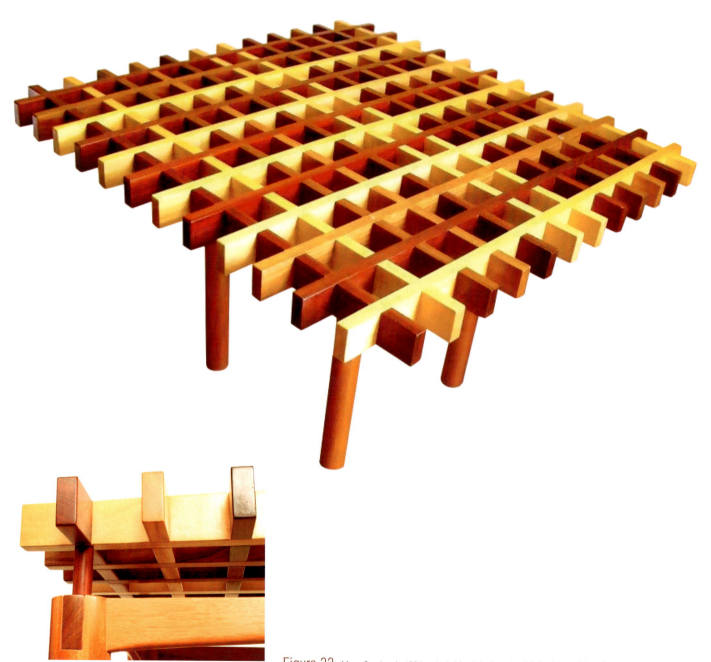

Figura 33a. Detalhes das ligações utilizadas na mesa Cambogê. Imagem cedida por Maurício Azeredo.

Figura 33. Mesa Cambogê, 1991, autoria Maurício Azeredo. Fabricada na oficina de produtos de design Maurício Azeredo ME. Feita com madeira maciça de mais de uma espécie. Imagem cedida por Maurício Azeredo.

e no sistema de ligação (figura 33a) da mesa Camborê (figura 33) e explorar inúmeras possibilidades construtivas e formais, o que lhe confere o direito de patentear suas criações. A beleza dos encaixes aliada à da madeira brasileira – rica em cores e texturas, das quais Azeredo se apropria – permite criar composições que atribuem plasticidade às peças. A mesa Porta--Bandeira (figura 34) é outro exemplo, entre muitos, em que a beleza do móvel resulta da composição de peças de madeiras coloridas em diferentes formatos e do desenho dos encaixes, aparentes na peça.[18]

Figura 34. Mesa Porta-Bandeira, 1991, autoria Maurício Azeredo. Fabricada na oficina de produtos de design Maurício Azeredo ME. Feita com madeira maciça de mais de uma espécie. O tampo da mesa é da série porta-bandeira, sistema de painéis que pode ter mais de uma aplicação. Recebeu menção honrosa na sexta edição do Prêmio Museu da Casa Brasileira, em 1991 (Borges, 1999, p. 77).

[18] O livro *Maurício Azeredo: a construção da identidade brasileira no mobiliário*, de Adélia Borges (Instituto Lina Bo e P. M. Bardi, 1999), mostra a variedade de soluções que alia propriedades técnicas e artísticas referendadas na cultura material herdada da diversidade cultural da população brasileira.

(35a)

Por sua vez, Carlos Motta[19] também cria móveis utilizando as técnicas construtivas tradicionais, o que evidencia requinte e qualidade do trabalho com a madeira e o domínio da técnica de cunho artesanal, como pode ser visto na cadeira sem braço Estrela (figura 35) e no detalhe do tampo da mesa Salvador (figura 36). Essa figura mostra uma peça em formato de borboleta encaixada na junta do encabeçamento em meia esquadria, cujo sistema de ligação é utilizado para conter o movimento da madeira maciça. Essa solução é parte do repertório da marcenaria tradicional no Brasil, porém geralmente usada na face inferior do tampo, cumprindo assim uma função técnica. Da mesma forma que Motta, ao criar essa peça, deixa aparente esse detalhe construtivo na cadeira Estrela, as espigas e o sistema de ligação utilizado no travamento dos pés, ao vazarem, deixam visíveis os topos (figura 35a), e em ambos os casos Motta agrega uma qualidade estética à solução técnica empregada.

---

[19] Arquiteto e designer, formado em arquitetura pela FAU Mogi das Cruzes, completou seus estudos na Califórnia – EUA. Foi professor de projeto na Faculdade de Desenho Industrial da Fundação Armando Álvares Penteado – FAAP. Proprietário do Atelier Carlos Motta e da Fábrica de Cadeiras São Paulo. Recebeu vários prêmios e participa de exposições no Brasil e no exterior. O atelier recebeu prêmios por responsabilidade ambiental e social.

(35) **Figuras 35 e 35a.** Cadeira sem braço Estrela, autoria Carlos Motta. Acervo Ateliê Carlos Motta. A madeira utilizada é o amendoim. Dimensões: 43 cm (larg.) × 56,5 cm (prof.) × 90 cm (alt.). O detalhe da figura 35a mostra o vazamento da espiga nos pés. Hoje esse modelo não está em linha de produção. Imagem cedida por Carlos Motta.

Figura 36. Detalhe da mesa Salvador, autoria Carlos Motta. Acervo ateliê Carlos Motta. Fabricada em sucupira certificada e o detalhe em amendoim. Imagem cedida por Carlos Motta.

Figura 37. Cadeira São Paulo, 1982, autoria Carlos Motta, colaboração Antonio Carriel (conhecido como Coruja). Acervo Ateliê Carlos Motta. Na época foi fabricada em mogno, maciço e laminado no assento, revestido com laminado plástico. Dimensões: 43 cm (larg.) × 49 cm (prof.) × 85 cm (alt.). A foto mostra quatro cadeiras com assentos de diferentes cores. A cadeira São Paulo recebeu, junto com a cadeira Estrela com braço, o primeiro lugar na categoria de móveis, do Prêmio Design Museu da Casa Brasileira, em 1987, o qual deu ênfase ao produto industrial. Imagem cedida por Carlos Motta. Hoje a madeira utilizada para sua fabricação é o eucalipto certificado com o selo F.S.C. e a fabricação é terceirizada.

Figura 37a. Cadeira São Paulo, de Carlos Motta, desmontada e a embalagem. Composta de 6 elementos e de 12 peças, revela o produto industrial. Imagem cedida por Carlos Motta. Hoje, a cadeira é vendida montada.

Na cadeira São Paulo, como mostra a figura 37, o designer retoma as soluções simplificadas e comumente encontradas no Brasil, caso do formato do encosto e da alça nele contida, assim como na forma como dispõe os pés e travessas ou, ainda, como nas tradicionais cadeiras e bancos populares de assento de taboa (uma fibra vegetal usada em assentos de cadeira). No entanto, o resultado revela-se contemporâneo na linguagem formal e no uso dos materiais e, ao mesmo tempo, identificado com a sociedade, na medida em que lembra móveis que fizeram ou fazem parte do cotidiano das pessoas.

> Optei pelo mais simples, mais resistente e mais fácil de produzir. A estrutura, formada de quatro pés e seis travessas, ficou de madeira maciça torneada, a mais barata das técnicas. (Motta, 2004, p. 41)

Esses requisitos favorecem a produção seriada, assim como o emprego da madeira laminada do assento e encosto e o uso do parafuso nas ligações, que substitui a cola utilizada apenas nos travamentos laterais dos pés. A propósito da produção em escala, verifica-se na figura 37a a padronização e a economia no número de peças e a facilidade do desmonte para embalagem, requisitos fundamentais ao processo de fabricação seriada.

> Através da pesquisa, você conclui que o assento, para estar junto à mesa de refeição ou de trabalho, tem de ficar a 45 cm de altura. Essa é uma medida da qual não se pode fugir. Então, dela partiu o módulo. Assento redondo, com diâmetro de 45 cm. Estrutura torneada com altura e largura de 45 cm. Encosto com altura e largura de 45 cm. Tudo dentro de uma caixa de papelão de 45cm × 45cm × 15cm. É um módulo fácil de estocar e colocar num *container*. Uma peça utilitária. Zero de frescura. Pode estar em qualquer residência, bar e restaurante. Chique e popular. (*Ibidem*)

A proposta da Marcenaria Baraúna[20] – iniciada com a fabricação de móveis de autoria de Francisco Fanucci, Lina Bo Bardi, Marcelo Ferraz e Marcelo Suzuki –, também carrega, na simplicidade do design, referência à cultura popular brasileira:

> Numa época em que tantos olhares estão voltados para as tendências internacionais e para as modas, a Baraúna busca sua matriz na cultura popular brasileira, sem folclorizá-la ou congelá-la no tempo, mas num diálogo entre o universal e o particular, entre passado e presente, que resulta num design contemporâneo, baseado na simplicidade formal. A construção dos móveis é sempre explícita, sem trucagens, dissimulações ou acréscimos decorativos. (*Catálogo Baraúna Marcenaria*, edição na década de 1970)

A cadeira e mesa Girafa, fabricadas em madeira maciça, figuras 38 e 38a, de autoria de Lina Bo Bardi, Marcelo Ferraz e Marcelo Suzuki, produzidas pela Marcenaria Baraúna, mostram a simplicidade na concepção do desenho e das soluções estruturais, como se verifica no reduzido número de peças, na utilização do sistema de sobreposição delas, como se observa no detalhe da figura 38a e no uso de parafuso como sistema de ligação que visa melhor desempenho estrutural e a simplificação dos processos de fabricação; a utilização de cavilhas, em madeira mais escura, tem a função de dar acabamento e traz um interesse estético à peça. Essas soluções comumente usadas nos móveis da Baraúna evidenciam a intenção de racionalização e padronização nos procedimentos de fabricação. A cadeira Girafa, cujo desenho possibilita o empilhamento, obedece à mesma lógica construtiva (figura 38b).

---

[20] Criada em 1986 por Francisco de Paula Fanucci, Marcelo Suzuki e Marcelo Ferraz, a Marcenaria Baraúna a princípio funcionou como extensão da Brasil Arquitetura, dirigida por esses arquitetos. Fabrica móveis de autoria de seus fundadores e de Lina Bo Bardi, com quem Suzuki e Ferraz trabalhavam. Hoje, dirigida por Fanucci e Ferraz, alia produção em série ao atendimento personalizado com projetos exclusivos. Tem trabalhos publicados em revistas especializadas nacionais e internacionais e expõe no Brasil e no exterior.

Figura 38a. Esse detalhe mostra o sistema de sobreposição de peças e cavilhas aparente no móvel. *Catálogo Baraúna Marcenaria*, editado na década de 1990.

Figura 38. Mesa e cadeira Girafa. Autoria de Lina Bo Bardi, Marcelo Ferraz e Marcelo Suzuki, fabricada pela Baraúna. Material: pinho-do-paraná maciço e cavilhas de ipê. A mesa tem 70 cm de diâmetro e a cadeira 35 cm de diâmetro. Imagens do *Catálogo Baraúna Marcenaria*, editado na década de 1990. As madeiras utilizadas hoje na fabricação dessas peças são o tauari e o freijó.

Figura 38b. Cadeira Girafa empilhada. Imagens do *Catálogo Baraúna Marcenaria*, editado na década de 1990.

Figura 39. Bancos Caipira e Caipira Pequeno. Autoria Francisco Fanucci. Fabricados na Baraúna em vários tipos de madeira. Dimensões segundo o catálogo: Caipira grande, 140 cm (comp.) × 40 cm (larg.) × 45 cm (alt.). Caipira pequeno, 25 cm (comp.) × 25 cm (larg.) × 25 cm (alt.) Caipirinha, 25 cm (comp.) × 18 cm (larg.) × 21 cm (alt.). Cachorrinho, 73 cm (comp.) × 12 cm (larg.) × 21 cm (alt.) Os bancos Caipirinha e Cachorrinho são desenhos anônimos. Imagens do Catálogo *Baraúna Marcenaria*.

Essa simplicidade e a obviedade do sistema construtivo, além do uso de poucos elementos, lembram o despojamento que caracterizou o mobiliário brasileiro de uso popular no século XIX e na primeira metade do século XX; no entanto, ao retomarem essas soluções, esses profissionais as fazem intencionalmente no resgate desse repertório, como nos exemplos que se seguem com base na matriz da cultura popular brasileira. Foi feita mais de uma versão de diversos tipos de banquinhos, que resgatam a forma brasileira de se sentar, herdada dos indígenas (figura 39).

A Marcenaria Baraúna resgata o "sentar brasileiro", cuja tradição vem dos índios com uma série de bancos. O "caipira" é uma releitura de um banco encontrado na Serra da Mantiqueira, disponível em vários tamanhos. O "cachorrinho" é uma reprodução de exemplar encontrado numa fazenda do Vale do Paraíba. (*Ibidem*)

No entanto, já na década de 1950, Lina Bo Bardi desenvolveu uma proposta de assento a partir dessa forma caipira de se sentar, segundo publicação na *Revista Habitat*, no ano de 1958:

> Foi desenhado de acordo com as observações feitas com os caboclos do interior que ficam por horas a fio de cócoras; o corpo assume uma posição especial, e o móvel que corresponde a essa posição é o banquinho, muito usado antigamente nas fazendas de café. (Bo Bardi, 1958)

Na figura 40, observa-se que o banquinho não interrompe a posição de cócoras, ajusta-se silenciosamente à forma de ser e se sentar culturalmente herdada do caipira e com ela se harmoniza. Nesse sentido, a altura baixa é o tamanho suficiente que o corpo necessita nessa posição; dos dois planos inclinados que compõem o assento, provavelmente o anterior apoia as diagonais das pernas e o posterior facilita a postura ligeiramente inclinada para a frente, estabelecendo assim o equilíbrio, e nada mais é necessário.

Figura 40. Caipira sentado. Foto do livro *Arquitetura rural na Serra da Mantiqueira* de autoria de Marcelo Carvalho. São Paulo, editora Quadrante, 1992.

Figuras 41 e 41a. Cadeira Frei Egídio, autoria de Lina Bo Bardi, Marcelo Ferraz e Marcelo Suzuki. Fabricada na Baraúna em pinho-do-paraná maciço. Dimensões: 31,5 cm (comp.) × 36 cm (larg.) × 84 cm (alt.). Imagem do *Catálogo Baraúna Marcenaria*.

Outro exemplo de móvel desenvolvido por Lina Bo Bardi, Marcelo Ferraz e Marcelo Suzuki, produzido na Baraúna, é a cadeira dobrável chamada de "Frei Egídio" (figuras 41 e 41a). Esse sistema de cadeira dobrável foi muito usado no Brasil a partir das últimas décadas do século XIX, em festas populares nas praças públicas.

A proposta de resgatar o repertório técnico e formal da cultura do design vem constituindo uma metodologia de trabalho tanto no Brasil como no exterior. Cabe destacar a publicação de *Offspring – Danish Chair with Foreign Ancestors*, em 1983 pela *Mobilia Press*, uma coletânea que fala sobre alguns estudos de modelos de cadeiras que se perpetuaram no tempo, as modificações ocorridas e as interferências sofridas. O trabalho de Poul Kjaerholm retoma o clássico exemplo das cadeiras vienenses – no caso, a cadeira de braço fabricada pela Thonet em 1880 – e elabora duas versões contemporâneas, uma em aço, em 1962, e outra, em madeira, em 1980. Palle Suenson, Ole Wanscher e Borge Mogensen introduzem outras versões para a tradicional e popular cadeira Windsor desenvolvida na Inglaterra no século XVIII e produzida por vários anos em diferentes países.

ALGUMAS CONSIDERAÇÕES FINAIS

Neste capítulo, abordaram-se aspectos da evolução dos móveis no Brasil, produzidos artesanalmente ou em série, buscando compreender, ao longo dos diferentes períodos, os estágios de sua fabricação, destacando-se a somatória de influências culturais decorrentes de usos e costumes de indígenas, portugueses e africanos, além de outras influências oriundas das condições de moradia, do clima e das madeiras disponíveis na mata nativa.

Toda a exposição visa apontar os limites da fabricação artesanal nos períodos que antecedem o final do século XIX, em razão do acesso restrito das elites aos móveis considerados de qualidade. Buscou-se identificar as alternativas encontradas pela população na construção de equipamentos simples, práticos e rústicos voltados às necessidades cotidianas.

Na última parte do texto, ressaltou-se a importância dessas contribuições para a produção atual com alternativas à seriação, destacando-se a apropriação de soluções quanto aos sistemas construtivos por arquitetos e designers, responsáveis por imprimir ao mobiliário características que apontam para o design nacional. Tais propostas, já em escala comercial, destinam-se a locais públicos, como é o caso da Sala São Paulo, projetada e produzida pela Marcenaria Baraúna, e a cadeira São Paulo, de Carlos Motta, encontrada em bares e restaurantes. A explanação retratou a importância do saber artesanal para a cultura da produção moveleira no Brasil, salientando a relevância desse saber à qualificação da produção, numa perspectiva seriada, que estabelece relações entre o universal e o regional.

Juntamente com essas preocupações, os próximos capítulos voltam-se à produção seriada em escala. É nesse contexto que a experiência da Móveis Cimo ocupa papel de destaque como precursora da organização industrial moveleira no país, superando o peso arcaico da produção artesanal na indústria, no que tange a práticas ultrapassadas e contraditórias às demandas sociais contemporâneas.

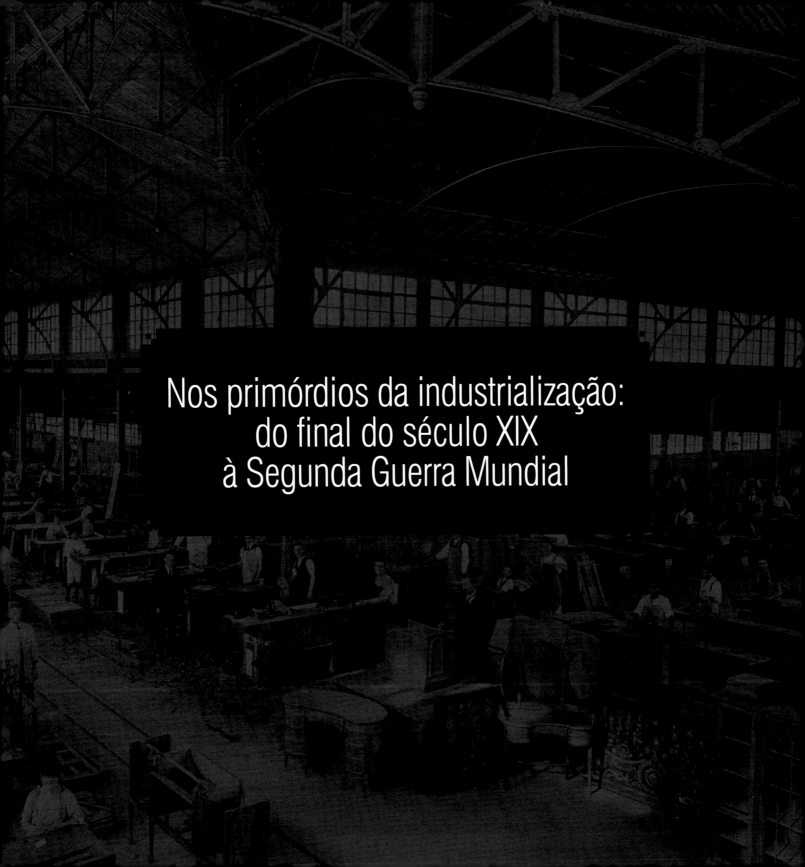

Nos primórdios da industrialização: do final do século XIX à Segunda Guerra Mundial

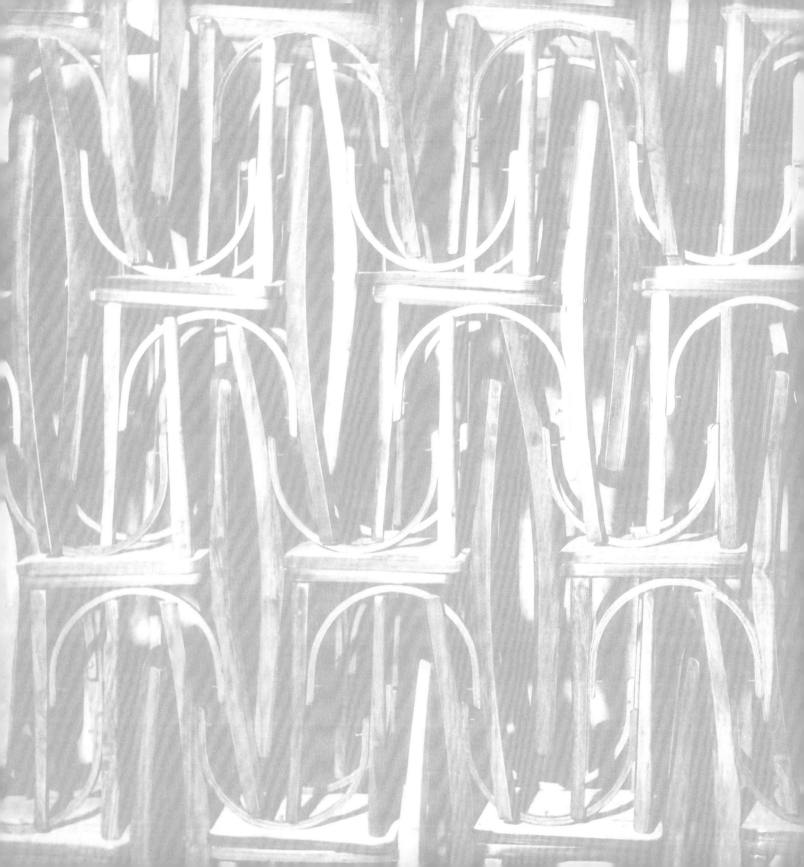

SÃO PAULO: FULCRO IMPULSIONADOR DO PROCESSO DE INDUSTRIALIZAÇÃO

O último quarto do século XIX foi marcado por transformações sociais, econômicas e políticas responsáveis por mudanças significativas no modo de viver da sociedade paulista de então. Destacam-se como fatores responsáveis o crescimento da economia cafeeira, vinculada ao mercado internacional, e as transformações na organização do trabalho no Brasil, readequando-se às imposições do cenário mundial, entre as quais se destaca a introdução do trabalho assalariado como meio de intensificação produtiva e de expansão capitalista. Esse quadro resultou na libertação dos escravos e na chegada dos imigrantes, que vieram principalmente para o estado de São Paulo, sendo a capital foco de importantes mudanças decorrentes dos negócios ligados à comercialização do café.

Ao se introduzir a produção moveleira nesse contexto, sem perder de vista os antecedentes já apontados, tem-se uma compreensão dos primeiros passos que envolveram a industrialização do móvel, o que contribui para a memória da produção do mobiliário brasileiro e, assim, para a compreensão da problemática atual desse setor produtivo. Alguns apontamentos sobre o crescimento da cidade de São Paulo, nesse período, auxiliam no entendimento do tempo e do espaço em que se deu o desenvolvimento do comércio e da indústria e em quais circunstâncias estes ocorreram.

No fim do século XIX, São Paulo deixava de ser a pequena cidade do início dos anos 1800, passando por uma série de transformações que contribuíram para seu crescimento e modernização: a expansão cafeeira no noroeste do estado; a implantação da estrada de ferro Santos-Jundiaí, intensificando o contato do planalto paulista com o Porto de Santos e deste com o exterior, agilizando a circulação de produtos e aproximando as cidades mais afastadas. Assim, com a tecnologia, foram ultrapassados obstáculos geográficos que até então dificultavam e freavam o crescimento da cidade.

Os imigrantes, à procura de melhores condições de vida e prosperidade econômica, vieram em maior número para o estado de São Paulo para trabalhar na lavoura do café, contribuindo para o aumento demográfico. Esse processo desdobrou-se nos principais centros urbanos, com milhares de imigrantes abandonando o campo e "tentando a sorte" nas cidades.

Sem dúvida, os imigrantes contribuíram em grande medida para o crescimento físico da cidade, para a expansão do comércio e para o desenvolvimento da indústria. "O europeu de classe inferior, se fosse empreendedor, descobriria que a sociedade paulista oferecia então considerável capilaridade econômica e mesmo social" (Morse, 1970, p. 240). Muitos deles ascenderam e se tornaram parte da elite existente ao adquirir grandes fortunas, como é o caso da família Matarazzo.

Os imigrantes, em sua adaptação à nova terra e seu convívio com a população local, introduziram seus valores, hábitos e costumes. A partir da década de 1870, os paulistas saíram do isolamento em que se encontravam, por causa da situação geográfica, e foram gradativamente mudando seu modo de vida, atraídos sobretudo pelas novidades vindas de fora, particularmente na aproximação com os imigrantes; na busca de *status* e inserção social, procuravam ajustar-se aos novos valores. Nesse processo, tanto os habitantes da cidade de São Paulo se adaptaram às novidades da cultura europeia, como os imigrantes, à cultura da região onde se fixaram.

Outro fator crucial que contribuiu para a mudança do modo de viver e da forma de morar das famílias, principalmente no que se refere à elite econômica, foi a diminuição gradativa da mão de obra escrava, a partir de 1850,[21] com as medidas de restrição ao tráfico negreiro, e, após 1888, com a abolição da escravatura. O funcionamento das moradias, até então, dependia da mão de obra escrava; os escravos estavam presentes em todos os afazeres e em todos os lugares da casa. Conforme a clássica citação de Costa:

> A máquina brasileira de morar ao tempo da Colônia e do Império dependia dessa mistura de coisa, de bicho e de gente que era o escravo. Se os casarões remanescentes do tempo antigo parecem inabitáveis devido ao desconforto, é porque o negro está ausente. Era ele que fazia a casa funcionar: havia negro para tudo, desde negrinhos sempre à mão para recados, até negra velha, babá. O negro era o esgoto, era a água corrente no quarto, quente e fria, era o interruptor de luz e o botão da campainha, o negro tapava a

---

[21] Lei Eusébio de Queirós, nº 581, aprovada em 4 de setembro de 1850, estabelece o fim do tráfico de escravos africanos no Brasil.

goteira e subia a vidraça pesada, era lavador automático, abanava que nem ventilador. (Costa, *apud* Homem, 1996, p. 67)

Os imigrantes e os escravos libertos passam então a agregar-se à população da cidade, em acelerado crescimento, imprimindo-lhe novo caráter; inclusive os fazendeiros de café começam a estar mais presentes na cidade devido à maior facilidade de transporte, intensificando suas idas para fazer negócios, exercer o domínio político e usufruir do conforto que esta oferecia. Após a década de 1890, em razão das sucessivas crises cafeeiras geradas pelas oscilações no comércio exterior, parcelas dos habitantes do interior substituem suas ocupações rurais pelas atividades comerciais, industriais e burocráticas.

Assim, os espaços urbanos paulistanos foram sendo ocupados: ao longo das estradas de ferro situadas nas várzeas do Tamanduateí e do Rio Tietê, instalaram-se as primeiras fábricas e os primeiros depósitos e, ao seu redor, formaram-se os primeiros bairros operários, como o Brás, a Luz, o Bom Retiro e outros. Das antigas chácaras surgiram as vilas: Vila Mariana, Vila Clementino, Santana, Perdizes. A elite fazendeira instalou-se, a princípio, nos Campos Elíseos; o centro antigo cedeu espaço ao comércio, artesanato e serviços.

O fulcro da atividade econômica do país, desde o final do período colonial, vinha se deslocando do Nordeste para o Rio de Janeiro e, agora, começava a se transferir para São Paulo. Estimulado pelos negócios ligados à comercialização do café, ao aumento populacional e à industrialização nascente, São Paulo precisou modernizar seus serviços. A importação de novas tecnologias propiciou a implantação do sistema de abastecimento de água, de saneamento básico e de gás encanado, responsável pelo novo sistema de iluminação, de aquecimento interno e, posteriormente, pelo uso do fogão a gás.

A cidade, a partir de então, passa a contar com uma infraestrutura urbana: iluminação a gás, organização dos transportes coletivos, abastecimento de água e gás inclusive em domicílios. Essas transformações desencadearam mudanças significativas no plano cultural e no cotidiano dos moradores da cidade, implicando novos usos e hábitos nos ambientes domésticos, comerciais, administrativos e industriais. Novos equipamentos são adquiridos e, por extensão, novo mobiliário para suprir necessidades nascentes. Os centros urbanos em desenvolvimento beneficiavam-se desses serviços e, como consequência, inauguravam-se, em número crescente, instalações comerciais e edifícios institucionais. Em razão do aumento das atividades comerciais, financeiras e de lazer, a cidade começa de fato a ser frequentada por seus habitantes. De um lado, a elite atraída por lojas da moda, confeitarias, cafés, restaurantes e, de outro, os acontecimentos civis e religiosos, como festas, procissões e rezas em praças e passeios públicos, polarizavam as atenções populares.

A importação, que se intensificou desde meados do século XIX, de produtos manufaturados vindos da Europa (gêneros alimentícios pré-elaborados, utensílios e aparelhos de utilidade doméstica, roupas, móveis e alfaias) e os novos serviços oferecidos repercutiram no funcionamento das atividades das moradias, amenizando os afazeres domésticos. Assim, seus moradores passaram a usufruir de maior conforto e melhores condições de higiene e de saúde.

Com as mudanças sociais e econômicas, muitas das funções anteriormente exercidas pela mão de obra escrava se extinguiram, pois a maioria das famílias ricas passou a adquirir artefatos importados e a contratar mão de obra especializada europeia.

A partir da intensificação da importação de produtos manufaturados e da imigração em massa, entraram no Brasil as modas europeias daquele período. As novidades externas eram aceitas com facilidade, a economia e a cultura das elites brasileiras começavam a se abrir para a Europa. Os modismos foram adotados como modelo pelos arquitetos e engenheiros, que contribuíram com o desenvolvimento da cidade de São Paulo. Os profissionais apoiavam-se na tradição acadêmica, na reprodução de estilos tradicionais, puros ou ecléticos, como o neoclássico, o neogótico, o neorrenascentista, o neomourisco e outros, aplicada não só na arquitetura, mas também no mobiliário. Nesse período, destacam-se em São Paulo as realizações do escritório de Ramos de Azevedo, um dos principais responsáveis pela remodelação urbana e pelo Liceu de Artes e Ofícios de São Paulo, a primeira escola profissional de caráter industrial do Brasil, fundada em 1873 (Lemos, 1989).[22]

A princípio foram favorecidos pela implantação dos novos serviços os principais centros urbanos e, por extensão, o interior das residências das famílias economicamente privilegiadas. O mesmo se deu com a importação dos produtos manufaturados e da mão de obra qualificada, que se beneficiou com a mesma restrita fatia do mercado. A extensão dos serviços públicos e o acesso a produtos manufaturados por parte dos setores populares ocorreram somente após as primeiras décadas do século XX.

---

[22] Para saber mais sobre o Liceu de Artes e Ofícios, ver Carlos A. C. Lemos, *Alvenaria burguesa* (1989, segunda edição).

No entanto, por causa do aumento populacional, em especial das classes trabalhadoras, multiplicava-se a demanda por produtos a preços mais acessíveis, visto que a população com baixo poder aquisitivo não tinha acesso aos produtos importados; no caso específico do mobiliário, as práticas do período colonial, quando os móveis eram feitos pelos próprios habitantes, com os recursos de que dispunham nas grandes fazendas, não se adéquam mais à nova realidade. Desse modo, a aquisição de produtos estrangeiros era inviável para o consumo popular e constituiu um dos principais fatores que estimularam o desenvolvimento da produção nacional de bens de consumo.

Toda a produção industrial no Brasil, inclusive a do mobiliário, desenvolveu-se com atraso em relação à Europa. Foi somente a partir das últimas décadas do século XIX que a produção nacional começou a substituir gradativamente os bens de consumo importados.

O HISTORICISMO ACADÊMICO E AS VANGUARDAS NA EUROPA

No período que se seguiu à Proclamação da República, correspondente ao crescimento e urbanização da cidade de São Paulo, grande parte dos produtos de bens de consumo ainda era importada da Europa, principalmente da França e da Inglaterra. O mobiliário também seguiu essa regra, sendo importado ou então encomendado aos marceneiros e artesãos europeus, aqui radicados. Esse quadro alterou-se durante e após a Primeira Guerra Mundial, entre outros fatores, com a intensificação do desenvolvimento industrial no Brasil. A discussão a seguir, apoiada em Arno Mayer e Nikolaus Pevsner, visa situar o Brasil no contexto internacional, ampliar e introduzir novos elementos que contribuam para a análise da evolução do mobiliário brasileiro e, consequentemente, formular a problemática desse setor mediante outros ângulos.

Na Europa, em meados do século XIX e início do século XX, a burguesia que ascende social e economicamente não traz consigo um novo estilo de vida; ao contrário, tornou-se culturalmente condicionada pela moda e pelo modo de ser da aristocracia, que, segundo Mayer, mostra-se, apesar de sua desfeudalização, coesa, coerente e autoconfiante, social e culturalmente.

> Na forma, conteúdo e estilo, os artesanatos da alta cultura continuavam ancorados e envolvidos em convenções que transmitiam e celebravam tradições defensoras da antiga ordem; a revivescência e a reprodução ecléticas de estilos antigos e tradicionais predominavam não só na arquitetura e estatuária, como também na pintura, escultura e artes cênicas. (Mayer, 1990, p. 187)

Nesse período, a França tornou-se capitalista, não só na política econômica e financeira, mas também nas manifestações culturais. Paris não era mais o centro de arte e cultura da Europa; em seu novo aspecto cosmopolita, era a cidade dos prazeres, bares, óperas, *boulevards* e restaurantes, retratados pelos pintores impressionistas. Novos teatros, hotéis e palácios foram construídos. Já a Inglaterra, estimulada por seus governantes e em meio aos avanços científicos, desenvolveu novas tecnologias, acompanhadas de iniciativas de comerciantes e industriais, no tocante à intensificação produtiva.

Os ideais liberais impulsionam as práticas burguesas no campo científico, tecnológico e econômico, não permitindo igual desenvolvimento cultural e social. Na Inglaterra,

> [...] o custo do progresso industrial era a impiedosa exploração dos trabalhadores, o aviltamento do povo, a degradação cultural das classes dirigentes. A arte decai a um nível de baixo anedotismo, de um humorismo de clube; com uma moral grosseiramente utilitária não podia coexistir um interesse estético. Quando renasce um interesse estético, é para combater uma moral grosseiramente utilitária. (Argan, 1993, p. 175)

O historicismo acadêmico, característico das manifestações artísticas desse período, é explicado pelos interesses conservadores das elites burguesas, visto que a evolução cultural e social, condizentes com os avanços científicos e tecnológicos e com a nova forma de viver da sociedade moderna, ameaçava os interesses econômicos capitalistas, que foram preservados devido ao achatamento cultural e educacional e às desigualdades sociais.

Enquanto as ciências tecnológicas caminham em direção ao futuro e necessitam de soluções para o desenvolvimento de produtos inerentes às suas descobertas, a forma, o invólucro destes mantêm-se conservadores, sem expressar as conquistas tecnológicas e valores desse período: "a forma perde sua vitalidade e a imitação passa a prevalecer sobre a autenticidade, a pompa sobre a sobriedade e a forma consagrada sobre as ideias novas". (Mayer, 1990, p. 188.)

Regredir às diversas manifestações do passado é uma tentativa de manter o *status quo* de uma aristocracia ameaçada e de uma burguesia ascendente em busca de *status*, ostentação e riqueza, evidentes nos ambientes luxuosos da época. A ausência de um estilo próprio na arquitetura, nas artes industriais e na decoração de interiores é preenchida pelo ecletismo estético que caracterizará as manifestações culturais, a arquitetura e a produção industrial.

A imitação dos estilos antigos, produto de um trabalho artesanal, determina a estética do produto industrial. Na Inglaterra, em 1851, foi aberta a "exposição de matérias-primas e produtos técnicos à participação de nações do mundo" (Pevsner, 1995), com grandes pavilhões e uma quantidade enorme de produtos: tratava-se de uma mostra representativa do estágio da produção seriada desse período. As cópias de estilos do passado entram em choque com os materiais e tecnologias adotados na época; era expressivo o uso do ferro fundido, matéria-prima resultante do processo de industrialização, travestido de ornamentações próprias das tecnologias e materiais da produção artesanal.

A figura 1 é reveladora. Novos atributos tecnológicos e de uso são agregados a essa cadeira, como o uso do ferro fundido, tecnologia apropriada à produção industrial, empregado nos pés, braços e estrutura do assento e do encosto, este provavelmente de madeira laminada e, o assento, estofado. Esses tipos de cadeira giratória e com flexibilidade no encosto, uma novidade na época, sugerem preocupação com o conforto, no entanto, são os valores tradicionais que orientam as soluções estéticas; não há critério no uso dos motivos decorativos, já que as formas realistas se misturam com as estilizadas; as simplificadas e as econômicas com as mais trabalhadas, inspiradas nos motivos dos estilos das épocas anteriores. É visível no produto industrial desse período a imitação das formas entalhadas e recortadas, antes executadas pelos artesãos, geralmente em madeira. Trata-se de uma contradição, pois ocorre a dissimulação da natureza do material empregado, dos métodos

Figura 1. Cadeira, século XIX,. Desenho de Carlos Eduardo Gonçalves Henriques.

de produção e tecnologias, o que causa uma estranheza visual. Pevsner (1995), ao referir-se à exposição, afirma: "A qualidade estética dos produtos era horrorosa. Houve alguns visitantes dotados de sensibilidade que o notaram, e logo surgiram na Inglaterra e em outros países debates sobre as razões de um fracasso tão patente" (*ibid.*, p. 28).

Ao serem idealizados pelo próprio fabricante, uma constante na produção dessa época, esses empreendedores, movidos exclusivamente por interesses econômicos, priorizavam a produtividade e a competitividade com prejuízo da qualidade: "[...] o progresso mecânico permitia aos fabricantes produzir milhares de artigos baratos no mesmo período de tempo e ao mesmo preço anteriormente necessário para um único objeto bem trabalhado" (Pevsner, 1995, p. 3). O caráter conservador que os fabricantes conferem ao feitio dos produtos difere de sua adesão em relação aos avanços tecnológicos, os quais buscam atualizar, incrementando o uso de novos maquinários e matérias-primas. Outro exemplo, entre muitos que poderiam aqui ser citados e que se popularizaram na época em razão da produção seriada, constitui o dos bancos de jardim, que se tornaram populares nos Estados Unidos nesse período. Mesmo após um século, cabe destacar que, no Brasil, essa postura ainda permanece na maioria dos fabricantes de móveis, que por um longo período mostrou-se conservadora na linguagem do mobiliário e nos processos e técnicas produtivas. Agora, mesmo adeptos de uma nova linguagem, continuam investindo em tecnologias avançadas e não em desenvolvimento de produtos condizentes com os novos processos, valendo-se outra vez da cópia.

A expansão capitalista, o aumento populacional, o crescimento das cidades, os novos modos de vida, as descobertas científicas e as novas tecnologias estimulam o aumento da produção, dada a demanda por uma maior variedade e quantidade de produtos.

Com a industrialização, os fabricantes priorizaram, então, a produtividade, sobrepondo-a aos interesses artísticos e ao artesanato, o que gerou como consequência a alienação do artesão na produção. Contrapondo-se à separação entre a concepção e o fazer, John Ruskin, importante crítico inglês do século XIX, propõe a recuperação do trabalho manual e do artesanato. Ruskin teve como discípulo e seguidor William Morris e, juntos, criticaram as condições de vida da sociedade inglesa e a desumanização do homem no trabalho mecanizado decorrente da industrialização.

Segundo Pevsner (1995), ao combater o isolamento do artista e seu distanciamento do cotidiano de sua época, Morris defendia o trabalho feito manualmente e a aproximação entre o artista e o artesão, condenando o trabalho automatizado e a máquina, responsáveis por afastar o trabalhador do seu envolvimento prazeroso com o produto e do processo de produção. Para Morris, a interação da época com seu sistema social era indissolúvel, diferenciando-se de seus contemporâneos que tinham como único referencial a estética da forma ou a qualidade artística. Para ele,

> [...] o que era precioso era o exemplo pessoal, era o artista se transformar em artesão desenhista. Quando seguia sua paixão interior de fazer as coisas com suas próprias mãos, sentia também que fazer isso em vez de pintar quadro era seu dever social. (*Ibid.*, p. 36)

Como afirma Pevsner (1996), Morris se deu conta, a partir da necessidade de equipar seu estúdio e posteriormente sua casa, de que os móveis deveriam ser compatíveis com seu temperamento e, por isso, constrói sua própria mobília: "se não podemos comprar uma sólida e honesta mobília, façamo-la nós próprios" (*ibid*., p. 4).

Ao fazer sua própria mobília, Morris pôde, provavelmente, conhecer a natureza dos processos de produção e dos materiais empregados, dominando, com isso, as diferentes variantes que concorrem para a realização do produto. Na crença do trabalho artesanal e no fazer artístico, ele cria em 1861 a empresa Morris, Marshall & Faulkner, Operários de Belas Artes em Pintura, Gravura, Móveis e Metais. "Esse acontecimento marca o início de uma nova era na arte ocidental" (*ibidem*).

Ao mesmo tempo que Morris defendia o artesanato, pregava que a arte e o fazer artístico deviam estar ao alcance de todos e radicaliza essa posição quando, no dizer de Argan (1993), para Morris

> não é muito importante que o artista (um burguês por definição), com um gesto de santa humildade, converta-se em operário; pelo contrário, o importante é que o operário se torne artista e, assim devolvendo um valor estético (ético-cognitivo) ao trabalho desqualificado pela indústria. [...] Quero falar daquele lado da arte que deveria ser sentido e executado pelo simples operário em seu trabalho cotidiano, e que com razão se chama arte popular. Esta arte não existe mais, destruída pelo comercialismo. Mas ela viveu e floresceu desde o início da luta entre o homem e a natureza até o surgimento do sistema capitalista. Enquanto durou, tudo o que o homem fazia era ornamentado pelo homem, assim como tudo o que faz a natureza é ornamentada pela natureza. [...] Ao se passar da ideia da arte que imita as coisas para a ideia da arte

que faz as coisas, não está se "rebaixando" o artista a artesão, mas liberando-o da servidão da imitação. (*Ibid.*, pp. 179-182)

O pensamento de Morris, portanto, caminha por duas vertentes: de um lado, a valorização do trabalho humano e, consequentemente, do artesanato, e, de outro, a popularização da arte: "Não quero a arte só para alguns, tal como não quero a educação ou liberdade só para alguns" (Pevsner, 1995, p. 5). Essas duas vertentes se contradizem na medida em que o trabalho feito artesanalmente pelo homem, em razão da qualificação e do tempo gasto com a execução, resulta caro, sendo que ele próprio não vai poder usufruí-lo, cabendo às elites o privilégio de desfrutar dos produtos resultantes desse fazer artesanal. O impasse criado por essa contradição persiste até os dias de hoje, apesar dos avanços científicos e tecnológicos, que são incentivados pelo crescente estímulo ao consumo ao longo dos séculos XX e XXI. Esses avanços poderiam favorecer o trinômio qualidade/quantidade/baixo custo, substituindo o fazer artesanal. No entanto, isso não ocorre; produtos com qualidade, com poucas exceções, continuam resultando caros. Essa situação compõe parte da problemática da produção do setor moveleiro atual.

Retomando Pevsner (1995), Morris e seus seguidores hostilizam a desumanidade dos novos meios de produção mecânica, como um mal às condições de vida dos operários fabris; porém, mais tarde, Morris reconhece com ressalvas sua existência, ao considerar que seu uso deveria ser um "instrumento para conseguir melhores condições de vida" (*ibid.*, p. 8). Mais tarde, entre seus seguidores, C. A. Ashbee entende a máquina não apenas como instrumento que deve ser dominado pelo homem em seu benefício, mas vai além, ao se referir às suas experiências educacionais: "a civilização moderna depende da máquina, e não é possível a qualquer sistema que pretenda encorajar e favorecer o ensino das artes deixar de reconhecer esse fato" (*ibid.*, p. 9).

Lewis F. Day e John D. Sedding, contemporâneos de Morris, aceitaram a máquina como inevitável para a vida moderna. Contudo, foi a geração seguinte a Morris que assentiu sem ressalvas a presença da máquina. A preparação do movimento moderno transfere-se para a Alemanha, com uma breve passagem pelos Estados Unidos; no entanto, com algumas exceções, a nova geração assimilou influências da Inglaterra e, consequentemente, de Ruskin e Morris. Para Henry van de Velde,

> as sementes que fertilizaram o nosso espírito, que fizeram surgir as nossas atividades e que deram origem a uma renovação total da ornamentação e da forma nas artes decorativas, foram sem dúvida a obra e a influência de John Ruskin e William Morris.
> (Van de Velde *apud* Pevsner, 1995, p. 12)

Os arquitetos precursores de novos ideais modernistas que admitiram a máquina e compreenderam quanto esta poderia ser útil ao sistema produtivo e que poderiam tirar partido de suas possibilidades foram, entre outros, os austríacos Otto Wagner e Adolf Loos, o belga Henri van de Velde e o americano Frank Lloyd Wright.

Para Mayer, ao opor-se às práticas artísticas então vigentes, a vanguarda modernista contrapõe-se às artes oficiais, apoiadas pela nobreza, clero e burguesia. Esses artistas e arquitetos de vanguarda não contaram com o apoio das elites, para quem o passado era referência nas manifestações artísticas, na arquitetura e na produção industrial:

> Ao contrário dos da Renascença, a maioria dos novos ricos não se tornou patrocinadora do movimento modernista, sem dúvida porque a vanguarda se mostrava desatenta à sua sede de retratos lisonjeiros em torno de sua influência, missão e posição. (Mayer, 1990, p. 189)

Diante de objetos produzidos que dissimulam a lógica dos processos mecanizados, artistas e arquitetos admitiam a máquina como uma evolução do processo produtivo, buscando para a concepção de seus produtos uma linguagem coerente com as novas formas de produção: os produtos deveriam despojar-se em suas formas dos ornamentos que até então lhes conferiam beleza e *status* social para deixar transparecer a objetividade de seus sistemas construtivos e dos materiais empregados e neles descobrir sua beleza, como nos modelos tradicionais do campo, como as cadeiras com assento de palha, modelo para a pintura de Van Gogh.

Segundo Adolf Loos, "quanto mais baixo é o nível do povo, mais exuberante é a ornamentação. A aspiração da Humanidade é, pelo contrário, descobrir a beleza nas formas em vez de a fazer depender de ornamentação" (Loos *apud* Pevsner, 1995, p. 16).

Por sua vez, Frank Lloyd Wright contrapõe-se às questões iniciais de Morris com relação ao artesão ante a mecanização da produção, pois acredita que a máquina trará uma contribuição inevitável à humanidade e também ao artesanato, porque, se o artesão aprender com a máquina, entendendo-a como um novo instrumento e que esta virá acrescentar qualidades ao seu trabalho:

> [...] o mal que a máquina faz ao ornamento poderá ser precisamente aquilo que virá libertar os artistas da tentação das mesqui-

nhas fraudes da forma e acabar com esse monótono esforço de fazer as coisas parecerem aquilo que não são e nunca poderão ser. (Lloyd Wright *apud* Pevsner, 1995, p. 17)

Já Otto Wagner defende que:

O único ponto de partida possível para a criação artística é a vida moderna. [...] Todas as formas modernas devem estar em harmonia com [...] as novas exigências do nosso tempo [...]. Nada que não seja prático poderá ser belo. (Otto Wagner *apud* Nikolaus Pevsner, 1995, p. 15)

A fundação na Alemanha da Deutscher Werkbund, em 1907, foi uma das maiores contribuições para a divulgação do movimento moderno; enquanto as oficinas Arts and Crafts inglesas recusavam a produção mecanizada, a nova sociedade defendia incondicionalmente o novo sistema mecanizado de produção.

Para essa instituição, a concepção dos produtos desenvolve-se a partir da utilização da máquina: a forma é decorrente das técnicas construtivas apropriadas aos novos processos mecânicos e da natureza dos materiais empregados, sem com isso deixar de possuir qualidades artísticas. Conferir aos objetos utilitários um valor artístico não era agora uma propriedade apenas das artes puras, mas das artes aplicadas. Assim como na Inglaterra, nas últimas décadas do século XIX, a partir de Morris, abriram-se oficinas que defendiam o sistema de produção artesanal na Alemanha, segundo Pevsner (1995, p. 23). A partir da Deutscher Werkbund, foram criadas escolas artísticas que abandonaram os métodos do século XVIII em prol do novo estilo e dos processos de produção mecanizados.

O desenvolvimento de um produto apropriado aos novos métodos de produção evoluiu para a estandardização, sendo

Herman Muthesius um dos líderes do movimento moderno na Alemanha, um de seus defensores e, segundo ele:

> A arquitetura e toda a esfera de atividade da Werkbund tendem para a estandardização. [...] Só a estandardização pode restituir ao artista a importância universal que este possuía em épocas de civilização harmoniosa. Só através da estandardização [...] como salutar concentração de forças pode-se criar um gosto aceito por todos e digno de confiança. (*Ibid*., p. 23)

Walter Gropius, concordando com Muthesius, elaborou em 1909 "um memorando sobre estandardização e produção em massa de casas pequenas e sobre a maneira mais aconselhável de financiar esses esquemas de construção" (*ibid*., p. 25). Contrapondo-se a eles, Henry van de Velde defendia o individualismo e a liberdade do artista:

> Enquanto houver artistas na Werkbund... eles protestarão contra qualquer sugestão de um cânone de padronização. O artista, de acordo com sua essência mais profunda, é um individualista ferrenho, um criador livre e espontâneo. Ele nunca se submeterá voluntariamente a uma disciplina que o obrigue a um tipo de cânone. (Pevsner, 1996, p. 179)

Na figura 2, Van de Velde evidencia a liberdade do artista na elaboração da forma; verifica-se no desenho das diferentes curvas que a economia na fabricação e, consequentemente, a padronização não faziam parte de suas prerrogativas, indispensáveis ao produto industrial. Já o banco de Otto Wagner, na figura 3, tem como proposta a padronização e a desmontabilidade, qualidades essas inerentes à industrialização, o que se evidencia no número reduzido de elementos e em sua repetição: um assento e quatro quadros que formam os pés e estruturam a peça; a ligação entre esses elementos é feita por

Figura 2. Cadeira de 1895. Autoria Henry van de Velde, feita para sua residência em Uccle. (*Ibid*., p. 90) Imagem do site da Wikimedia Commons.

parafusos e não mais por encaixes colados; as peças, feitas em madeira maciça, resultam da produção mecanizada.

Em 1919 é inaugurada em Weimar a escola de arte denominada Staatliches Bauhaus, fundada por Walter Gropius, cuja proposta contemplava um laboratório de produção artesanal e estandardizada. A escola contemplava tanto as preocupações sociais de Morris em relação à recuperação do homem e do artesanato, como as ideias de Walter Gropius, com relação à socialização dos produtos e a reflexão de que o único caminho possível seria a partir da estandardização. A escola em Weimar tornou-se, por mais de uma década, o centro criador de artes na Europa (*ibid.*, pp. 25-26), abrangendo diferentes linguagens artísticas, percorrendo do artesanato às artes industriais.

Figura 3. Banco, 1905-1906. Produzida na Gebruder Thonet, Viena, autoria Otto Wagner, arquiteto nascido em Penzing, Viena. Fotografia: M. Angélica Santi.

O BRASIL: DA PRODUÇÃO ARTESANAL ÀS PRIMEIRAS INDÚSTRIAS

Segundo Pevsner, os organizadores da exposição de 1851 na Inglaterra – o funcionário público Henry Cole (1808-1882), os arquitetos Owen Jones (1809-1874) e Matthew Digby Wiatt (1820-1877) e o pintor Richard Redgrave (1804-1888) – entenderam que caberia uma tentativa de reforma no plano estético, com as críticas que a exposição recebeu de vários países, considerando que os ideais do liberalismo davam "completa liberdade aos fabricantes para produzir todo o gênero de objeto de mau gosto e de má qualidade desde que conseguisse vendê-los" (*ibid.*, pp. 33-34). Nessa direção, em 1847, Cole começou a produzir o que chamaria de "manufaturas artísticas", objetos de uso diário bem desenhados, e dois anos mais tarde começou a publicar uma revista chamada *Journal of design and manufactures*. Essa revista seguia um programa esteticamente mais puro, o que consistia, entre outros, na adequação dos ornamentos ao objeto ornamentado, desenho planificado e distribuição uniforme das massas. Porém, a reforma deu-se no plano decorativo e não conceitual; esta apenas ocorreu a partir da proposta modernista.

No mobiliário brasileiro, nas últimas décadas do século XIX e início do século XX, observa-se a mesma intenção: simplificação, regularidade e planificação dos ornamentos, maior definição dos planos, limpeza e nitidez das linhas. Contrapondo-se aos períodos anteriores, agora os ornamentos estão subordinados à natureza da forma.

A marquesa da figura 4 é um exemplo desse tipo de solução: nas formas curvas abertas e dinâmicas dos pés e braços (uma única peça), as superfícies são decoradas com filetes de

Figuras 4, 4a e 4b. Canapé Império, século XIX. Acervo Museu da Casa Brasileira, São Paulo-SP. Pertenceu ao presidente Campos Sales, foi doada pela família. Feita em caviúna maciça e palhinha da índia. Dimensões: 117 cm (alt.) × 243 cm (comp.), 57,5 cm (larg.). Fotografia: Marcelo Andrade.

(4)

madeira da mesma qualidade, os quais acompanham e reforçam o movimento da forma, fazendo-a prevalecer com relação à decoração. O mesmo tratamento é dado à moldura que acompanha a da travessa superior do encosto. Nota-se também a regularidade com que os frisos decorativos em tremidos se organizam na trava dianteira que estrutura os pés e a solução simplificada com que o encosto é fixado (figura 4a); já a guirlanda que arremata o encosto (figura 4b) recebe um tratamento diferenciado do conjunto: o entalhe esculpido em uma única peça mostra a excelência do trabalho do artesão, que explora a volumetria dos motivos decorativos remetendo ao período barroco, o que se diferencia do tratamento dado ao restante da peça.

(4a)

(4b)

Esses e outros exemplos desse período mostram que a passagem para uma nova proposta se processa em movimentos de repetidos retornos a valores e padrões anteriormente assegurados, até que os novos sejam assimilados e se fixem, propiciando em seguida o despontar de outras mudanças que devem percorrer o mesmo processo.

As mudanças ocorridas nesse período são predominantemente de fundo decorativo, entretanto, se em algumas peças o enfoque se desloca para uma intenção decorativa e representativa de *status*, como o trabalho que arremata o encosto da marquesa (figura 4), em outras peças, como na cama de repouso diurno (figura 5), um hábito da época, verifica-se a ausência do adorno: priorizam-se as funções utilitárias – no caso, a de guardar e a de descanso, lembrando aqui o mobiliário dos primeiros colonos. As soluções construtivas são simplificadas sem

(5)

(5a)

prejuízo da qualidade, como pode ser visto no detalhe da gaveta (figura 5a): a lateral é encaixada e pregada na frontal, que por sua vez é reforçada por um sistema de encaixe do tipo malhete. Esses procedimentos conferem outros atributos aos produtos que auxiliarão o homem a desempenhar suas atividades e dar suporte às suas necessidades de lazer, repouso, higiene e trabalho, com maior desembaraço, conforto físico e prazer.

Figuras 5 e 5a. Marquesa com dois gavetões, século XIX, acervo Museu da Casa Brasileira, São Paulo-SP. Procedência Ilhabela-São Sebastião-SP. Doado por Floriano Paulo e M. de Lourdes de Almeida. Feita em jacarandá, pinho e canela. Dimensões: 98 cm (alt.) × 200 cm (comp.) × 85,5 cm (larg.). Fotografia: Marcelo Andrade.

Figura 6. Cadeira de barbeiro giratória, século XIX. Fotografia: Romulo Fialdini.

Figura 7. Cadeira de barbeiro fixa, século XIX. Fotografia: Romulo Fialdini.

Na cadeira de barbeiro giratória (figura 6), feita em madeira e palhinha, prevalece em sua concepção o objetivo de facilitar o exercício do ofício de barbeiro, considerando-se não apenas o conforto do cliente, mas também o do profissional: a evolução para um sistema giratório propicia, além do conforto, um melhor desempenho da atividade, o que não acontece com a cadeira de barbeiro da figura 7, em jacarandá e palhinha; o tratamento dado a essa peça, reforçado pelo brasão de armas do Brasil, um dos símbolos da República Federativa do Brasil, no centro do encosto, representa o *status* social elevado da clientela. Nessa cadeira, as soluções empregadas mantêm-se conservadoras utilizando o mesmo repertório formal tradicional, próprio da produção artesanal, em dissonância com uma época que se caracterizava por mudanças nos mais variados setores da sociedade e, em especial, no sistema produtivo. A postura conservadora que essa cadeira representa caracteriza a produção moveleira para os móveis feitos por encomenda (peça única) e para a fabricação seriada.

No último quarto do século XIX, tem início no Brasil a instalação das primeiras fábricas e, como na Europa, o passado é referência, delineando a escolha do feitio do produto e, em decorrência, os processos de produção. Esse aspecto impede avanços para novas proposições, como no caso dos móveis das figuras 8, 9 e 10. Estes poderiam dar uma resposta mais eficiente, alinhada aos avanços tecnológicos e em conformidade com as necessidades sociais do momento, ou seja, equipar espaços públicos e institucionais e as moradias populares que proliferam em razão do crescimento populacional, aumentando, portanto, a demanda por móveis mais econômicos. O feitio desses

Figura 8. Cadeira, século XIX.
Fotografia: Romulo Fialdini.

Figura 9. Mesa, século XIX.
Fotografia: Romulo Fialdini.

Figura 10. Cadeira, século XIX.
Fotografia: Romulo Fialdini.

móveis é apropriado para a produção mecanizada e em grande escala. A simplicidade do desenho e a ausência de adornos dessas peças economizam no material e nos métodos e técnicas de fabricação, o que resulta na redução de custos e viabiliza a fabricação em série.

A cadeira (figura 10) evidencia novas prioridades que orientam a sua concepção: não houve lugar para o supérfluo; a dinâmica, a simplicidade das peças que compõem a estrutura, bem como a forma como estas se organizam, fazem com que cada uma cumpra uma determinada função; a dinâmica de suas linhas, a escolha do tipo de madeira, enfim, todos esses elementos resultam na beleza, na qualidade da estrutura e no conforto da cadeira. Observa-se, também, a inclinação e o movimento das curvas do assento e do encosto, sugerindo que estes se ajustem ao corpo, assim resolvidos para dar apoio à atividade de repouso.

Os primeiros passos para a mecanização na fabricação de móveis apontam uma necessidade de mudanças em seu feitio. Os móveis das figuras 8, 9 e 10, produzidos no final do século XIX, sinalizam uma nova linguagem: são uma referência cultural para o mobiliário da época, abrindo-se para o popular, coerentes com os meios de produção mecanizados; possuem características apropriadas à produção seriada, as quais poderiam ser trabalhadas para servirem de modelo à indústria nascente, porém foram preteridos por outros, importados ou aqui produzidos, mas ambos cópias dos estilos do passado. Esses modelos foram, desde o início da industrialização, no decorrer do século XX até os dias hoje, referência aos fabricantes de móveis.

O modelo conservador burguês, de fato, valorizava o excesso de ornamentos, o exagero no uso dos materiais e o requinte nos detalhes e acabamentos, valores que objetivavam o *status* social. Esse padrão cultural representou um dos entraves ao desenvolvimento e aceitação popular dos modelos mais econômicos, coerentes com a nova forma de produção, que garantissem qualidade no que tange à forma, à estrutura, ao conforto e ao uso.

Os arquitetos, os engenheiros e o segmento industrial, tendo a Europa como modelo, mantiveram, na construção civil e na fabricação dos objetos de uso cotidiano, inclusive o mobiliário, essa ligação com o passado, retomando estilos tradicionais. No período anterior à Primeira Guerra Mundial, muitos produtos eram importados da Europa, em especial da França. Os móveis produzidos no Brasil eram feitos, em sua maioria, por artesãos europeus e seus aprendizes, que construíram a primeira base local manufatureira de móveis. Esse modo de operar perpetuou uma tradição do passado, na qual cabia aos portugueses, leigos ou do clero, a execução do mobiliário e, num passado mais recente, os artífices imigrantes trouxeram consigo alguma formação de seus países de origem, principalmente da Itália e Espanha e, em menor número, de outras localidades, como a Alemanha.

Os móveis das elites, quando não importados, eram feitos por encomenda aos marceneiros e artesãos e, principalmente ao Liceu de Artes e Ofícios de São Paulo. Essa escola foi responsável pela formação da mão de obra especializada, necessária na utilização dos novos materiais e tecnologias importadas ou então trazidas pelos imigrantes. Os mestres marceneiros, responsáveis pelo fabrico dos móveis e pela formação de novos marceneiros, introduziram no Liceu uma produção de alta qualidade, por meio de processos manuais e/ou mecânicos, ainda bastante simples, mas capazes de competir com os móveis

produzidos na Europa. Foi assim que as elites e as instituições públicas foram substituindo a importação pelos móveis feitos no Liceu, que serviu de modelo para outros segmentos menos favorecidos. O Liceu era uma "empresa-escola", possuía uma estrutura com capacidade produtiva para atender o mercado emergente. A figura 11 mostra uma quantidade significativa de marceneiros em suas bancadas, acompanhados de jovens,

Figura 11. Liceu de Artes e Ofícios de São Paulo, Oficina classe A - marcenaria. Observa-se nessa foto um galpão em L com diversas bancadas de marceneiros distribuídas sequencialmente, o que mostra a capacidade produtiva do Liceu em fabricar uma quantidade significativa de mobílias simultaneamente (imagem publicada no livro: *O Liceu de Artes e Ofícios de São Paulo: histórico, estatutos, regulamentos, programas, diplomas*. 1934. p. 266. Acervo Liceu de Artes e Ofícios, São Paulo-SP).

que, segundo a proposta pedagógica do Liceu, a aprendizagem se dá no exercício da produção; são estes provavelmente aprendizes e auxiliares de produção.

> Assim funcionava, ao mesmo tempo, como uma empresa, enfrentando problemas semelhantes às demais do ramo. [...] Havia também uma preocupação com a lucratividade do empreendimento, uma vez que o Liceu não pretendia viver apenas de subvenções ou donativos. (Gitahy *apud* Ribeiro, 1986, pp. 28-29)

Muitos marceneiros egressos do Liceu montaram oficinas ou fábricas, por exemplo, a Ziglio Decorações e a Casa e Jardim (Moveleiro Móveis & Design, 1990, p. 6).

> [O Liceu, em] mais de cinquenta anos, ditou as regras sobre o que fosse bom ou ruim nos acabamentos arquitetônicos e no mobiliário em geral. Os professores do Liceu eram quase todos italianos, [...] e ao longo de muitos anos, sempre lecionando juntos, aos poucos foram criando uma mentalidade perfeccionista e uma reputação de honestidade na escolha de materiais e no *modo faciendi*, de tal sorte que sempre se dizia: "se é Liceu, é bom". As várias gerações de profissionais dali saídos – essa é a importância de fato – vieram a praticar um "estilo" ou uma "escola" onde estavam homogeneizadas as tendências e gostos dos primeiros mestres e arquitetos de prestígio [...]. Naturalmente, hoje para nós foi uma produção de gosto muito discutível e, embora essa miscelânea eclética não nos encante, não podemos negar sua importância [...]. Toda a casa que se prezasse deveria possuir grades, cancelas, [...] estofados e móveis incríveis, nas madeiras mais finas, em puro estilo provençal. (Lemos, 1989, p. 116)

A industrialização do mobiliário brasileiro tem sua origem na produção artesanal. No início, as indústrias eram, na verdade, pequenas marcenarias que produziam por encomenda, utilizavam as técnicas tradicionais na fabricação do mobiliário

Figura 12. Secção de pequenos trabalhos de madeira. Aprendizes no ofício de marceneiro. Arquivo fotográfico do Liceu de Artes e Ofícios, São Paulo-SP.

e processos de produção de cunho eminentemente artesanal, em decorrência de uma tecnologia ainda incipiente. Segundo Baer, muitas das empresas incluídas na categoria de indústrias manufatureiras, como é o caso do mobiliário, "eram antes pequenas oficinas do que empresas industriais de certo porte, e muitas não passavam mesmo de instalações artesanais de tipo rural (frequentemente funcionando a tempo parcial)" (Baer, 1966, p. 19).

As primeiras iniciativas de fabricação de móveis aconteceram a partir de 1880. Os exemplos levantados nesta pesquisa

Figura 13. Mesa fabricada pelo Liceu de Artes e Ofícios de São Paulo. Feita em madeira maciça e o tampo provavelmente em madeira compensada, trabalhada com entalhes e frisos decorativos também entalhados. Esse modelo é um dos exemplos que têm o passado como referência e mostra a preferência das elites da época. Arquivo fotográfico do Liceu de Artes e Ofícios. São Paulo-SP.

são: a Companhia Tapeçaria e Móveis Santa Maria, fundada em 1885, em São Paulo; a Fábrica de Móveis Antônio de Mosso, fundada em 1888, em São Paulo, que produzia móveis para as instalações comerciais e bancárias; a Irmãos Reffinette, fundada em 1888, em São Paulo, que produzia móveis residenciais e escolares; a Fábrica de Móveis Escolares Eduardo Waller, fundada em 1895, em São Paulo, cujo mercado abrangia outros estados como Rio de Janeiro, Minas Gerais e Bahia; a Fábrica de Móveis Carlos Scholz & Comp., fundada em 1890, e a Pellicciari, em Jundiaí, São Paulo, fundada em 1899, que fabricava cadeiras e sofás torneados.

O texto a seguir mostra como era constituída a Fábrica de Móveis Carlos Scholz & Comp. no final do século XIX:

> oficinas de: marceneiro, torneiro, entalho, escultura, empalhador e lustrador, tapeçaria, estufo e ornamentação, colchoeiro, serraria,

seção de acondicionamento e condução, estufa a vapor para secar madeiras, depósito de materiais, salão de exposição. Todo o fabrico é de luxo e estilo. O material é nacional e estrangeiro não só em madeiras, como em ferragens, mármores e estofos. Figura com justa razão este estabelecimento, no número dos mais adiantados e raro é o palácio ou a vivenda bem ornamentada, na qual não se encontram as suas produções. (Bandeira Jr., 1901, p. 21)

A maioria das fábricas de móveis era constituída por pequenas oficinas que funcionavam por encomendas, utilizando métodos e processos artesanais de produção, até então vigentes; contudo, algumas delas já nas últimas décadas do século XIX introduzem maquinaria que funciona a vapor, como no exemplo acima, importada da Europa, iniciando assim a mecanização no processo produtivo do mobiliário.

Além da madeira maciça, material por excelência usado na elaboração do mobiliário, é introduzido o ferro fundido, cujos processos de execução e tecnologias permitiam uma escala maior de produção, como é o caso dos pés das máquinas de costura, das carteiras escolares e dos bancos de jardim.

Mcsmo no final do século XIX, se comparado com o crescimento da economia agrária brasileira, o desenvolvimento da produção industrial no Brasil foi muito modesto. Esse reduzido desenvolvimento industrial, do século XIX, revela-se no censo industrial de 1920, cujos dados encontrados em Baer (1966, p. 14) estão dispostos no quadro a seguir:

PERÍODO	ESTABELECIMENTOS INDUSTRIAIS
Anterior a 1850	35
Entre os anos de 1850 a 1880	240
Censo de 1920	13.336

Segundo Baer (1966, pp. 16, 17), o processo de industrialização no Brasil intensificou-se nas primeiras décadas do século XX: antes da Primeira Guerra Mundial verificou-se um incremento na produção industrial em decorrência da política econômica; o crescimento acelerado entre os anos de 1910 e 1914 deve-se, entre outros fatores, à Caixa de Conversão "que proporcionou maior saldo de divisas para a aquisição de maquinaria, instrumental e até matérias-primas para o incremento industrial" (*ibid.*, p. 17). Concorreram para o desenvolvimento da indústria a interrupção das importações por ocasião da Primeira Guerra Mundial e a falta de empregos nas fazendas, gerando excedentes de mão de obra para a indústria.

Dificultada a concorrência estrangeira e com a contínua chegada de novas levas de mão de obra relativamente preparada e disponível para trabalhar na indústria, muitas se desenvolveram e outras foram criadas para suprir as necessidades do mercado interno. A indústria moveleira teve um desenvolvimento significativo somente a partir de 1936, sendo São Paulo o maior produtor de móveis do país; segundo Jobim (1941, p. 224), as peças produzidas no ano de 1938 tiveram a seguinte distribuição:

Estado	Nº de peças produzidas
São Paulo	8.046.800
Distrito Federal (Rio de Janeiro)	1.360.700
Rio Grande do Sul	899.200
Minas Gerais	222.000

As indústrias a seguir destacaram-se no início do século, sendo que algumas existem até os dias de hoje:

- Riccó Móveis para Escritório, fundada em 1875, em São Paulo, por um imigrante italiano;
- Casa Gelli, fundada em 1897, no Rio de Janeiro, por um imigrante italiano;
- Móveis Paschoal Bianco, sem data, em São Paulo, fundada por imigrantes italianos;
- Móveis Teperman, fundada em 1912, em São Paulo, por imigrantes russos;
- Thonart, fundada em 1908, no Rio Grande do Sul, por um empresário gaúcho;
- Indústria Cama Patente L. Liscio, fundada em 1915, em Araraquara, São Paulo, por um imigrante italiano;
- Móveis Bérgamo, fundada em 1927, em São Paulo, por um imigrante italiano;
- Móveis Pastore, fundada em 1926, em São Paulo, por um imigrante italiano;
- Móveis Ziprinho, fundada em 1922, em São Bento do Sul, Santa Catarina, por imigrantes alemães;
- Móveis Cimo, fundada em 1921, em Rio Negrinho, Santa Catarina, por imigrantes alemães.

São empresas, em sua maioria, de estrutura familiar, fundadas por imigrantes e que iniciaram com pequenas oficinas de produção artesanal; mesmo adquirindo novas tecnologias e utilizando novos materiais, o caráter do processo, métodos e técnicas de fabricação ainda permaneceram artesanais, bem como o modelo adotado, que era importado da Europa.

Com a suspensão da importação em decorrência da Primeira Guerra Mundial, as elites deixaram de contar, por muito tempo, com os produtos europeus e, em decorrência disso, as empresas nacionais foram ganhando esse mercado.

A princípio, destacou-se o Liceu de Artes e Ofícios de São Paulo e, posteriormente, a Casa Alemã e a Móveis Teperman.

Destaca-se, entre as empresas acima mencionadas, a Móveis Teperman, fundada em 1912 por Salomão Teperman e seus irmãos, cuja trajetória trouxe contribuições importantes ao desenho industrial no Brasil; evoluíram dos procedimentos artesanais para a produção seriada, tendo criado em 1933 uma fábrica. Milly Teperman, sobrinho-neto de Salomão Teperman, em 1955 foi trabalhar na fábrica da família, envolvendo-se então com a produção moveleira. Sua experiência trouxe uma contribuição importante para compreendermos alguns meandros da fabricação de móveis, que vai desde um processo semiartesanal de produção até a informatização após a década de 1990, passando por questões de gerenciamento, comercialização, matéria-prima, mão de obra e design, conforme relatos feitos pelo Dr. Milly, em entrevista concedida especialmente para a realização deste estudo, em 1998.

Segundo Milly Teperman:

> Na década de 50 a construção de Brasília resultou numa grande demanda de mobiliário de acordo com os princípios da arquitetura moderna: peças mais funcionais, com um desenho limpo, sem ornamentações. Foi uma época que começamos a investir decisivamente em design, convidando arquitetos do porte de Jacob Ruchti para serem nossos projetistas. (Teperman, 1997, p. 5)

Em 1960, a Teperman obteve licenciamento da empresa norte-americana Herman Miller para produzir seus móveis no Brasil. Ao comentar essa parceria, o Dr. Milly testemunha que

> essa circunstância nos permitiu um enorme salto na busca de maior conforto ao usuário. A mim pessoalmente, trouxe um grande privilégio. Nas várias visitas que fiz à sede da empresa, na

pequena cidade de Zeeland, em Michigan, em meio a conversas informais pude desfrutar de verdadeiras aulas de design ministradas por personagens antológicas.

Trata-se de um exemplo para a produção moveleira por manter-se, durante décadas, fiel à sua proposta inicial, ou seja, produzir, segundo o Dr. Milly, "móveis finos" de alta qualidade e investir em atualizações com relação ao desenho, matéria-prima e tecnologia.[23] Na busca de contemporaneidade, passou por uma série de transformações desde sua fundação, o que se evidencia nos dizeres de Milly Teperman no catálogo da empresa: "Decidimos abrir espaço para os jovens designers. Eles trouxeram frescor de ideias e inovações sintonizadas com os desejos da nova geração. E é na companhia deles que estamos apostando no futuro".

O empresário Milly Teperman, referindo-se aos modelos que adotava na década de 1930, comenta: "[...] os móveis eram modernos para a época; por exemplo, na década de 30 faziam móveis *art déco* e também Luís XV, Luís XVI, Império, Chippendale".[24] Os móveis populares, produzidos em série, em decorrência disso, sofreram as mesmas influências. Lúcio Costa, ao se referir a esse período, afirma:

> dessa época em diante, as várias ondas ecléticas, artisticamente estéreis e já de fundo exclusivamente comercial, foram quebrando aqui como em toda parte, a boa tradição, deformando o senso de medida e conveniência. (Costa, 1975/1939, p. 144)

Teperman distingue a produção de móveis, no início do século, em dois segmentos: as "indústrias de móveis populares",

---

[23] Em 2009, o Dr. Milly, já idoso, vendeu a empresa. Permaneceu marca Teperman.

[24] Entrevista de Milly Teperman, em 1998, concedida à autora.

que, devido ao volume de produção, introduzem mais rapidamente o processo industrial, como a Móveis Bérgamo em São Paulo, e as "indústrias de móveis finos", que atendiam a um mercado que solicitava móveis por encomenda, destacando-se a Móveis Teperman, o Liceu de Artes e Ofícios de São Paulo e a Casa Alemã. A estas, segundo Teperman, aplicava-se mais o conceito de fábrica, devido ao fato de os métodos de produção serem artesanais e as tecnologias empregadas serem tradicionais. Para atingir a alta qualidade que se propunham, como os móveis do Liceu de Artes e Ofícios de São Paulo, com quem disputavam o mercado, o trabalho artesanal tinha um peso muito grande; Teperman comenta que era necessário o trabalho manual do marceneiro, no acabamento, na montagem, no ajuste das peças; em razão de os equipamentos não serem de muita precisão, era preciso trabalhar "peça por peça" e, para se obter o resultado desejado, a mão de obra tinha de ser especializada. Os mesmos métodos se aplicariam provavelmente ao próprio Liceu e à Casa Alemã. Teperman acrescenta que, devido à precariedade do sistema produtivo da época, criara-se um dilema entre a alta qualidade e a produção em série, em que a interferência do trabalho manual deveria diminuir significativamente. Com relação às Indústrias de Móveis Teperman, afirma que a fábrica possuía a estrutura de uma grande marcenaria, mais aperfeiçoada, tendendo para indústria e que se diferenciava de uma oficina tradicional em virtude de sua maior produtividade, do tamanho do espaço, do número de máquinas e de operários. Apesar da produção por encomenda, foram pioneiros em produzir móveis finos em pequena série, a princípio para residências e hotéis e, só na década de 1940, começaram a produzir para escritórios, bancos e repartições do governo.

As indústrias de móveis de madeira que produziam para os segmentos da sociedade de menor poder de compra, como a Bérgamo em São Paulo, não conseguiam, da perspectiva dos processos tradicionais de produção e dos modelos adotados, aprimorar a qualidade de seus produtos em razão da demanda e da necessidade de redução do preço. A qualidade do produto ficava prejudicada por não utilizarem tecnologias e métodos de produção apropriados à fabricação em grande escala. Em decorrência disso, os móveis populares não possuíam o mesmo acabamento, a mesma qualidade estrutural e de uso que os produzidos para a elite da época: por exemplo, era comum a instabilidade e o mau funcionamento das gavetas, por falta de ajustes; os ornamentos também foram reduzidos e estilizados, prevalecendo os recortes e torneados em vez dos entalhes, que demandavam maior tempo de execução e profissionais qualificados. Algumas dessas características permanecem até os dias de hoje. Milly Teperman, na entrevista, ressaltou a incompatibilidade da produção seriada com a qualidade, no período anterior às mudanças tecnológicas decorrentes da informática. Somente com tais mudanças, a partir do final da década de 1980, no Brasil, é que seria possível atingir alta qualidade, independentemente da escala de produção.

Os móveis eram idealizados, em geral, pelos próprios fabricantes, os quais continuaram tendo como referência o modelo europeu e, consequentemente os estilos do passado, sem considerar se eles seriam feitos por encomenda ou em pequena série para as elites, ou mesmo produzidos em série maior para o consumo popular. O uso do torno na indústria – tecnologia apropriada à produção seriada na época – tinha a vantagem de reproduzir os modelos atrelados a soluções do passado, foi

Figura 14. Cadeira com braço produzida pela fábrica de cadeiras Sperandio Pellicciari, Jundiaí-SP. Fotografia: Romulo Fialdini.

muito utilizado na fabricação de cadeiras, nas estruturas de camas, mesas e outras. A fábrica de móveis Pellicciari, fundada em Jundiaí, São Paulo, em 1899, produzia cadeiras e sofás utilizando torno a água, como se verifica na figura 14.

Já nos armários e móveis de superfície plana, a partir da utilização de madeira compensada, era frequente o uso de frisos decorativos nas portas e gavetas sobrepostos às chapas, do compensado e, a partir da segunda metade do século XX, do aglomerado, resultando numa pálida lembrança daquelas portas de estrutura de madeira maciça e almofadadas com detalhes entalhados produzidos artesanalmente. Esse recurso, que permanece até os dias de hoje, foi também utilizado pelas indústrias de móveis finos.

Enquanto isso, experiências de produção seriada foram realizadas na Europa, agregando avanços relativos ao tempo de sua fabricação e à escala de produção. A cadeira Thonet (figura 15), idealizada por Michael Thonet em 1859, conhecida como cadeira "austríaca", é um exemplo de produto concebido para ser produzido em grande escala. Em decorrência da inovação tecnológica, que permitia envergar a madeira, conseguiu-se simplificar e racionalizar o processo de produção. O desenho decorrente da tecnologia empregada resulta, simples, leve, tanto no aspecto físico como no estético, e elegante. Thonet não precisou, com essa cadeira, recorrer aos motivos decorativos dos estilos do passado para conquistar o mercado; sua produção espalhou-se por inúmeros países, tanto na Europa como em outros continentes.

Essa significativa experiência, já em 1908, foi trazida para o Brasil pelo empresário João Gerdau, dando origem à Thonart Móveis Vergados S.A. Inauguram-se, assim, novos procedimentos ao processo de produção seriada. Apesar da importação dessa tecnologia, tanto do processo de fabricação quanto do produto, essa indústria contribuiu para a renovação da cultura moveleira no Brasil. Essa iniciativa foi favorecida no uso da madeira nativa açoita-cavalo, oriunda do Rio Grande do Sul, que se adapta à técnica de envergar a madeira, condição básica do processo Thonet; outro fator foi o mercado consumidor em expansão. Os móveis da Thonart foram aceitos não só pelos segmentos populares, principalmente a classe média, mas também pela elite da época, sendo comercializados até os dias de hoje.

Outros exemplos de produção seriada no Brasil, nas primeiras décadas do século XX, que conseguiu unir qualidade e produtividade foram a Indústria de Cama Patente, originária de Araraquara, fundada provavelmente em 1915 com a razão social Liscio Luiz e transferida para São Paulo em 1920, e a Móveis Cimo, cuja fabricação de cadeiras teve início em 1921, na então serraria e fábrica de caixas da A. Ehrl & Cia., em Rio Negrinho, Santa Catarina, cuja experiência de produção seriada será estudada adiante. Como os móveis Thonet, estes últimos tiveram também uma grande penetração no mercado, com o predomínio dos móveis Cama Patente, no segmento residencial, e dos móveis da Cimo, no segmento voltado para escritórios.

Essas indústrias do começo do século, de um lado, desvinculadas do passado e de seus métodos de produção artesanal e, de outro, comprometidas com a industrialização, corajosamente padronizaram seus produtos, enfrentando os desafios próprios da produção seriada. Na busca de melhores preços, acessíveis às camadas populares por meio da produção em grande escala, não eliminaram a possibilidade de desenvolver um produto

Figura 15. Cadeira Thonet. Século XIX. Imagem publicada no livro *Cadeira: o mobiliário no Brasil* (Galli, 1988).

com qualidade a partir da racionalização da produção, do melhor aproveitamento do material, do uso de novas tecnologias e processamentos condizentes com a produção seriada em escala industrial. Pelo fato de não estarem comprometidas com as elites, não precisaram, portanto, recorrer aos estilos do passado, representativos de *status*.

Lúcio Costa, ao se referir à produção industrial, afirma:

> [...] a produção industrial, a princípio tolhida e preocupada em amoldar a sua maneira simples e precisa ao gosto elaborado e difuso de então – torturando em arabescos caprichosos a madeira vergada das primeiras cadeiras "austríacas" e forrando de samambaias de ferro fundido o encosto dos bancos de jardim – foi gradualmente deixando de lado os preconceitos e encontrando à própria custa o novo caminho, passando a produzir em série, e com grande economia de matéria, peças de uma técnica industrial impecável, cuja elegância e pureza de linhas já revelavam um "espírito diferente", despreocupado em imitar qualquer dos estilos anteriores, mas com estilo no sentido exato da expressão. São dessa época os móveis de madeira curvada a fogo, fabricados pela Thonet, as cadeiras de ferro com assento e encosto constituídos por chapas de aço flexíveis. (Costa, 1975/1939, p. 144)

Levando em conta as implicações naquele momento, as indústrias de móveis Thonart, Patente e Cimo procuraram suprir com produtos de qualidade o mercado de móveis populares em expansão, pois as elites da época tinham e sempre tiveram, aqui e em qualquer parte, o privilégio de poder ter móveis de qualidade.

Cabe aqui exemplificar aspectos técnicos na produção de cada uma dessas empresas, ressaltando-se uma análise comparativa entre a cadeira Thonet (figura 15), a Cama Patente (figura 16) e a cadeira nº 1001 da Cimo (figura 17), com foco em suas especificidades.

A cadeira Thonet, inicialmente identificada como nº 14, foi idealizada por Michael Thonet em 1859, dez anos após a fundação da fábrica em Viena, voltada para a fabricação de móveis em série. Construída em madeira vergada, a produção dessa peça não obedece a um processo de fabricação tradicional. É difícil dissociar a forma da tecnologia aplicada à sua produção, talvez por terem sido concebidas juntas. Simplicidade, economia, beleza no desenho e racionalização em todas as etapas de produção seriada, na expectativa de uma grande demanda, foram provavelmente as bases que nortearam Thonet no desenvolvimento dessa cadeira. Segundo dados fornecidos pela Thonart,[25] a madeira permanece submersa em tanques de água, sendo retirada de acordo com a necessidade de produção. Depois de serrada, entra em estufas onde se processam o cozimento e a secagem para a extração da seiva. As madeiras de fibras retas e longas são utilizadas para vergar, e as demais, para móveis de linha reta. Cortada a princípio em seções quadradas e depois cilíndricas, a madeira é novamente cozida no forno de autoclave, onde é aquecida e, enquanto estiver quente, adquire uma consistência que lhe permite ser moldada de acordo com o desenho desejado. A peça é curvada em um molde de metal, pela força do operário, e colocada em estufa com ventilação quente para secagem. Quando as peças são retiradas dos moldes, estas são armazenadas em estufas, com temperatura adequada para a estabilização do formato. Sua montagem dispensa colagem, já que o sistema de conexão

---

[25] Conforme vídeo institucional "Thonart Móveis Vergados S.A." (sem data). Direção Márian Starosta, roteiro Éber Marzulo, direção de produção Vera Costa, direção de fotografia Márian Starosta, assistente de câmera Luciana Paz, locução Elói Zorzetto, trilha/pesquisa Isaac Starosta, edição Márian Starosta e Vera Costa.

é feito por parafusos e porcas, viabilizando assim a possibilidade de a peça ser vendida desmontada. Constituída de apenas 6 peças, 10 parafusos e 2 porcas, a cadeira Thonet foi a obra mais célebre de Michel Thonet e o produto industrializado mais bem-sucedido do século XIX. Essa tecnologia de fabricação, se comparada hoje aos avanços decorrentes da tecnologia informatizada, disponível para o setor moveleiro, o método e a técnica de envergar madeira criados por Thonet no século XIX, e atualmente utilizados no Brasil pela Thonart, são um processo que não se atualizou: utilizam maquinaria tradicional; a interferência da mão de obra do operário é grande, considerando-se que a qualidade do produto depende da sua força e habilidade, o que confere um caráter artesanal à produção; em decorrência disso, seu custo é elevado, perdendo a popularidade atingida no final do século XIX e início do século XX.

O estudo e a pesquisa relativos à Cama Patente foram iniciados pela pesquisadora Maria Cecília Loschiavo dos Santos e, a partir de suas contribuições, seguem-se outras análises à compreensão do processo produtivo em grande escala. A primeira peça foi concebida por Celso Martinez Carrera, provavelmente em 1915, em Araraquara, no estado de São Paulo, a partir de encomenda feita para equipar uma clínica médica. Em substituição às camas de ferro importadas da Europa, a versão em madeira desenvolvida por Carrera vem substituir o material importado. Esse produto foi patenteado e industrializado por Luiz Liscio e ficou nacionalmente conhecido como Cama Patente (figura 16), nome dado à empresa criada por Liscio – Indústria Cama Patente S.A. Constituída por três componentes, estrado (figura 16a), peseira (figura 16b) e cabeceira (figura 16c), sua montagem é feita por ferragens, isto é, um sistema de

Figuras 16, 16a, 16b, 16c. Cama Patente, fabricada pela Indústrias Cama Patente L. Liscio S.A. Essa peça foi fabricada a partir do ano de 1942. Dimensões: 108 cm (alt.) × 80 cm (larg.) × 200 cm (comp.). Acervo Museu da Casa Brasileira, São Paulo-SP. Fotografia: Marcelo Andrade.

alças com pinos que permite a "desmontabilidade", facilitando o manuseio e a embalagem para o transporte. Em cada um dos componentes predomina o uso de longarinas cilíndricas de diferentes tamanhos. "A ausência de ornamentos não prejudica a beleza da peça, que é atribuída ao desenho, à coerência formal identificada com seu uso e ao material utilizado. A aparência não disfarça a lógica da produção mecanizada e da estrutura da peça" (Santos, 1995, p. 31), resultando em uma linguagem renovadora para a época; a essas qualidades somam-se a simplificação do desenho e a padronização dos modelos. Em decorrência disso, houve um barateamento do produto, que se tornou acessível às camadas populares, conquistando mercado inclusive nos segmentos economicamente mais abastados; seu principal nicho foi o segmento de móveis residenciais, mas as peças foram também muito usadas no exército, hotéis, conventos, etc. No entanto, não houve inovação com relação às técnicas construtivas empregadas, que continuaram as mesmas utilizadas na marcenaria tradicional, dependendo de colagem para a fixação das peças dos componentes, o que imprime características artesanais ao processo de fabricação. Outros fatores limitantes foram o número de operações decorrentes da variedade de peças, o tempo gasto com a montagem, aspectos esses indispensáveis ao processo de industrialização, mas que não invalidam sua importância como uma das precursoras do móvel seriado em escala industrial no Brasil.

A cadeira nº 1001 (figura 17), produzida pela Móveis Cimo S.A., teve seu primeiro exemplar fabricado entre os anos de 1921 e 1922. O desenvolvimento desse produto recebeu uma série de modificações até atingir sua forma definitiva em 1930, aproximadamente, com o aperfeiçoamento do produto com relação a seu processo produtivo, à economia da matéria-prima e ao conforto oferecido. A princípio, a superação dos limites decorrentes do uso das técnicas construtivas comumente utilizadas na fabricação de cadeiras foi primordial, pois estas inviabilizariam a produção em escala e a comercialização nos principais centros urbanos do país devido à distância, visto que a primeira fábrica localizava-se em Rio Negrinho, Santa Catarina. O uso de encaixes colados foi substituído pelo emprego do arco vergado, utilizado nas cadeiras de Thonet, para estruturar a peça e parafusos com porcas para as ligações em razão da "desmontabilidade"; essas soluções beneficiaram a embalagem, o transporte, a estocagem e sua comercialização. O emprego da madeira larga em seu estado maciço foi substituído pela madeira laminada e colada, constituindo um significativo avanço para a produção seriada em grande escala. A cadeira de nº 1001 é exemplo desse tipo de benefício, pois essa peça recebeu características inovadoras com relação ao produto nacional: era desmontável, utilizava matéria-prima beneficiada e um número reduzido de peças. Foram justamente essas características que viabilizaram o planejamento do processo produtivo para a produção seriada em grande escala. A análise desses aspectos será aprofundada adiante.

Essas cadeiras simbolizam uma época de mudanças que vão redefinir o perfil da sociedade brasileira e dos setores produtivos e representam, no caso específico do mobiliário, a passagem do fazer artesanal para a produção em grande escala. São também uma referência à identidade nacional.

Figura 17. Cadeira 1001, Móveis Cimo S.A., século XX. Feita em imbuia maciça e laminada. Dimensões 82 cm.(alt.) × 38,5 cm.(comp.) × 41 cm.(larg.). Fotografia: Flavio Coelho. Acervo: M. Angélica Santi, São Paulo. Móvel doado à autora por Gentil Schwarz, que foi funcionário da Cimo.

O quadro cultural e a industrialização no Alto Vale do Rio Negro

INTRODUÇÃO

A Indústria de Móveis Cimo S.A. teve início no ano de 1921, na serraria e fábrica de caixas A. Ehrl e Cia. Desde seus primórdios, priorizou a qualidade e o conforto oferecidos por seus produtos, o aproveitamento do material, a pesquisa e o investimento em tecnologia em razão de sua meta voltada à produção seriada, destinada principalmente ao mercado nacional. As primeiras encomendas já delinearam seu caminho em direção à industrialização, começando com cadeiras para cinema. Ao longo das primeiras décadas, deu preferência aos segmentos de móveis para escritório, lugares públicos, repartições públicas e móveis escolares. A padronização de seus produtos seguiu critérios de produção e comercialização com metas que visavam a atingir uma escala de produção compatível com as solicitações do mercado emergente.

A indústria recorreu a modelos que representavam as tendências contemporâneas da época, não comprometidas com o historicismo acadêmico, com o qual se identificava a maior parte dos fabricantes daquele período, em que as formas entalhadas, produzidas manualmente com indiscutível habilidade e até virtuosismo, conferiam à peça um valor artístico muito reconhecido pelas elites. Como já foi discutido, estas buscavam seus modelos nos estilos do passado ou em móveis produzidos ainda por artesãos e seus aprendizes, em pequenas marcenarias ou até mesmo em fábricas. O partido adotado pela Cimo no desenvolvimento de seus produtos evidencia a influência e até a cópia de móveis produzidos nos Estados Unidos e na Europa, os quais representavam as tendências que privilegiavam formas limpas e geometrizadas, próprias a um processo de produção seriada naquele estágio industrial, utilizando novas tecnologias e materiais. Recortes de revistas e jornais do período encontrados na Indústria de Móveis Habitasul em 1998,[26] em Rio Negrinho, evidenciam essa influência.

A Móveis Cimo tornou-se um exemplo para a indústria nacional ao conseguir agregar a seus produtos qualidades e valores até então pouco explorados e que, provavelmente, serviram de referência à produção da época. Estava comprometida com a vida moderna, o dinamismo e as novidades da época, decorrentes do desenvolvimento científico e tecnológico, responsáveis pelas mudanças nos programas das residências e das instituições públicas e privadas nos principais centros urbanos, como São Paulo e Rio de Janeiro, que, devido a essas mudanças e do aumento populacional, abriram mercado para novos produtos e para as empresas de outras regiões do país comercializarem sua produção.

Diferenciou-se, portanto, em seus desígnios. Da perspectiva de uma realidade nacional soube ser contemporânea de seu

---

[26] Pesquisa realizada pela autora em 1998-1999 na Indústria de Móveis Habitasul, atual Meu Móvel de Madeira, localizada em Vila Nova, Rio Negrinho, onde funcionava uma das fábricas da Móveis Cimo S.A., construída na década de 1970.

momento histórico, percebendo o crescimento dos centros urbanos, o surgimento dos novos programas e necessidades nos espaços públicos e privados e consequente demanda por novos produtos. Importava novas tecnologias, inovava na utilização da matéria-prima e, em decorrência disso, na metodologia da produção.

O pioneirismo e a contemporaneidade da Móveis Cimo estavam presentes em diversas fases de seu desenvolvimento, mas foi nas primeiras décadas, inclusive no momento de sua criação, que seu caminho foi delineado e seu perfil, definido como, pode-se dizer, revolucionário, considerando-se apenas a indústria de móveis nacional. Trouxe incrementos ao processo de industrialização do mobiliário brasileiro, levantou questões que vigoram até os dias de hoje e foi precursora de soluções e alternativas, algumas das quais ainda atuais.

Este estudo não prioriza a abordagem do produto em si, com suas soluções referentes aos aspectos formais, pois, nesse sentido, situando-a em um contexto mundial, a proposta da Cimo resultaria sem originalidade. Também não se justificaria uma análise unilateral, que considerasse tão somente seu desempenho empresarial, visto que é seu valor como referência histórico-cultural que torna essa indústria merecedora de um estudo. A importância da Móveis Cimo S.A. reside em ter contribuído para a formação cultural das cidades, marcando com seus produtos épocas que fizeram parte da história da urbanização dos principais centros, a partir das primeiras décadas do século XX. Seus produtos e mesmo sua marca estão vivos na memória das pessoas até a atualidade, já que podem ser ainda encontrados, conservados, em uso numa quantidade significativa em diferentes ambientes e segmentos sociais.

Essa experiência de industrialização está fundamentada, de um lado, nas circunstâncias geradas pelo contexto histórico em que esteve inserida, as quais se desdobraram em diferentes fases resultantes do desenvolvimento socioeconômico do país ocorridas no decorrer do século XX e, de outro, na região e nas raízes socioculturais de onde se originou, na região nordeste de Santa Catarina, hoje São Bento do Sul, e em Rio Negrinho, conforme se expõe a seguir.

A VALORIZAÇÃO DA CULTURA DO TRABALHO E O PLANEJAMENTO NO ALTO VALE DO RIO NEGRO

A região foi colonizada a partir de 1873 por povos vindos da Alemanha e da Europa Central como excedentes populacionais, em decorrência da Revolução Industrial na Alemanha, que tomou impulso a partir da segunda metade do século XIX.

A imigração formatou-se a partir de alguns interesses: do governo brasileiro em povoar a região; do governo europeu em fazer investimentos e abrir mercado para exportar seus produtos e importar matéria-prima; dos colonos em buscar melhores condições de vida, prosperidade econômica e oportunidades mais promissoras do que as oferecidas em seus países de origem, onde o desemprego e a falta de perspectiva, decorrentes da Revolução Industrial, ameaçavam a sobrevivência. Nas palavras de Josef Zipperer, ao comentar sobre sua vinda ao Brasil: "Vivíamos essa vida rude e sem grandes esperanças de melhores dias, mas sempre com a ideia de procurar novas terras" (Zipperer, 1951, p. 10).[27]

---

[27] Esta publicação reúne: a terceira publicação em alemão, de 1935, com prefácio de Jorge

Os colonos imigrantes vieram para o Brasil por intermédio da Sociedade Colonizadora Hamburguesa, atraídos pela distribuição de pequenos lotes florestais, ocupando a região do Alto Vale do Rio Negro, no nordeste de Santa Catarina, onde fundaram o pequeno povoado que recebe o nome de São Bento no mesmo ano de 1873.[28] As primeiras famílias vieram da região da Boêmia, Áustria, e entre elas estava Josef Zipperer, que, em seu livro *São Bento no passado: reminiscências da época da fundação e povoação do município* (1951), relata a vida nos primeiros tempos da colonização, contribuindo com uma visão e um detalhamento do cotidiano desses imigrantes, por onde perpassa, ao lado das dificuldades na luta pela sobrevivência e pela realização de seus anseios, a cultura desses povos que se somou à dos nativos:

> Nas montanhas com suas belas matas, que se erguem na divisa da Boêmia da velha Áustria, [...] vivia um povo alegre, enchendo os ares com as suas canções, típicas dos povos de origem da Europa Central, como o são os bávaros, tiroleses e suíços, todos pronunciando quase os mesmos dialetos guturais. Uma população, em sua grande maioria de extrema pobreza, habitava os profundos vales daquelas montanhas. Em nosso meio era grande o desejo de melhorar a situação na qual se vivia. (*Ibid.*, p. 9)

A região do Alto Vale do Rio Negro compreende as cidades de São Bento do Sul, Rio Negrinho e Campo Alegre, no nordeste do estado de Santa Catarina. Situada entre duas florestas – a Mata Atlântica e a Mata das Araucárias – esta última, "habitat natural da araucária ou pinheiro-do-paraná e da imbuia,

---

Zipperer, e a primeira publicação em português, de 1951, com prefácio de Martin Zipperer (*in memoriam*).

[28] Em 1943, o nome da cidade de São Bento muda para Serra Alta e, em 1948, para São Bento do Sul. (Arnholdo & Oliveira. Publicação: *Imagens da história: São Bento do Sul*, s/d.

Figura 1. As primeiras construções em São Bento, Santa Catarina, 1882. Segundo consta na publicação *Imagens da história*, (*Ibid*., p. 5), entre essas construções estão o quartel da polícia, o conselho municipal, a cadeia (centro), a capela católica (ao alto) e o primeiro alojamento dos imigrantes (esquerda). Atualmente o local é a Praça Getúlio Vargas. Foto: Arquivo Histórico Municipal de São Bento do Sul-SC.

era rica em canela, canela-fogo, canela-preta, peroba-vermelha, cedro e erva-mate e foi onde se processou a ocupação e exploração desses recursos naturais pelos imigrantes europeus" (Mafra, 1993, p. 63)[29] –, essa região constituiu a base da economia e da cultura locais, principalmente a partir da vinda dos imigrantes.

---

[29] Antônio Dias Mafra, professor na cidade de São Bento do Sul, autor do livro *A história do desenvolvimento da indústria do mobiliário: região do Alto Vale do Rio Negro: São Bento do Sul, Rio Negrinho, Campo Alegre*. Monografia para obtenção do título de Especialista em História. Universidade do Vale do Itajaí, Centro de Pós-graduação, 1993. Entrevistado pela autora em junho de 1999.

Figura 2. Colheita do trigo no início de 1900 (*Ibid.*, p. 5), São Bento do Sul-SC. Foto do acervo do Arquivo Histórico Municipal de São Bento do Sul-SC.

O desenvolvimento econômico da região caracterizava-se por uma economia de subsistência ligada ao trabalho da terra. A proveniência da renda vinha dos serviços prestados principalmente à urbanização da cidade: construções de pontes e estradas, mais especificamente da estrada de rodagem Dona Francisca; a terra de pouca fertilidade, o relevo montanhoso, as variações climáticas e a cultura dos imigrantes não foram favoráveis às atividades agrárias.

Figura 3. Acampamento e descanso de carroceiros, situado na estrada Dona Francisca, km 66, em São Bento do Sul-SC. Foto publicada na revista *Imagens da história*, segundo a qual o transporte de mercadorias era feito por carroças e caminhos estreitos que ligavam São Bento a Joinville, para onde levavam a erva-mate e de onde traziam, entre outros mantimentos, roupas e correspondências. "A chegada dos carroceiros era aguardada com ansiedade" (*ibid.*, p. 5). A qualidade do transporte só foi modificada com a construção da Estrada de Ferro São Paulo-Rio Grande (Efsprg) em 1913, a qual trouxe desenvolvimento à região. Foto: Arquivo Histórico Municipal de São Bento do Sul-SC.

Antônio Dias Mafra, quando entrevistado,[30] defendia não existir uma política de incentivo ao desenvolvimento da agricultura e, por sua vez, os habitantes da região com frequência possuíam hortas e pomares, inclusive na região urbana, como reminiscência da cultura alemã do período colonial, o que acarretava um mercado restrito para os excedentes agrícolas. Em dados fornecidos pela prefeitura municipal de Rio Negri-

---

[30] Entrevistado pela autora em junho de 1999.

nho (1997), o setor primário é responsável por apenas 8% do movimento econômico da cidade. Tal porcentagem é derivada da produção de bens de consumo, principalmente daquela cuja matéria-prima principal é a madeira. O setor secundário é responsável, portanto, pelo desenvolvimento econômico da região, considerando-se que, de um total de 288 estabelecimentos industriais, 126 são de mobiliário e 47 de madeira.

A floresta de Araucária está intimamente ligada à cultura da região: o pinho e a imbuia foram as madeiras mais utilizadas pelos colonos na construção de suas moradias, objetos de uso diário, mobiliário e adornos.

> Foi o pinheiro que forneceu a maior parte do material de construção dos primeiros casebres e choupanas e até hoje a fornece a grande parte das residências hodiernas. [...] Além de se prestar otimamente para a confecção de inúmeros objetos de arte ornamental como esculturas, vasos, etc. (Kormann, 1980, p. 25)

Com relação à imbuia, José Kormann afirma ter sido esta muito usada na confecção de mobílias finas, compensados, painéis, decorações e na construção civil:

> A primeira e, hoje, a grande indústria, a famosa Móveis Cimo S.A., a verdadeira semente da cidade, tinha e tem como matéria-prima fundamental a imbuia, e Rio Negrinho atual, com tão grande parque moveleiro, ainda tem na imbuia sua matéria-prima capital. (*Ibid.*, p. 27)

Os imigrantes vieram de uma região que tinha como tradição trabalhar com madeira e trouxeram consigo esse potencial. Com ela construíram suas ferramentas de trabalho, tanto para a lavoura como para o trabalho artesanal, suas moradias e o mobiliário, voltado apenas para atender às suas necessidades básicas, de acordo com os hábitos e a vida simples que levavam. Segundo Mafra,[31] entre dois ou três alemães, ao menos um era marceneiro, atividade que exercia no tempo que sobrava do trabalho na lavoura, havendo portanto um espaço de tempo entre a execução de uma peça e a de outra. Isso explica o fato de que em algumas casas de São Bento do Sul, entre quatro ou cinco cadeiras, uma não é igual à outra.

A manufatura doméstica e esporádica foi sendo substituída por oficinas prestadoras de serviços, onde o artesão tinha no ofício a sua subsistência, deixando de lado o trabalho na lavoura. Alguns fatores contribuíram para isso, como o abandono das terras não mais produtivas e a chegada de imigrantes, em decorrência da Primeira Guerra Mundial, com experiência no trabalho fabril. Josef Zipperer relata que:

> Os que se limitavam às roçadas e às queimas sem dispensar ao solo um cultivo apropriado, naturalmente e em pouco tempo esgotavam os seus lotes, que são hoje terras gastas, bastante estéreis, permitindo que os seus donos, só com insano trabalho, delas se mantenham, forçando outros, não raro, a procurar um ganho e sustento em outro serviço, como diárias. (Zipperer, 1951, p. 57)

Com a experiência do imigrante, as madeiras encontradas tornaram-se um material de grande valia para os moradores da região, que é hoje um dos polos moveleiros mais importantes do país. O *Diário Catarinense* publicou no segundo semestre de 1998, em comemoração aos 125 anos da fundação de São Bento, uma série de artigos intitulados "São Bento do Sul: origens de uma cidade moveleira e industrial" relativos à cultura e ao desenvolvimento da região, destacando-se a manchete do

---

[31] Antônio Dias Mafra, entrevista concedida à autora em 1999.

caderno 12 (16-10-1998): "A vocação moveleira de São Bento do Sul. Os imigrantes que chegaram à região do Alto Rio Negro desbravaram a floresta e mais tarde implantaram um parque moveleiro".

Essa vocação expressa o relatório da gestão de Manoel Gomes Tavares,[32] em 1899; no item relativo ao comércio e indústria, pode ser constatado na relação que se segue um número significativo de profissionais que trabalhavam com a madeira, comparados aos de outros serviços:

> 4 açougues; 7 alfaiatarias; 7 *officinas de barriqueiros*; 14 botequins; 10 *carpinterias de carros*; 49 casas de comércio a grosso e varejo; 1 confeitaria; 4 cortumes; 3 engenhos de beneficiar herva matte; 6 *ditos de serrarias madeira*; 8 fábricas de cerveja; 2 ditas de chapéo; 2 ditas de gasosa; 2 ditas de vinagre; 16 ferrarias; 3 funilarias; 3 hoteis; 3 engenhos de picar capim; 12 *marcenarias*; 7 moinhos de milho e centeio; 8 olarias; 4 padarias; 1 relojoaria; 19 sapatarias; 6 sellarias; 2 *tamancarias*; 2 tornoarias. (*Ibid.*, p. 27) (Grifos do autor)

No entanto, em 1898, o número desses profissionais era muito menor, conforme Antônio Dias Mafra. Estão registrados, no livro de lançamento de impostos, quatro carpinteiros e cinco marceneiros, o que já representou um crescimento em relação aos anos anteriores (Mafra, 1993, p. 32). Esses dados revelam uma brusca elevação no número desses profissionais, já que, em apenas um ano, houve um incremento de 9 para 37, considerando-se marcenarias, carpintarias, serrarias, barriqueiros e tamancarias. Uma das hipóteses que o autor aponta para explicar

---

[32] *Relatório da gestão dos negócios do município de São Bento do Sul*, durante o ano de 1899, apresentado ao respectivo Conselho Municipal, pelo Superintendente Manoel Gomes Tavares (Joinvile: Typographia Boehm, 1900).

o fato é uma maior fiscalização durante o governo de Manoel Gomes Tavares, "obrigando seus profissionais a se registrarem e recolherem os devidos impostos de sua atividade, pois a prática de sonegação fiscal não é privilégio do homem contemporâneo" (*ibid.*, p. 33); outras duas hipóteses por ele levantadas são:

> [1.] 1. Grande quantidade de profissionais que chegaram a São Bento em 1890, ou que abandonaram a agricultura em detrimento da madeira. 2. Filhos de agricultores que, por falta de terras, começavam nova atividade depois de receber treinamento profissional dos mestres. (*Ibid.*, p. 33)

Entre os melhores marceneiros dos primeiros tempos da colonização, Josef Zipperer (1951) destaca João Herbst, ressaltando a excelente qualidade de seus móveis. A oficina de Herbst propiciou a formação no ofício da marcenaria, e, entre os muitos aprendizes, destacam-se Francisco Pfeifer e Leopoldo Zschorper, em cuja marcenaria teve início a Fábrica de Móveis Leopoldo, afamada na região.

A produção era artesanal; a qualidade do trabalho dependia exclusivamente da habilidade e dedicação do artesão, desde o desdobramento e beneficiamento da madeira até a execução dos detalhes construtivos, como as espigas, cavilhas, almas, e de delicados trabalhos, como os recortes, entalhes, marchetarias e tornearias, mesmo porque "não se conheciam máquinas nesses tempos e todo o serviço era feito à mão" (*ibid.*, p. 76). Exemplares dos instrumentos comumente usados na manufatura de móveis fazem parte hoje da exposição permanente do acervo do Museu Municipal Doutor Felippe Maria Wolf, em São Bento do Sul, SC: serras trançadeiras, serrotes, serras de arco, cepilhos, desbastadores, martelos, formões, goivas, plainas, tornos e outros, como é possível observar nas figuras 4 a 8.

Figura 4. Cepilho. Acervo Museu Municipal Dr. Felippe Maria Wolf, São Bento do Sul-SC. Fotografia M. Angélica Santi.

Figura 5. Torno de meia esquadria. Acervo Museu Municipal Dr. Felippe Maria Wolf, São Bento do Sul-SC. Fotografia M. Angélica Santi.

Figura 6. Arco de pua de madeira. Acervo Museu Municipal Dr. Felippe Maria Wolf, São Bento do Sul-SC. Fotografia M. Angélica Santi.

Figura 7. Nível. Acervo Museu Municipal Dr. Felippe Maria Wolf, São Bento do Sul-SC. Fotografia M. Angélica Santi.

Figura 8. Serras diversas para diferentes funções. Acervo Museu Municipal Dr. Felippe Maria Wolf, São Bento do Sul-SC. Fotografia M. Angélica Santi.

As máquinas, quando não importadas da Alemanha, eram

> [...] produzidas nas próprias fábricas. Essas produções caseiras contavam com o apoio das diversas ferrarias instaladas no município. [...] As rodas d'água foram a força motriz para muitas marcenarias. Também era utilizada a força animal para girar engenhos feitos de madeira que moviam serras, furadeiras e tupias. Máquinas movidas a eletricidade só foram usadas quando foi instalada a primeira usina geradora de energia a vapor. (*Diário Catarinense*, 16-10-1998)

Em 1903, Henrique Meller

> trouxe da Alemanha uma máquina conjugada de serra de fita, serra circular, tupia e furadeira, que então era uma maravilha nos seus trabalhos – se não me engano ainda hoje funcionavam. Era movimentada com a mão e com os pés, tendo muitas vezes os aprendizes servindo de motor para movimentá-la. (Zipperer, 1951, p. 76)

Segundo Zipperer, o aprendizado de um ofício era muito valorizado pelos imigrantes. Para tanto, o pai do aprendiz fazia um contrato, mediante um depósito em dinheiro, com o mestre do ofício, que se comprometia a preparar o rapaz para o exercício da profissão. Os aprendizes permaneciam na oficina por três anos, e os que não podiam pagar ficavam por quatro anos, compensando assim o trabalho despendido pelo mestre. Após esse período, o

> rapaz tinha se tornado homem, podia frequentar bailes (como aprendiz isto lhe era negado, bem como o comparecimento em lugares públicos, sendo-lhe proibido também o jogo de baralho etc.), não lhe faltava namorada, pois era um artesão, podia formar o seu futuro com um trabalho bem remunerado e ser um dia mestre de sua própria oficina. Sua vida estava garantida. (*Ibidem*, p. 77)

Segue-se um exemplo de atestado que comprova a formação no ofício de marceneiro, de Alberto Liebl, ex-funcionário da Cimo (figura 10), cujo aprendizado se deu entre os anos de 1929 e 1932, na Marcenaria Lençol, em São Bento do Sul. Segundo dados fornecidos por Antônio Dias Mafra,[33] a Móveis Leopoldo, uma das primeiras fábricas de móveis de São Bento do Sul, valia-se desse estilo corporativo, tornando-se, juntamente com outras marcenarias, uma formadora de mão de obra.

Figura 9. Oficina de marcenaria Francisco Linke, na estrada de Wunderwald, São Bento do Sul, 1903, onde Martin Zipperer, filho de Josef Zipperer, aprendeu o ofício de marceneiro. Arquivo Maria Lina Keil. Curitiba-PR.*

* Nessa foto encontra-se também o álbum feito por Martin Zipperer em 1955, com fotos e relato histórico: *Dados sobre a formação e desenvolvimento da Móveis Cimo S.A., de suas três fábricas - uma situada em Rio Negrinho; outra em Joinville, ambas no estado de Santa Catarina, e a terceira em Curitiba, estado do Paraná* (1955). Esse histórico foi oferecido a d. Josef Wendel, cardeal arcebispo de Munique, por ocasião de sua passagem por Joinville, por volta de 1955, e foi encontrado num álbum, pertencente à neta de Martin Zipperer, Maria Lina Keil, acompanhado de fotos da empresa que o ilustram.

---

[33] Entrevista concedida à autora em 1999.

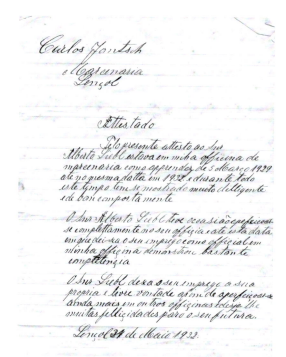

Figura 10. Atestado no ofício de marceneiro de Alberto Liebl, 1932, Lençol-SC. Arquivo: Alcides Raymundo Liebl, Rio Negrinho-SC.

Quando chegou ao Brasil, Josef Zipperer já contava com o ofício de tanoeiro e sabia trabalhar com a madeira. Na colônia, produzia caixões funerários, a princípio, para vizinhos e parentes e por causa disso tornou-se conhecido como mestre na fabricação de caixões. Assim como ele, muitos colonos exerciam seus ofícios, inclusive alguns trouxeram consigo equipamentos e ferramentas. Carpinteiros, marceneiros, sapateiros, alfaiates, padeiros, farmacêuticos tinham no ofício um ganho suplementar ao trabalho da lavoura. Os imigrantes trouxeram de seus países de origem sua prática, que foi alterada a partir do desenvolvimento industrial, quando o ensino deu primazia às ciências aplicadas e à formação de técnicos, preparando-os para a indústria (Mafra, 1993, p. 12).

Segundo Mafra, em Lençol, município situado entre Rio Negrinho e São Bento do Sul, existia um sindicato de produtores artesanais, cuja função era controlar os preços e a qualidade dos produtos. Como esse sindicato era conduzido por um grupo ligado ao movimento socialista europeu, a maioria dos colonos, para não manchar sua boa imagem, fez pressão para que o grupo se retirasse da cidade.[34]

A cultura do imigrante e a abundância de madeiras de boa qualidade encontradas na região foram fatores preponderantes aos investimentos realizados por Jorge Zipperer e seu sócio Willy Yung, na localidade onde foi construída a Estrada de Ferro São Paulo-Rio Grande (Efsprg), inaugurada em 1913. O povo que residia nessa região, antigo caminho de tropas do sul

---

[34] Informações obtidas na entrevista realizada pela autora com Antônio Dias Mafra, em 1999, e na leitura de sua monografia para obtenção do título de Especialista em História: *A história do desenvolvimento da indústria do mobiliário: região do Alto Vale do Rio Negro: São Bento do Sul, Rio Negrinho, Campo Alegre* (1993).

do país em direção ao Paraná, era formado por trabalhadores que permaneceram após a construção da estrada de ferro e por habitantes ali instalados antes da sua construção.

A partir de 1913, término da construção da estrada de ferro, Jorge Zipperer e Willy Yung, com o nome de Jung & Cia., iniciaram empreendimentos que trouxeram desenvolvimento à localidade, contribuindo com a formação da cidade de Rio Negrinho, e lançaram as bases para a criação e desenvolvimento da Móveis Cimo S.A.

Foram referências a esta exposição os relatos deixados por Jorge Zipperer, em documento intitulado *Crônica Jorge Zipperer, imigração e fábrica*,[35] e por Martin Zipperer (no documento já citado no asterisco da legenda da figura 9), filhos de Josef Zipperer, relativos à cidade de Rio Negrinho e aos primeiros anos da Móveis Cimo.

Willy Yung e Jorge Zipperer adquiriram, na região de Salto, próximo a Rio Negrinho, 111 alqueires para montar uma serraria e fábrica de caixas com maquinário movido a vapor, importado da Alemanha. Com reserva de mata e com árvores de melhor qualidade do que as encontradas na serraria de Salto (são sócios na empresa Jung & Cia.), investem na aquisição de seiscentas árvores de pinho situadas na estrada de rodagem do Lageado, onde instalam outra serraria, denominada Engenho Novo, e adquirem aproximadamente três mil árvores de imbuia e pinho, também na estrada do Lageado, próximo do Paraná. Para facilitar o transporte das mercadorias, madeira serrada e caixas, comercializada no Rio de Janeiro e em São Paulo, compram uma área de 25.000 m² à margem esquerda

Figura 11. Paul Erich Weick, imigrante alemão, veio para o Brasil em 1922 com conhecimentos de construção de máquinas, desenho e fotografia, o que contribuiu com o registro do desenvolvimento da cidade de Rio Negrinho. Deixou um rico material iconográfico que tem auxiliado pesquisadores na reconstrução da memória da cultura local. Esse material pertence ao arquivo da Foto Weick, fundada por Paul Erich em 1938, Rio Negrinho-SC.

---

[35] Arquivo Histórico Municipal de São Bento do Sul-SC, s/d.

do Rio Negrinho, nas proximidades da estrada de ferro, para onde transferiram a serraria e a fábrica de caixas. Nessas instalações teve início a Móveis Cimo S.A., em torno da qual se desenvolveu a cidade de Rio Negrinho.

A falta de uma boa infraestrutura prejudicava os negócios da empresa; por esse motivo, Jorge Zipperer, empregando recursos próprios e contando também com conhecimento e contatos nos poderes públicos, empreendeu uma série de benefícios na localidade, organizando a infraestrutura urbana necessária, cujo crescimento deu forma à atual Rio Negrinho.

A abertura de estradas de rodagens para facilitar o transporte das madeiras e para o fluxo comercial das mercadorias foi uma das primeiras medidas adotadas. A mais importante foi a construção da estrada de rodagem Irani, que liga Rio Negrinho a Lageado, no Paraná, realizada com o apoio dos governos dos estados de Santa Catarina e Paraná e da cidade de Lageado e, principalmente, com os esforços de Jorge Zipperer e Willy Yung, que usaram recursos próprios para a complementação das obras. A construção dessa estrada, segundo Zipperer, beneficiou não só a população de Rio Negrinho, mas também a de Lageado (*ibid.*, p. 3). Por ela circulavam carroções puxados por cavalos que transportavam madeira e erva-mate. A região passa a contar com o transporte rodoviário e ferroviário, que era dificultado pela falta de vagões, o que atrasava a entrega das mercadorias e, devido ao tempo de armazenamento que podia se estender por semanas, depreciava-se também seu valor. A obtenção desses vagões era feita segundo uma política de protecionismo. Apesar das várias tentativas de Jorge Zipperer de solucionar esse entrave, a situação só foi alterada em 1924, com mudança na direção da estrada de ferro.

A ausência de correio na região prejudicava também os negócios, principalmente os ligados à comercialização dos produtos; a correspondência vinha do correio de São Bento, por meio de favores, com riscos de extravio. Somente após insistentes pedidos, a partir de 1920, a região começou a contar com esse serviço. A falta de serviços urbanos e as poucas casas de comércio também dificultavam a vida dos moradores do povoado: quase todos os produtos, inclusive os alimentícios, tinham de ser adquiridos em Lençol ou em São Bento. O fornecimento de energia elétrica ocorreu somente a partir de 1929; até então, a empresa fornecia luz à cidade por meio de um gerador próprio, funcionando durante horários por ela estipulados ou em caso de necessidade. Com a morte de Willy Yung em 1919, Jorge Zipperer se associa a André Ehrl, e a empresa passa a se chamar A. Ehrl & Cia. Os primeiros anos foram bastante difíceis, superados com muito esforço e determinação, conferindo um mérito ainda maior ao desempenho das primeiras décadas.

O estágio primitivo do desenvolvimento urbano e do transporte, como mostram as figuras 12 a 22, não foi empecilho aos negócios realizados por Jorge Zipperer e por seus sócios Willy Yung e André Ehrl relativos, inicialmente, à industrialização da madeira e caixas e, depois, de móveis.

Segundo Martin Zipperer, "Rio Negrinho, hoje cidade de 5 mil habitantes, era na época somente Estação da Estrada de Ferro, Serraria e mais algumas casas particulares e ranchos para operários; o mais era mata cerrada" (Zipperer, 1955, p. 4).

No início da década de 1920, a cidade era ainda pequena, possuía poucas ruas e um total de mais ou menos quinze casas. A rua São Paulo, conhecida também como rua dos Paulistas (atual rua Carlos Weber), era habitada pelos operários e mestres

Figura 12. Carroções puxados por seis cavalos para o transporte das toras. Cada um transportava uma tora por vez. Acervo Foto Weick. Rio Negrinho-SC.

(13)

Figuras 13 e 14. Carroções puxados por seis cavalos para o transporte das toras. Cada um transportava uma tora por vez. Acervo Foto Weick. Rio Negrinho-SC.

(14)

(15)

Figuras 15 e 16. Com frequência ocorriam acidentes durante o transporte provocado pelo peso da tora e pelo terreno acidentado. Mesmo quando, anos depois, o transporte era feito por caminhão, as estradas continuavam sem pavimentação. Acervo Foto Weick. Rio Negrinho-SC.

(16)

Figuras 17 e 18. Mesmo com a precariedade do transporte, uma quantidade significativa de madeira abastecia a fábrica. Acervo Maria Lina Keil. Curitiba-PR.

(18)

Figura 19. Pátio de madeira. Acervo Maria Lina Keil. Curitiba-PR.

Figura 20. Essa figura, assim como as anteriores, revela o desafio heroico enfrentado nos primórdios da industrialização, diante dos recursos disponíveis, ainda primitivos, herdados de uma economia de subsistência. Acervo Foto Weick. Rio Negrinho-SC.

Figura 21. Serraria, fábrica de caixas e cadeiras A. Ehrl, 1923.
Acervo Foto Weick. Rio Negrinho-SC.

Figura 22. A nova fábrica só de cadeiras, com dois andares, construída em 1925. Acervo Foto Weick. Rio Negrinho-SC.

marceneiros advindos de São Paulo para trabalhar na A. Ehrl & Cia., por ocasião do início da fabricação de cadeiras no mesmo local da serraria, fábrica de caixas. A rua Jorge Zipperer, que ligava a fábrica à estação de ferro, era e é até hoje a rua de comércio da cidade. A rua Willy Jung, continuação da Jorge Zipperer, foi aberta por ocasião da construção das sociedades recreativas e culturais, sendo que as ruas da Estação e do Seminário foram as primeiras da área urbana de Rio Negrinho.

Para a moradia dos primeiros operários que vieram de São Paulo em 1921, com suas respectivas famílias, para trabalhar na fábrica de cadeiras da então A. Ehrl & Cia., foram construídas casas de madeira como a maioria das casas da região, em um terreno de 800 metros quadrados de propriedade da empresa, que cobrava um aluguel correspondente a dois ou três dias de trabalho. Essa prática estendeu-se aos operários da região e regiões vizinhas e, posteriormente, quando da contratação de novos funcionários devido ao aumento da produção. As casas, já em maior número, eram pré-fabricadas e chegaram a ser comercializadas em São Paulo em momentos de crise da empresa, no entanto esse empreendimento não teve continuidade.

Em decorrência da expansão da empresa, verifica-se um crescimento populacional na cidade e consequentemente a abertura de novas vias públicas, como as ruas Alice, Iracema, André, São João e Wally (apelidada de rua dos Cepos), as quais deram origem à vila operária que se ampliou em períodos posteriores, como é possível verificar na planta do projeto elaborado entre os anos de 1940-1943 (figura 27). Em razão disso os serviços também foram ampliados: construíram-se escolas, igrejas e hospital; foram abertas sociedades esportivas e recreativas, com a organização de bandas de música e grupos de teatro.

Figura 23. Vista de Rio Negrinho em 1925, serraria, estrada de ferro e, à esquerda, construção da igreja. Acervo Arquivo Histórico Municipal de São Bento do Sul-SC.

Figura 24. Rua São Paulo ou dos Paulistas, 1923, atual Carlos Weber, onde foram construídas as primeiras casas dos operários que vieram de São Paulo para trabalhar na fábrica de cadeiras. Acervo Foto Weick. Rio Negrinho-SC.

Figura 25. Rua São Paulo, atual Carlos Weber. Acervo Foto Weick. Rio Negrinho-SC.

Figura 26. Rua Jorge Zipperer no ano de 1921. Local da atual casa comercial Miner. Acervo Foto Weick. Rio Negrinho-SC.

Na empresa, entre outros benefícios, foi criado um "fundo auxiliar", que financia "a compra de terrenos, construção de casa própria, age em caso de doença e mesmo para compra de mobiliário". (Zipperer, 1955, p. 16)

Destaca-se no panorama da cidade, tanto por sua volumetria como pela localização mais elevada, a residência da família Jorge Zipperer, que não sofreu alterações desde a época de sua construção, em 1923, no cruzamento da então rua São Paulo com a rua Jorge Zipperer, hoje Museu Municipal Carlos Lampe. A residência da família Zipperer e a fábrica, a qual ocupava grande extensão da região urbana, impõem-se na paisagem da cidade, que se desenvolveu em torno desta última, evidenciando a estreita ligação entre ambas.

Se a população local dependia dos benefícios oferecidos pela empresa, assegurava, por sua vez, a mão de obra necessária ao seu desempenho. Ao garantir qualidade de vida aos moradores da cidade, em sua maioria operários da fábrica, essa política revertia em benefício da empresa, o que fica expresso na fala de Martin Zipperer alguns anos depois:

> Duas e mesmo três gerações de operários já estão na fábrica, trabalhando, garantindo assim uma coluna mestre de um operariado coeso e bem ligado à sua fábrica. Os filhos e netos dos que imigraram há 85 anos criaram uma indústria que hoje abrange o Brasil inteiro. (Zipperer, 1955, p. 16)

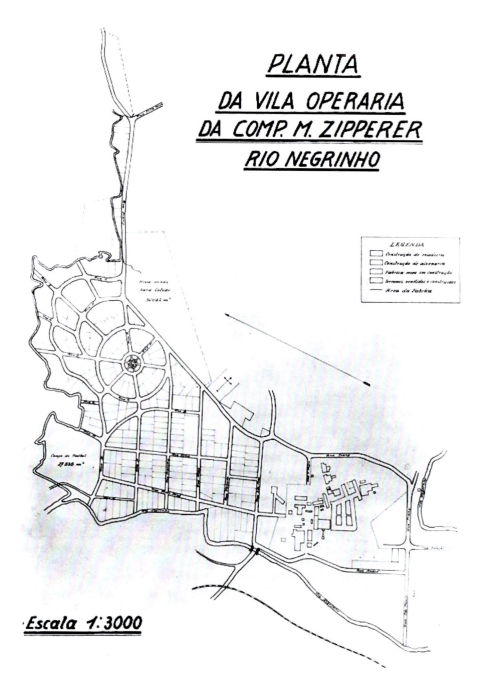

Figura 27. Planta da vila operária. Projeto datado entre 1940-1943. Acervo Foto Weick. Rio Negrinho-SC.

Figura 28. Vila operária. Acervo Foto Weick. Rio Negrinho-SC.

Figura 29. Na vista panorâmica da cidade de Rio Negrinho, nota-se a posição central da fábrica e a cidade ao seu redor. O novo prédio de alvenaria substituiu a antiga fábrica de madeira. Acervo Foto Weick. Rio Negrinho-SC.

Figura 30. Projeto para a construção da nova fábrica de alvenaria criado em 1939. Acervo Foto Weick. Rio Negrinho-SC.

Figura 31. Operários da Móveis Cimo S.A. Segundo Alcides Liebl, essa foto foi tirada no ano de 1933. Acervo Foto Weick. Rio Negrinho-SC.

O QUADRO CULTURAL E A INDUSTRIALIZAÇÃO DECORRENTE

O contexto cultural da região de Rio Negrinho contribuiu para a formação de uma mentalidade industrial, por um lado, devido ao próprio meio geográfico, impróprio à produção agrária, mas, diferentemente de outras regiões semelhantes no Brasil, nesta a comunidade voltou-se ao fabrico de bens de consumo diversificados, favorecendo a criação de novas demandas. Esse processo, por outro lado, também estava associado às heranças culturais dos povos da Europa Central, que valorizavam o trabalho e o planejamento.

No fim do século XIX e no início do século XX, teve início a industrialização do mobiliário no Brasil, destacando-se a Móveis Cimo S. A. como uma experiência de fabricação que, desde seu início, apontava novos caminhos para a produção do setor moveleiro. Para entender as razões que a levaram a se diferenciar das empresas da época, foi preciso conhecer o estágio da produção local e destacar alguns exemplos que, como ela, pretenderam, no decorrer do tempo, atuar não apenas na região do Alto Rio Negro, no nordeste de Santa Catarina, mas entrar também em mercados urbanos mais desenvolvidos, como São Paulo e Rio de Janeiro e, no caso de algumas, até mesmo ingressar no mercado estrangeiro, quando a política de importação o favorecia.

Apoiado na pesquisa realizada por Antônio Dias Mafra, *A história do desenvolvimento da indústria do mobiliário: região do Alto Vale do Rio Negro: São Bento do Sul, Rio Negrinho, Campo Alegre*, nas publicações editadas em março e setembro de 1998 pelo BNDES relativas ao setor moveleiro em nível nacional e em outras publicações e documentos encontrados na região, este estudo tem a intenção de introduzir características e exemplos da produção local no período que antecedeu a Cimo, ou seja, no início da colonização da região e nos períodos contemporâneo e posterior a ela, para poder, a partir desse universo, precisar em que a Móveis Cimo S.A. se diferenciava da produção da época e as contribuições e inovações que trouxe ao processo de desenvolvimento da produção seriada do mobiliário brasileiro. Como algumas dessas empresas estão em atividade produtiva até os dias de hoje e por essa região ser atualmente um polo moveleiro de ponta e um dos mais importantes do país, os dados fornecidos pelo BNDES oferecerão um recorte sobre a caracterização do desempenho dessa região na atualidade.

A região onde essas fábricas se originaram caracterizava-se por economia de subsistência e produção artesanal. Essas características também eram encontradas na produção de móveis, executados em marcenarias ou mesmo provindos de manufaturas domésticas, devido à tradição dos imigrantes no trabalho com madeira. Quando a economia da região se deslocou da lavoura para a produção de bens de consumo, nas primeiras décadas do século XX, o trabalho com a madeira ainda era artesanal. A fabricação de móveis de madeira não se encontrava, no ano de 1920, segundo Dias Mafra (1993, p. 41), entre as primeiras fábricas de São Bento, com exceção da fábrica de móveis de vime de Euclides Vieira.

Segundo o autor, "neste período estavam em franca atividade sete marcenarias: Carlos Bollmann, Carlos Jantsch Sobrinho, Germano Naidert, Guilherme Thomas, Gustavo Keil, José Dums, Leopoldo Zchoerper" (*ibid.*, p. 40). Algumas delas tiveram participação na abertura de importantes indústrias da região: Carlos Bollmann iniciou com Carlos Zipperer Sobrinho a Indústria Zipperer; a marcenaria de Leopoldo Zschoerper foi embrião da Móveis Leopoldo.

A. Ehrl & Cia. foi pioneira na fabricação de móveis de madeira na região. O termo "fabricação" vem aqui reforçar a visão já expressa do Dr. Milly Teperman, diretor da Móveis Teperman, de que, no início do século XX, os métodos de produção e as tecnologias empregados eram ainda bastante artesanais para a produção ser considerada industrial. Ao ser entrevistado em 1999, Antônio Dias Mafra afirmou que, a partir do início da década de 1920, as marcenarias começaram a se transformar em fábricas, para uma produção seriada. A exemplo de prática de outras marcenarias, Leopoldo Rudnick, até então fazia móveis conforme o pedido do cliente: "se pediam uma mesa, ele fazia uma mesa". Hoje são poucas as que fazem móveis personalizados, dada a dificuldade em concorrer com as fábricas. Seguindo uma ordem cronológica, Mafra relaciona as primeiras fábricas de móveis da região (1993, p. 42):

- ≈ 1921 – Indústrias Reunidas de Madeiras A. Ehrl & Cia. (embrião da Móveis Cimo).
- ≈ 1923 – Indústrias Zipperer.
- ≈ 1925 – José Guilherme Weihermann iniciou a Weihermann S. A.
- ≈ 1929 – Início da Indústria Augusto Klimmeck.
- ≈ 1935 – Marcenaria de Leopoldo E. Rudnick (embrião da Rudnick S. A.).
- ≈ 1945 – Indústria Artefama S. A.
- ≈ 1945 – Marcenaria Honório Zschoerper (embrião da Móveis Leopoldo).
- ≈ 1947 – Móveis Serraltense Ltda.
- ≈ 1948 – Fábrica de Móveis Aliança.

- ≈ 1949 – Fábrica de Móveis Danilo.
- ≈ 1951 – Engel Irmãos.
- ≈ 1958 – Lauro Araujo Alves.
- ≈ 1959 – Henrique Rank Ind. de Móveis Ltda.
- ≈ 1960 – Fábrica de Móveis Pirane.
- ≈ 1961 – Móveis James Ltda.
- ≈ 1965 – Ewaldo Katzer.
- ≈ 1968 – Móveis Ropke.
- ≈ 1969 – Ind. de Móveis Treml.
- ≈ 1970 – Fábrica de Móveis Neumann.
- ≈ 1970 – Móveis Lençol.

Essas fábricas eram na maioria empresas familiares, com exceção, segundo Mafra (1993), da Artefama. A produção de móveis de madeira era direcionada, nas primeiras décadas do século XX, para o mercado local, com algumas exceções, como a de Carlos Zipperer Sobrinho, que exportava artefatos de madeira.

Essas fábricas pioneiras iriam intensificar a produção de móveis na região, especialmente em São Bento do Sul e Rio Negrinho, que desde os tempos da colonização demonstrava um potencial para a produção moveleira e, segundo dados do BNDES de 1998, é o polo moveleiro que mais emprega mão de obra e um dos mais desenvolvidos do país.

Na sequência, um breve relato das primeiras empresas acima relacionadas, sendo que algumas continuam atuando no setor. Os dados relativos a essas empresas restringem-se até o ano de 1998, data da publicação do BNDES Setorial, podendo, portanto, não corresponder ao momento atual. Não foram incluídas a Cimo S.A., objeto deste estudo, à qual serão dedicados os próximos capítulos, e a Indústria Augusto Klimmeck, por não ser esta uma fábrica de móveis. Segundo nota de Antônio Dias Mafra, essa "tradicional fabricante de pentes, escovas e pincéis foi relacionada por ser grande consumidora de madeira para a fabricação de seus produtos" (Mafra, 1993, p. 43).

INDÚSTRIAS ZIPPERER

À abertura da fábrica de cadeiras A. Ehrl & Cia. segue-se a da firma Bollmann & Zipperer no ano de 1923, em São Bento do Sul, que, ao passar às mãos de Carlos Zipperer Sobrinho, parente dos irmãos Jorge e Martin Zipperer, recebe o nome de Fábrica de Artefatos de Madeira de Carlos Zipperer Sobrinho. Mais tarde denominada Indústrias Zipperer Ltda., ficou conhecida como "Ziprinho". Por ocasião de sua fundação, ao mesmo tempo em que fabrica móveis e esquadrias, começa a produzir artefatos de madeira, para aproveitar, no início, as sobras do pinheiro, destacando-se nessa produção quadros marchetados, cinzeiros, lapiseiras, bacias de madeira e, posteriormente, contas de madeira para terços. "[...] Exporta quadros de borboleta para o Japão e em nível nacional para o Rio de Janeiro, Curitiba, Joinville, e bolinhas de madeira para Aparecida do Norte, em São Paulo" (*ibid.*, p. 46).

Com o êxito obtido, a indústria é ampliada e, em 1932, o número de empregados sobe para 38; em 1936, a empresa investe em tecnologia, ao adquirir na Alemanha um modelo de torno semiautomático, que mais tarde seria também comprado por muitas outras indústrias, incrementando na região novas tecnologias para uma produção seriada.[36] Segundo o ba-

---

[36] Relato dos administradores e empregados da empresa para a *Edição Comemorativa do 75º Aniversário de Fundação de São Bento do Sul, hoje Serra Alta* (Prefeitura de Rio Negrinho/Secretaria da Indústria, do Comércio e do Turismo, 1948, p. 42; *Diário Catarinense,* 16-10-1998 (publicações em comemoração aos 125 anos de São Bento do Sul).

lanço anual de 1997, a fábrica inclui-se na categoria de "móveis de madeira para residência", constituindo uma das principais empresas exportadoras de móveis de madeira do país, na categoria de "outros móveis de madeira".

WEIHERMANN S. A.

Em 1925, José Guilherme Weihermann empreende a Weihermann S.A. Com a produção de bancos de igreja e caixões de defunto em São Bento do Sul, a empresa torna-se pioneira na produção em série de móveis de estilo na década de 1950, atendendo aos pedidos da casa Gelli, de Petrópolis, segundo modelo dos móveis expostos no Museu Imperial. Em razão de uma crescente demanda por esse estilo de móveis nos mercados de Belo Horizonte e Rio de Janeiro, concretiza-se uma parceria com a Indústria Zipperer, então possuidora de uma tecnologia mais avançada. Em decorrência disso, tornaram-se posteriormente pioneiros na região, na fabricação em série de móveis em estilo colonial, cuja demanda crescia no mercado local e nacional, intensificando-se na década de 1970. Com a fabricação desse estilo na região, para o mercado nacional houve um impacto na produção local.[37] Segundo indicadores econômico-financeiros de 1996, essa indústria inclui-se na categoria de "móveis de madeira para residência" e está entre as quinze maiores empresas do país nesse segmento.[38]

---

[37] Antônio Dias Mafra, entrevista concedida à autora em 1999.

[38] *BNDES Setorial* nº 8, Tabela A.1 Indicadores econômico-financeiros (1996), 1998, p. 54.

MÓVEIS RUDNICK

No ano de 1938, a Leopoldo E. Rudnick começa a produzir móveis em sua marcenaria, com máquinas movidas ainda por tração animal. Produzia artesanalmente e por encomenda, como já foi mencionado. Alguns anos depois, Rudnick constrói uma pequena fábrica em Oxford-SC, a qual vai sendo ampliada em virtude do aumento da produção, que se intensifica a partir da década de 1960. Ao contrário de seus contemporâneos, que, em razão do estilo de móveis fabricados, enquadravam-se no segmento de "móveis de madeira torneados" (móveis de estilo), a Móveis Rudnick direciona sua produção para o segmento de "móveis de madeira retilíneos" (móveis de linha reta) (*Diário Catarinense*, 16-10-1998).[39] Atualmente, a Rudnick possui cinco unidades, a saber: uma sede administrativa, uma central de distribuição e três unidades industriais. Segundo indicadores econômico-financeiros de 1996,[40] a Rudnick classificava-se entre as 15 maiores empresas do país na categoria de móveis de madeira para residência.

ARTEFAMA S.A.

A Indústria Artefama S.A. inicia suas atividades no ano de 1945 numa pequena oficina de 4×5 metros, com apenas três operários. Dois anos depois, em 1947, transfere-se para uma área de 406,5 m², contando já com dez operários:

> Os artigos fabricados são especialmente os seguintes: artigos para presentes, *abat-jours*, argolas para guardanapo, biscoiteiras, cinzeiros, cerzidores, cofres, estojos, fruteiras, espátulas, paliteiros,

---

[39] Publicações em comemoração aos 125 anos de São Bento do Sul.
[40] *BNDES Setorial* nº 8, Tabela A.1 Indicadores econômico-financeiros (1996), 1998, p. 54.

pratos, vasos, esculturas em nó de pinho, carretéis, cabos para pincéis, artigos de xaxim, etc. (*Edição Comemorativa do 75º Aniversário de Fundação de São Bento do Sul, hoje Serra Alta*, cit., p. 27)

Seus artefatos de madeira, mesmo antes da década de 1970, eram exportados para o mercado norte-americano, com destaque para os quadros de borboletas. No levantamento socioeconômico feito em São Bento do Sul no ano de 1969, está classificada como a terceira indústria que emprega maior número de mão de obra (Mafra, 1993, p. 56). Sobre a produção de móveis, como lembra Décio Nunes de Oliveira, gerente comercial da antiga loja de departamentos Mappin, "na década de 1950, a Artefama, com seus móveis de estilo tradicional, era uma das mais importantes de São Bento do Sul" (Moveleiro Móveis & Design, 1990, p. 20). Na categoria de "móveis de madeira para residência", encontra-se entre as 15 maiores empresas do país nesse segmento, segundo indicadores econômico-financeiros de 1996 (*BNDES Setorial* nº 8, 1998, p. 54). Além de estar posicionada também entre as principais empresas exportadoras do país (1997-1992), ocupa o segundo lugar no segmento de "móveis de madeira para cozinha" e o primeiro no segmento de "outros móveis de madeira".[41]

MÓVEIS LEOPOLDO

A Móveis Leopoldo tem sua origem na Marcenaria Honório Leopoldo Zschoerper, criada em 1904,[42] em São Bento do Sul, reconhecida como formadora de mão de obra, ensinan-

---

[41] *BNDES Setorial* nº 8, Tabela A.2 Evolução das exportações brasileiras de móveis de madeira: principais empresas exportadoras (1997-1992), 1998, pp. 55-56.

[42] Encontra-se entre as marcenarias mencionadas, segundo investigação feita por Antônio Dias Mafra, no livro de registros número 171, p. 38, referente ao ano de 1910.

do no estilo corporativo. Em 1943, sob a direção de Honório Leopoldo, inicia a fabricação em série de móveis para exportação e, no ano de 1945, passa a se denominar Móveis Leopoldo S.A. Como a maioria dos móveis produzidos em São Bento do Sul, a fabricação segue a tendência do estilo colonial. No levantamento socioeconômico feito em São Bento do Sul no ano de 1969, encontra-se entre as seis primeiras empresas que mais empregam mão de obra.[43] Segundo indicadores econômico-financeiros de 1996, inclui-se hoje na categoria de "móveis de madeira para residência" e está entre as quinze maiores empresas do país nesse segmento (*BNDES Setorial* nº 8, 1998, p. 54). Com relação às principais empresas exportadoras do país (1997-1992), encontra-se em primeiro lugar no segmento de "móveis de madeira para quarto de dormir" (*ibid.*, pp. 55-56).

A formação das cidades na região do Alto Vale do Rio Negro teve como base a cultura dos imigrantes, que, apesar de ter partido de uma experiência agrícola, direcionou a economia da região ao desenvolvimento de produtos de bens de consumo. Foram relevantes as contribuições da gestão de Manoel Gomes Tavares, empossado em 1899, no incentivo ao desenvolvimento do produto industrial e ao estímulo da cultura do produto, projetando os são-bentenses, quando as condições propiciaram, aos mercados interno e externo, principalmente para o norte-americano (Mafra, 1993, p. 47). O resultado dessa política se refletiu no desempenho da região na Exposição Internacional do Centenário da Independência, em 1922, ao

---

[43] *Edição Comemorativa do 75º Aniversário de Fundação de São Bento do Sul, hoje Serra Alta*, cit., p. 27; Antônio Dias Mafra, *A história do desenvolvimento da indústria do mobiliário: região do Alto Vale do Rio Negro: São Bento do Sul, Rio Negrinho, Campo Alegre*, cit., p. 81.

receber vários prêmios pela qualidade dos produtos expostos e se destacando também por sua diversidade.

A atual posição de destaque da região dentro da produção moveleira nacional teve a cultura local como base para seu desenvolvimento. É nesse contexto que a Móveis Cimo se situa, com sua importante contribuição histórica, marcada inclusive pela premiação obtida na exposição de 1922, ganhando medalha de ouro com cadeiras para cinema.

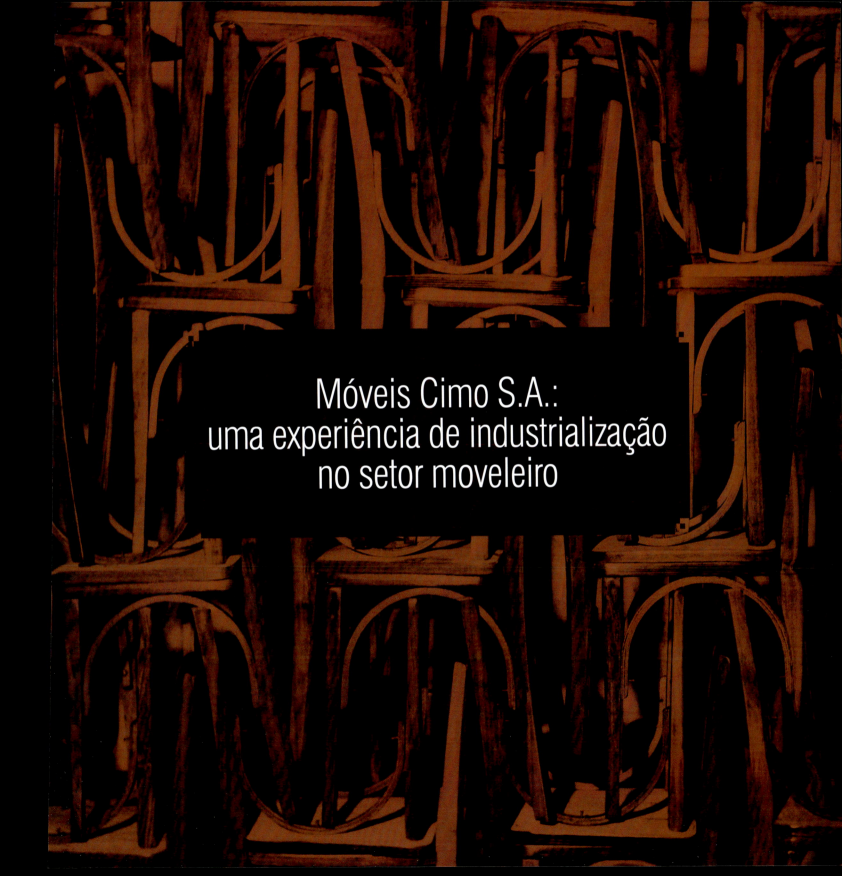

Móveis Cimo S.A.:
uma experiência de industrialização
no setor moveleiro

Móveis Cimo S.A.: uma experiência de industrialização no setor moveleiro

INTRODUÇÃO

Expõe-se a seguir um relato detalhado do processo de desenvolvimento da Móveis Cimo S.A., com o intuito de mostrar os passos trilhados por essa empresa, a princípio por seus fundadores e, posteriormente, pelos sucessores. Os dados e argumentos levantados darão subsídio à análise relativa a essa produção seriada do mobiliário no Brasil.

Os relatos, crônicas e diários deixados pelos irmãos Jorge e Martin Zipperer contam os caminhos percorridos pela empresa desde os primeiros empreendimentos, quando ainda era serraria, associando-os à região e à cultura local. Esses documentos orientam e oferecem suporte a esta pesquisa, principalmente os dados relativos aos primeiros anos de sua existência. Essas informações foram complementadas com entrevistas realizadas com parentes de Jorge e Martin Zipperer, com diretores e funcionários da empresa, com instituições, pesquisadores e moradores da região, além da bibliografia específica.

A GÊNESE DE UMA IDEIA: OS IRMÃOS JORGE E MARTIN ZIPPERER

A fábrica de móveis surgiu da ideia de diversificar a produção da serraria e fábrica de caixas, em razão da necessidade de empregar melhor a madeira disponível na região, por ser esta de excelente qualidade, e de aproveitar as aparas deixadas pela imbuia, provenientes das sobras da fabricação de caixas.

Com esse intuito, Jorge Zipperer, no ano de 1921, quando a empresa denominava-se A. Ehrl & Cia., recorreu a seu irmão Martin, experiente marceneiro, residente em São Paulo, o qual sugeriu que o melhor aproveitamento das aparas da imbuia "seria para pés de cadeira 45 cm × 4 cm × 4 cm (taco ainda não se conhecia na época)" (Zipperer, 1971). Martin Zipperer experimentou primeiro vender as aparas para dois fabricantes de cadeiras: Antônio Barone, cuja demanda não correspondia à quantidade de madeira de que dispunham, e Cia. Streif, que recusou a oferta pelo fato de a qualidade da madeira oferecida ser superior à utilizada por eles, o que acarretaria perda de mercado para as cadeiras que fabricavam com madeira de qualidade inferior, ou seja, a canelinha e a grumixava. Encontrando dificuldade na comercialização da madeira, os irmãos estudaram a viabilidade da fabricação de cadeiras em Rio Negrinho e sua comercialização inicialmente em São Paulo, pois o mercado local não absorvia a quantidade de cadeiras resultantes do aproveitamento das sobras de madeira da fábrica de caixas. Foram lançadas, assim, as premissas que antecederam às instalações da fábrica de cadeiras – matéria-prima e o mercado-alvo –, os quais norteariam a concepção da fábrica de móveis, especialmente de cadeiras, produto apropriado ao aproveitamento das aparas. Jorge e Martin Zipperer diferenciavam-se da maioria de seus contemporâneos na maneira de conduzir os empreendimentos: serraria e fábrica de caixas e, mais tarde, a fábrica de móveis. Apontaram para novas formas de produção e comercialização avançadas para a época, principalmente ao considerar a região onde estavam localizados distante dos centros urbanos mais desenvolvidos. Segundo Martin, "uma viagem a São Paulo levava três dias de viagem de trem, e as mercadorias viajavam de 5 a 6 semanas."[44] Isso se deve à formação e orientação que Jorge e Martin receberam, oriundas da cultura alemã e das influências da cultura local, vinculada à vegetação e aos recursos que a região oferecia, bem como às experiências profissionais diferenciadas e complementares que cada um teve. Destaca-se também a vivência de ambos, adquirida pelos contatos estabelecidos nos centros urbanos mais desenvolvidos, como São Paulo e Rio de Janeiro e no exterior, como na Alemanha, em especial em Hamburgo, que, nas primeiras décadas do século XX, intensificava as relações comerciais com o Brasil, facilitadas pela navegação direta entre os dois países.

Os irmãos Zipperer aprenderam seus ofícios trabalhando como aprendizes, segundo o costume entre os colonos e, orientados pelo pai Josef Zipperer, percorreram várias cidades em busca de aperfeiçoamento. O pai foi tomado como exemplo pois, segundo Martin Zipperer,

---

[44] Martin Zipperer, "Dados sobre a formação e desenvolvimento da Móveis Cimo S. A., de suas três fábricas – uma situada em Rio Negrinho; outra em Joinville, ambas no Estado de Santa Catarina, e a terceira em Curitiba, no Estado do Paraná", 1955, p. 5. Esse histórico foi oferecido a d. Josef Wendel, cardeal arcebispo de Munique, por ocasião de sua passagem por Joinville, por volta de 1955. Esse relato foi encontrado num álbum, pertencente à neta de Martin Zipperer, Maria Lina Keil, acompanhado de fotos da empresa que o ilustram.

> [...] o pai, Josef Zipperer, teve também por obrigação à sua fé ao ofício de tanoeiro, viajar para aperfeiçoar-se em seus conhecimentos da arte, chegando nessas viagens até Viena, nos anos de 1860-1871, e achava este também que, no Brasil, um marceneiro, para seu aperfeiçoamento, teria de visitar outras oficinas em diversas cidades, ampliando seus conhecimentos. (Zipperer, 1955, p. 2)

Jorge Zipperer, por sua vez, conta que

> [...] ao completar 13 anos de idade, achou o pai que o filho devia se integrar melhor na língua e costumes do nosso país, colocando-o como caixeiro – já com o conhecimento de letras que havia aprendido – na casa comercial de Pedro da Silva no Alto Rio Preto, onde devia, em convivência com brasileiros natos e sem ligação com imigrantes, aprender a língua do país e seus costumes, o que em São Bento, em convívio com os imigrantes, não poderia fazer. Esta casa comercial estava situada naquela época em zona de terra ainda infestada por índios e bugres. (Zipperer, s/d., p. 1)

Ali, Jorge Zipperer trabalhou durante três anos como escriturário das compras e vendas do estabelecimento. Completando seu aprendizado, empregou-se na casa comercial de Cândido José Munhoz em Campo Alegre. Em 1896, com 16 anos, foi escolhido para dar aulas em uma escola particular na estrada dos Banhados, em São Bento. Considerando que Jorge já havia acumulado a experiência necessária na região onde viviam, seu pai entendeu que o filho deveria ampliar seus conhecimentos, viajando para outras localidades do país. Foi quando, em 1898, Jorge foi para o Rio de Janeiro, trabalhando em Petrópolis como empregado do comerciante José de Almeida. Como não se adaptou, regressou e resolveu trabalhar na serralheria do juiz de paz Henrique Moller, que logo percebeu que as qualidades e o nível de instrução do rapaz estavam sendo desperdiçados no serviço braçal. Desse modo, em novembro do mesmo ano, o juiz conseguiu que Jorge fosse nomeado escrivão daquele juizado em São Bento. No ano seguinte, 1899, Jorge recebeu nova nomeação como escrivão da categoria estadual em São Bento, tendo anexado também o cargo de escrivão da categoria federal.

Em 1908, Jorge Zipperer demitiu-se do cargo estadual, continuando apenas na coletoria federal até setembro de 1919, quando pediu demissão para se dedicar apenas aos interesses da Jung & Cia., firma que ele abrira em 1912 em sociedade com seu amigo de infância, Willy Yung, nascido na Saxônia, Alemanha. Esse estabelecimento, na vila de São Bento, explorava o comércio a varejo de secos e molhados, fazendas, armarinhos e ferragens. Em 1913, a firma construiu uma serraria a vapor e uma fábrica de caixas em um terreno adquirido em Salto, próximo a Rio Negrinho, local onde teve início a fábrica de móveis (Zipperer, s/d., p. 2).

Jorge Zipperer teve, portanto, sua formação na área do comércio e contabilidade. Assim como a maioria dos colonos alemães, exercia atividades intelectuais, didáticas, políticas e artísticas em períodos suplementares aos trabalhos braçais, na lida do cotidiano, principalmente nos primeiros anos de sua vida profissional, e, para a sobrevivência, exercia atividades burocráticas e comerciais. Seu diário, escrito nos anos de 1896-1897 e nos dois primeiros meses de 1898, mostra o grande interesse que tinha pela escrita e leitura, esta última numa constância quase que diária. Participou, segundo conta em sua biografia, de entidades sociais e beneficentes de São Bento. Militou no Partido Republicano, mantendo correspondência assídua com seus dirigentes, o que lhe rendeu prestígio entre políticos. Organizou em 1907 uma banda de música chamada Banda Treml, participou das orquestras da Sociedade Harmonia e da Sociedade Musical Euterp.

O espírito comunicativo, o engajamento político, social e cultural e sua visão de mundo mais abrangente diferenciavam-no da maioria dos colonos de sua época. A formação que recebeu da família, em especial de seu pai, suas atividades profissionais como funcionário público e na área comercial, o exercício intelectual, somados às atividades braçais, conferiram a Jorge Zipperer qualidades e habilitações, decorrentes de suas atividades como acima mencionadas, que reverteriam mais tarde em benefício da Móveis Cimo S.A.

Por sua vez, seu irmão, Martin Zipperer, aprendeu o ofício de marceneiro na oficina de Francisco Linke, em São Bento do Sul (na época, apenas São Bento) entre 1903 e 1906, viajando após a sua formação, como orientava seu pai, entre 1907 e 1910, para Joinville, Curitiba e, finalmente, para São Paulo, onde permaneceu por onze anos entre 1910 e 1921. Segundo Martin, "São Paulo, naqueles anos, com 300.000 habitantes, era já o grande centro da indústria do mobiliário no Brasil. A grande riqueza que o café acumulou permitiu a muitos construir boas residências e mobiliá-las com gosto e luxo" (Zipperer, 1955, p. 3). Durante esses anos, em São Paulo, segundo Jorge Zipperer (s/d., p. 5), Martin trabalhou no ofício de marceneiro em mais de uma firma, ocupando uma posição de relevo numa importante fábrica, a Blumenschein & Cia. Segundo o próprio Martin Zipperer, ele dirigiu "uma das maiores fábricas de móveis de São Paulo, a Residência, fábrica na época com 150 operários, marceneiros, entalhadores e estofadores" (Zipperer, 1955, p. 4).

Quando procurado por seu irmão, Martin já possuía uma oficina própria. De acordo com artigo da revista *Moveleiro* (1991), Martin teria vindo a São Paulo no intuito de estudar no Liceu de Artes e Ofícios; no entanto, essa informação não pôde ser confirmada, visto que as pessoas entrevistadas para esta pesquisa desconheciam o fato, e os arquivos referentes aos alunos do Liceu foram destruídos por uma enchente ocorrida na década de 1950. Max Josef Reuss Strenzel,[45] um dos entrevistados para esta pesquisa, informa que ele nunca estudou no Liceu, mas, segundo o próprio Martin, durante um certo tempo foi instrutor de marcenaria ali.

Nas figuras dos dois fundadores, Jorge e Martin Zipperer, é que se encontra o mérito da implantação e da viabilização de uma empresa, que constitui um exemplo para o processo do planejamento da produção seriada do mobiliário no Brasil. Nas primeiras décadas do século XX, quando esta era ainda uma empresa familiar e sob a liderança dos irmãos Zipperer, é que foram definidas as metas e a identidade da empresa, ficando seus produtos conhecidos nos mais diferentes estados do Brasil e no exterior, em especial na América Latina, com a criação de novos nichos de mercado urbano.

A TRAJETÓRIA DA EMPRESA ENTRE OS ANOS DE 1919 E 1939

A Móveis Cimo S.A. teve sua razão social por mais de uma vez modificada. Começa como "cia. ltda." e, em 1925, torna-se uma empresa familiar, transformando-se em "sociedade

---

[45] Max Josef Reuss Strenzel, ex-funcionário da empresa. Entrevista concedida à autora em 1998 e 1999.

anônima", em 1939. Em 1913, na firma Jung & Cia., tem início a serraria e fábrica de caixas de propriedade de Jorge Zipperer e Willy Yung. Com o falecimento de Willy Yung em 1919, Jorge associa-se nesse mesmo ano a André Ehrl, mudando a razão social para A. Ehrl & Cia. Em 1924, André Ehrl retira-se da sociedade, e Jorge se associa a Nicolau Jacob, serrador da firma na serraria de Salto, passando a empresa a se denominar N. Jacob & Cia. A nova sociedade, porém, não deu certo e teve curta duração. No ano seguinte, 1925, Nicolau Jacob retira-se, e Jorge Zipperer associa-se aos irmãos Martin e Carlos Zipperer e aos genros Francisco Malinowsky e Carlos Weber, mudando a razão social para Jorge Zipperer & Cia., passando a firma a pertencer à família Zipperer. Segundo relato de Martin Zipperer datado de 1955, Jorge Zipperer, já idoso, retira-se em 1939 da direção e é substituído por Martin Zipperer e Carlos Weber, e a firma se torna uma sociedade anônima com a razão social Cia. M. Zipperer – Móveis Rio Negrinho – Sociedade Anônima. Em 1944, a Cia. M. Zipperer – Móveis Rio Negrinho – junta-se às fábricas: Maida Irmãos, de Curitiba, Paulo Leopoldo Reu, de Joinville, Shauz & Buchmann, de Rio Negrinho, P. Kastrup & Cia., firma vendedora do Rio de Janeiro e Raimundo Egg, de Curitiba, também firma vendedora, e a razão social muda para Cia. Industrial de Móveis – Móveis Cimo S.A.; em 1954, a razão social muda para Móveis Cimo S.A., como ficou nacionalmente conhecida.

A alteração da razão social da empresa em decorrência da mudança de sócios repercute na organização empresarial, nos quadros dirigentes e nas finanças da empresa, mas não nas definições das metas mercadológicas, no desenvolvimento dos produtos e no processo produtivo. Só quando se associam a outros empresários e criam a Cia. Industrial de Móveis – Móveis Cimo S.A., essas metas são abaladas, como será visto mais adiante.

São relevantes para a compreensão dessas diferentes fases relacionadas às mudanças das razões sociais os dados históricos narrados por Jorge Zipperer até o ano de 1932 e os narrados por Martin Zipperer em 1921 e 1955, já citados.

A análise a seguir procura sintetizar o que representou para a empresa cada uma das razões sociais e alguns aspectos decorrentes dessas mudanças.

A Jung & Cia. e a A. Ehrl & Cia. entre os anos de 1913 e 1924 representaram os primeiros investimentos que deram impulso à empresa e ao desenvolvimento da cidade de Rio Negrinho. Delinearam-se os primeiros passos com relação ao desenvolvimento do produto, à matéria-prima e principalmente às metas mercadológicas. Na mudança para N. Jacob & Cia., a empresa crescia em investimentos e vendas: além de São Paulo e Rio de Janeiro, começam as primeiras vendas em Porto Alegre. Por problemas de relacionamento entre Nicolau Jacob e empregados, é desfeita a sociedade, que durou aproximadamente um ano. A nova razão social Jorge Zipperer & Cia., agora empresa familiar, é constituída pelos irmãos Jorge, Martin e Carlos Zipperer e os genros de Jorge, Francisco Malinowsky e Carlos Weber. Essas contínuas mudanças trouxeram dificuldades à empresa, contudo seu crescimento não foi prejudicado, com Martin à frente da fábrica e Jorge nos negócios e nas finanças.

Os anos de 1925 a 1939 foram os anos mais significativos da empresa: verifica-se o constante crescimento das vendas da fábrica de móveis e de caixas, com representantes em vários estados, o que repercute no aumento da produção e no aperfeiçoamento dos produtos, com a demanda de vários investimentos em tecnologia de ponta para a época. Do mesmo modo, houve também um aumento do número de operários, sendo necessário investir na construção de casas residenciais e consequentemente na urbanização em torno da fábrica, bem como na aquisição de matas próprias e de árvores para consumo e reserva de matéria-prima.

Com metas claras, superaram constantes crises e, ao completar quase duas décadas, a Jorge Zipperer & Cia. confirmou os desígnios do início, que apontavam para a modernização de seus produtos, segundo os requisitos da produção em grande escala, a otimização no uso da matéria-prima e a conquista do mercado nacional em acelerado crescimento. Os produtos desenvolvidos até então alimentaram a produção dos períodos posteriores, mais especificamente até a década de 1960. As mudanças ocorridas na Cia. Industrial de Móveis – Móveis Cimo S.A. vão repercutir gradativamente na definição de metas e consequentemente no desenvolvimento dos produtos, mas não se tratava de uma ruptura. As diferentes razões sociais entendidas como partes de um processo de desenvolvimento vão compor a Móveis Cimo S.A., como ficou conhecida.

INDÚSTRIAS REUNIDAS DE MADEIRAS A. EHRL & CIA. (1919-1924)

A empresa A. Ehrl & Cia., com serraria e fábrica de caixas, era pioneira na região no beneficiamento de madeira para fins industriais e de comercialização. Com a fábrica de móveis, veio a representar, também nessa localidade, a passagem de uma produção artesanal de manufatura doméstica, que caracterizava a produção de móveis nesse período, para uma produção mecanizada e em escala. Enquanto as marcenarias da região produziam artesanalmente e por encomenda, Martin Zipperer estudava a possibilidade de, aproveitando as aparas de madeira, produzir cadeiras para serem comercializadas em São Paulo.

Contudo, os modelos e métodos então utilizados na fabricação de móveis não se adequavam às metas a que se propunham, pois, para viabilizar a comercialização de cadeiras em São Paulo, seria necessário que estas fossem desmontadas e embaladas em razão do transporte e do volume das mercadorias. Essas dificuldades propiciaram a oportunidade de inovar tanto nas técnicas construtivas como no modo de produção.

Segundo Martin Zipperer, em *Reminiscências do ano de 1921*,[46] "A Cia. Streif fabricava cadeiras em peças torneadas e vendia-as montadas [...]. Iniciei experiências e fiz cadeiras à moda Streif com contrafortes entre os pés. Mas isso não satisfez" (Zipperer, 1971, p. 2). Martin Zipperer explica que as técnicas construtivas comumente usadas na fabricação de cadeiras não se adequavam à exigência do produto desmontável; conta que, ao fazer vários estudos, soube, por meio de um marceneiro iugoslavo que trabalhara em sua terra numa fábrica de cadeiras de madeira vergada, do sistema de fazer as amarrações dos pés por meio de arcos, sistema utilizado na fabricação das cadeiras austríacas. Segundo os ensinamentos desse marceneiro,

> [...] as ripas deveriam ser amolecidas em água ou vapor e depois, dentro de uma armação de fita de aço, vergadas por cima do mo-

---

[46] Martin Zipperer relata, em *Reminiscências do ano de 1921*, o início da fabricação de cadeiras, os primeiros passos para a definição do conceito a ser adotado posteriormente nos diferentes modelos de cadeiras e sua mudança de São Paulo para Rio Negrinho. O texto foi escrito em 1971, um ano antes de seu falecimento.

delo. Imediatamente mandei fazer uma bacia de folha de flandres, no comprimento das ripas, e, em cima de um fogão de cola, cozinhamos as ripas e não demorou e o primeiro arco estava vergado, mesmo com esforço manual. Estava resolvido o problema, que seria o futuro de uma fábrica de cadeiras em Rio Negrinho. (Zipperer, 1971, p. 2)

A partir dessas duas premissas iniciais – o aproveitamento das aparas da imbuia, madeira de excelente qualidade para fabricação de móveis e de sua comercialização em São Paulo e posteriormente em outros centros urbanos –, as cadeiras deveriam ser desmontáveis, viabilizando o transporte, ainda bastante precário na época. Seguem-se outras premissas, algumas das quais descritas na apresentação do primeiro catálogo da empresa Indústrias Reunidas de Madeiras A. Ehrl & Cia., produzido entre os anos de 1921 e 1923: *a)* com relação ao produto: resistência, durabilidade, beleza e conforto, qualidades essas que deveriam ser somadas a soluções técnicas construtivas que visassem a métodos apropriados à produção seriada; *b)* com relação à produção: padronização, racionalização e economia no modo de produção, em razão do custo de fabricação do produto e da escala de produção; *c)* com relação ao consumidor: garantir a qualidade dos produtos e informar o cliente das propriedades destes, sem usar recursos ilusórios para fins de comercialização, o que fica bastante evidente nos catálogos da empresa. Na sequência, destaca-se a transcrição de partes do texto de apresentação desse catálogo, conforme figura 1, intercaladas com comentários, com o intuito de se enfatizarem as premissas da empresa, no início da fabricação de cadeiras e, consequentemente, de se reforçarem os seus desígnios.

Aos nossos distinctos freguezes offerecemos este catalogo com as primeiras series de cadeiras, mobílias e poltronas para cinema.

As nossas cadeiras são fabricadas exclusivamente em madeira Embuya; os arcos, vergados de uma só peça, dão às nossas cadeiras a mesma firmeza que teem as chamadas "Vienenses", offerecendo assim firmeza e durabilidade em conjuncto com a elegância de cadeiras feitas à mão. (Catálogo das Indústrias Reunidas de Madeiras A. Ehrl & Cia. Arquivo Museu Municipal Carlos Lampe. Rio Negrinho-SC)

Figura 1. Texto de apresentação do Catálogo das Indústrias Reunidas de Madeiras A. Ehrl & Cia. Arquivo Museu Municipal Carlos Lampe. Rio Negrinho-SC.

Ao oferecer o produto ao consumidor, por meio do catálogo, a empresa informa ser este fabricado em série e esclarece sobre o material utilizado, a técnica construtiva empregada e sua procedência, como garantia da qualidade do produto, pois as cadeiras chamadas "vienenses" deveriam ser, para o mercado, sinônimo de qualidade, da mesma forma que as cadeiras feitas à mão eram sinônimo de beleza. Tais atributos conferem ao produto seriado o mesmo patamar de qualidade e de beleza do produto produzido artesanalmente.

O uso de catálogo como instrumento de venda só ocorrerá a partir da industrialização e da venda por meio de representantes e lojas; anteriormente os móveis eram feitos por encomenda, e o pedido era feito diretamente com o dono da marcenaria, que em geral era quem produzia.

> Fornecemos as cadeiras com assentos empalhados, prensados (chapas de madeira perfurada) ou moduladas em madeira maciça. Fabricamos em cor natural, clara e escura, nogueirado e mohogono (acaju). Para pedidos, basta mencionar o número, cor das cadeiras e qualidade do assento. (*Ibidem*)

Ao numerar os modelos, especificar os tipos de assentos como "empalhados ou prensados", indicar as cores de seus produtos como "madeira clara e escura" e as tingidas "nogueirado e mohogono (acaju)", padronizam seus produtos, importante requisito para a produção seriada, e sinalizam a ruptura com os processos artesanais e a venda por encomenda rumo à industrialização. Esse catálogo oferece aos clientes as variantes de um modelo e também orienta a compra dos produtos:

> As cadeiras são acondicionadas em caixas de uma duzia, que deslocam 0,20 m^3 a 0,25 m^3, pesando 65 kg a 100 kg conforme o typo.

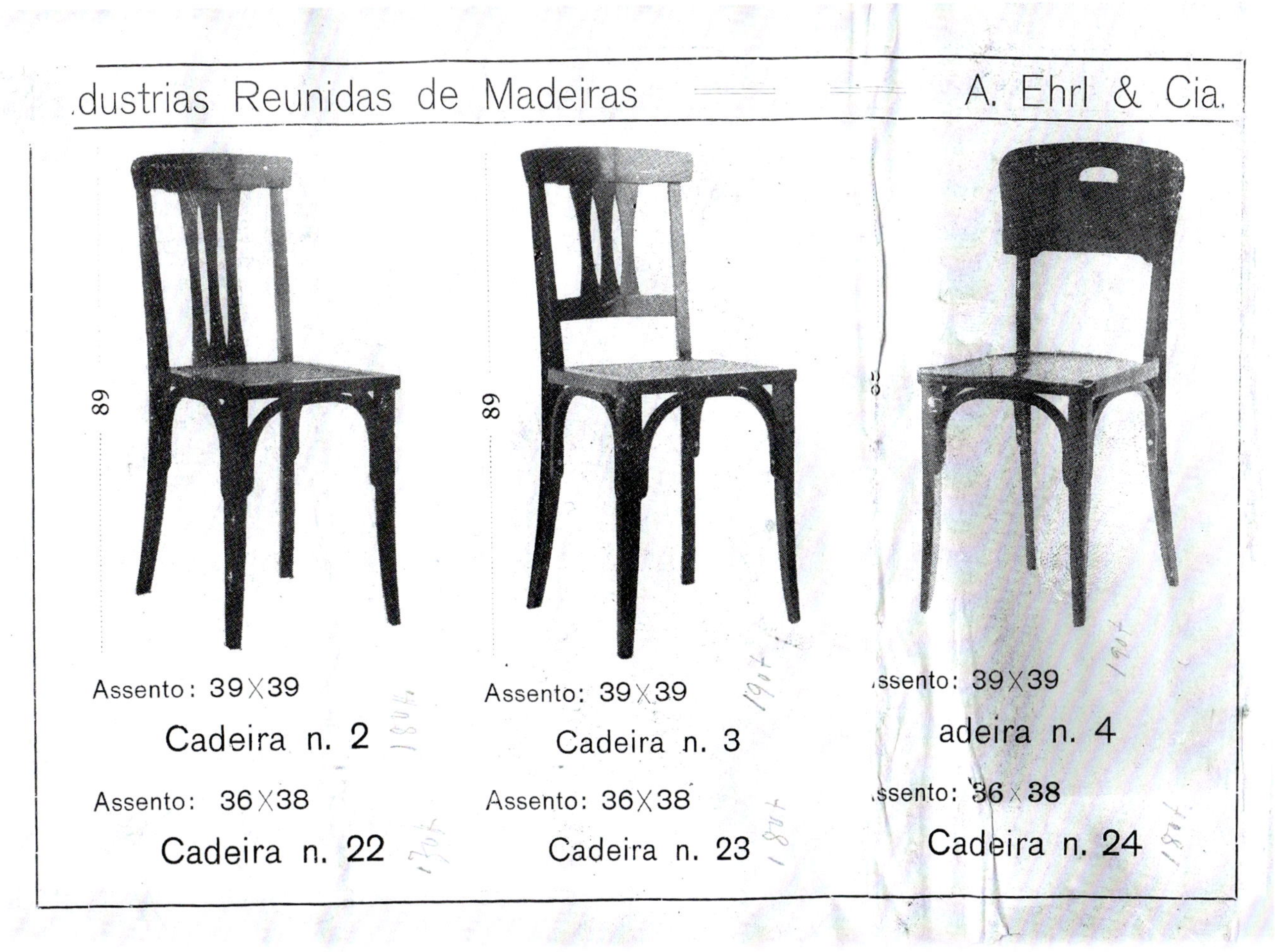

Indústrias Reunidas de Madeiras — A. Ehrl & Cia.

Assento: 39×39
Cadeira n. 2
Assento: 36×38
Cadeira n. 22

Assento: 39×39
Cadeira n. 3
Assento: 36×38
Cadeira n. 23

Assento: 39×39
Cadeira n. 4
Assento: 36×38
Cadeira n. 24

Poltronas para Cinema: fornecemos em bancos de 5 e 6 assentos, com assentos vergados a vapor, modulados e empalhados. A madeira empregada também é a Embuya, sendo as cores as mesmas que mencionamos em cima. (*Ibidem*)

Figura 2. Três modelos de cadeiras: cadeira nº 2, cadeira nº 3 e cadeira nº 4, do catálogo das Indústrias Reunidas de Madeiras A. Ehrl & Cia.. Recebem também a numeração nº 22, nº 23 e nº 24, respectivamente, devido a diferentes tamanhos de assentos. Acervo Museu Municipal Carlos Lampe. Rio Negrinho-SC.

O catálogo informa a quantidade de cadeiras por embalagem, o que indica ser um produto seriado, e especifica o volume e o peso da mercadoria, com o objetivo de programar o transporte. As mesmas especificações são atribuídas às cadeiras de cinema; isso mostra a racionalização dos processos de produção, ou seja, peças ou processos comuns a diferentes modelos.

> Sendo nosso intuito de bem servir a distincta freguezia, é possível que os modelos deste catálogo apresentem pequenas differenças cujas modificações, porém só representarão melhor aperfeiçoamento. A. Ehrl & Cia. (*Ibidem*)

O comentário reforça o respeito e o compromisso da empresa para com o cliente e seu empenho com relação à melhoria dos produtos. Ainda em nota de rodapé, o catálogo informa: "Nossos móveis foram premiados na Exposição Internacional do Centenário com duas medalhas de ouro" (*ibidem*).

Em 1921 foi iniciada a fabricação de cadeiras e, segundo a citação de Jorge Zipperer, ainda nesse ano receberam o primeiro pedido de vulto:

> Em dezembro, recebemos o primeiro pedido de vulto: a instalação do Cine Seleta em Santos, fornecendo nós,- as poltronas de imbuia que fizemos, digo, fizeram sucesso graças a sua estabilidade, acabamento e elegância e o proprietário ficou satisfeitíssimo e grato e pagou os títulos com pontualidade. (Zipperer, s/d., p. 6)

Em 1922 a indústria participou da Exposição do Centenário da Independência do Brasil e recebeu medalha de ouro – Classes 13 e 14, com cadeiras para cinema, e Classe 64, com móveis, junto com Arthur Pfutzenreuter (Mafra, 1993).[47]

No ano seguinte, participou da Exposição do Cinquentenário da Fundação da Colônia de São Bento (1873-1923), com

---

[47] Na Exposição do Centenário da Independência, São Bento concorreu com produtos de diferentes naturezas e, segundo Mafra, foi agraciada com inúmeras condecorações, o que confirma estar a economia da região alicerçada na produção de bens de consumo. O autor não menciona os critérios para distribuição dos prêmios em classes.

sortimentos de cadeiras de imbuia, bengalas, tábuas de pinho para caixas e madeira vergada, e recebeu diploma de 1ª classe.

A produção em escala, uma das principais metas da empresa, vinha ao encontro da demanda dos centros urbanos mais desenvolvidos, São Paulo e Rio de Janeiro, onde se intensificava o processo de industrialização do país. A indústria nacional expandia-se com a queda das importações de produtos manufaturados após a Primeira Guerra Mundial, voltando-se para a aquisição de equipamentos e matéria-prima para a indústria.

Os grandes mercados consumidores brasileiros no período, São Paulo e Rio de Janeiro, ampliavam-se devido ao aumento demográfico, às mudanças sociais e culturais desencadeadas pelo desenvolvimento científico e tecnológico e, principalmente, pelo fluxo de capital próprio de uma economia de mercado. Esses aspectos repercutiram na produção do mobiliário, direcionado ao consumo desses principais centros urbanos. A industrialização do setor foi impulsionada quando a importação não mais conseguia abastecer o mercado interno, e a produção artesanal, pelas mesmas razões, tornava-se inviável, justificando assim a necessidade do produto industrial.

Ao longo de décadas, em seu processo de desenvolvimento, a A. Ehrl & Cia. e suas sucessoras foram aperfeiçoando seus produtos e introduzindo os instrumentos necessários para a industrialização em virtude de suas metas, especialmente com relação à inovação tecnológica. Os móveis produzidos em cada um de seus períodos acompanhavam a modernização das cidades, oferecendo produtos que pudessem dar suporte ao desempenho de novos serviços e equipar espaços criados para atender aos mais diversos setores, entre outros, as instalações comerciais, institucionais e de serviços públicos ou privados.

PRODUTO, TECNOLOGIA E PROCESSOS DE PRODUÇÃO: ANOS 1920

A fábrica de cadeiras foi instalada junto à fábrica de caixas, no terreno adquirido em 1918 junto à estrada de ferro. As atividades tiveram início em outubro de 1921, com as poucas máquinas que haviam sido compradas em São Paulo: "tupia, furadeira, serra circular e mais serra de fita sem pé, a parafusar em uma coluna de madeira, uma plainadeira com duas tupias" (Zipperer, 1971, p. 2). Entre os doze operários da empresa, segundo Jorge Zipperer, sete eram artistas-marceneiros, como se costumava denominá-los, e vieram com Martin Zipperer de São Paulo.

O crescimento das vendas a partir de 1923 forçava a empresa a ampliar as instalações e o número de operários. Só no ano de 1924 foi possível atender a essa necessidade por meio da construção de um novo edifício só para a fábrica de cadeiras. "Seu prédio próprio, já então bastante espaçoso – de dois andares –, e aí todo o progresso de produção, tomava feição de fábrica, com produção em maior escala e organização mais produtiva" (Zipperer, 1955, p. 7). Nesse ano, também o maquinário fora ampliado, com a instalação de um locomóvel "Wolf" de 52 PS[48] e um superaquecedor de tubos Mannesrrohr, construído pela firma Schmalz Irmãos, em Joinville, em razão de o locomóvel não atingir a força indicada.

Nessa primeira fase, a tecnologia industrial era incipiente, o que dificultava a produção em escala, dada a falta de precisão dos equipamentos e dos poucos recursos que estes ofereciam.

---

[48] PS é uma unidade de potência equivalente a CV e que não é mais utilizada oficialmente, pois foi substituída pelo KW, porém ainda utilizada na prática na Alemanha, quando relacionada a motores.

Essa defasagem era suprida pelo trabalho manual do marceneiro, estágio esse de produção que, por muito tempo, caracterizou a fabricação do mobiliário no Brasil.

Enquanto Jorge Zipperer ocupava-se das questões financeiras, comerciais e administrativas da empresa, Martin Zipperer era responsável pela produção e, consequentemente, pelo desenvolvimento dos produtos. O primeiro desafio consistia em encontrar soluções formais e técnicas que correspondessem às metas determinadas pela empresa, fosse dentro dos limites tecnológicos, fosse daqueles impostos pelo material empregado: aproveitamento das aparas de imbuia, desmontagem para o transporte, padronização, racionalização do processo produtivo para a produção seriada e, ao mesmo tempo, produção de móveis resistentes, confortáveis e belos com preços competitivos, procedimentos esses não usuais na época.

Não eram, portanto, apenas as pesquisas formais que mobilizavam Martin e, provavelmente, seus funcionários, no desenvolvimento dos produtos; o desafio estava em encontrar soluções para o produto a partir das premissas propostas e, assim, o desenho das peças do mobiliário era resultado desse conjunto.

Em vista disso, Martin desenvolveu cadeiras e outros produtos mais simples com preços mais baixos, sem, no entanto, prejudicar a qualidade, e outros produtos mais trabalhados, tentando assim atingir um público diversificado. A passagem do móvel tradicional para o moderno, com soluções mais simplificadas, inovadoras e apropriadas às novas demandas do mercado e às novas formas de produção, no entanto, foi gradativa, chegando inclusive a recuar em alguns períodos, em razão dos apelos mercadológicos.

As cadeiras nº 2 (figura 3) e nº 4 (figura 4), arroladas no catálogo mencionado (figura 2), são exemplos das primeiras soluções que vieram, em parte, superar limites das técnicas construtivas artesanais, sem prejudicar o conforto, a resistência e a beleza, atributos sintetizados na simplicidade e na

Figura 3. Cadeira nº 2. Acervo Museu Municipal Carlos Lampe. Rio Negrinho-SC. Acervo Foto Weick.

Figura 4. Cadeira nº 24. Do catálogo A. Ehrl & Cia. Acervo Museu Municipal Carlos Lampe. Rio Negrinho-SC.

Figura 5. Cadeira nº 2 desmontada. Acervo Museu Municipal Carlos Lampe. Fotografia: M. Angélica Santi.

coerência formal desses produtos, em que todos os elementos que compõem a estrutura se apresentam sem disfarce. A cadeira nº 2 segue os modelos comumente usados; no entanto, seu sistema construtivo introduz inovações para a época.

A cadeira nº 2, assinada por Jorge Zipperer, foi construída em madeira maciça com peças de dimensões apropriadas ao aproveitamento das aparas, sobra da fábrica de caixas.

Fabricada com seis componentes, num total de doze peças que compreendem assento de chapa perfurada, estruturado por quadro de madeira maciça; encosto composto de uma travessa horizontal e três verticais mais estreitas; dois pés dianteiros e dois traseiros; três arcos vergados (figura 5). As fixações das peças são feitas por encaixe sem cola e por parafusos, num total de quinze, dois maiores com porcas e os outros menores.

Figura 6. Detalhes do assento da cadeira nº 2 que mostra o orifício onde é encaixada a espiga do pé frontal e a assinatura de Jorge Zipperer. Acervo Municipal Carlos Lampe. Fotografia: M. Angélica Santi.

O sistema construtivo pode ser descrito da seguinte forma:

1) Os pés dianteiros são encaixados no assento, por espiga, sem cola, o que é possível devido ao fato de as ligações serem feitas pelos arcos que são aparafusados nos pés dianteiros, traseiros e assento, conforme mostra a figura 3.

2) A figura 7 mostra os pés traseiros encaixados na travessa horizontal do encosto (figura 7a) e encaixados e aparafusados no assento (figura 7b).

3) Na figura 7, as travessas verticais do encosto são encaixadas e aparafusadas no assento e encaixadas na travessa horizontal do encosto, a qual, como mostra a figura 8, possui uma ranhura central para receber as travessas verticais e duas cavidades nas extremidades no formato de malhete, onde são encaixados os pés traseiros; a opção pelo uso desse encaixe nessa ligação dispensa o uso de parafuso.

4) O assento, composto de quadro de madeira maciça e de chapa de madeira perfurada, uma das opções oferecidas no catálogo, constitui o elemento de ligação comum a todas as peças, com exceção da travessa superior do encosto.

As fixações das peças, com exceção dos arcos, além de aparafusadas, são encaixadas sem o uso de cola, o que permite a "desmontabilidade" e simplifica os métodos de produção. Esse procedimento garante maior estabilidade e durabilidade ao produto, apesar de menos econômico, por ser de fabricação mais trabalhosa devido a um maior número de operações e por demandar um tempo maior para a fabricação.

Figura 8. Travessa superior do encosto. Acervo Museu Municipal Carlos Lampe. Fotografia: M. Angélica Santi.

Figuras 7, 7a, 7b. Vista traseira da cadeira nº 2 e detalhes da fixação do pé traseiro. Acervo Museu Municipal Carlos Lampe. Fotografia: Foto Weick.

Devido ao compromisso com a qualidade, ao mesmo tempo em que os fabricantes evoluem para soluções apropriadas ao produto industrializado, recorrem a outras herdadas do conhecimento tradicional, provavelmente devido ao estágio tecnológico da produção e à confiança com relação aos novos procedimentos de aplicação ainda muito recentes, como o uso de parafusos como sistema de ligação.

Destacam-se, portanto, na cadeira nº 2, dois requisitos fundamentais ao produto industrial, ou seja, a padronização na utilização dos arcos vergados, que será uma constante nos diferentes feitios de cadeiras, e a substituição das ligações de encaixes colados por parafusos, o que possibilita a "desmontabilidade".

O dimensionamento das peças, além de propiciar o aproveitamento das aparas de madeira da fábrica de caixas, facilitava também, com o aumento do consumo, a compra de madeira, pois as largas são mais difíceis de serem encontradas no mercado, o que dificultaria a produção e encareceria o produto. A cadeira nº 4 é um modelo incomum para a época, pois não segue os padrões de construção tradicional; assento e encosto utilizam madeiras maciças largas de formato anatômico, melhorando, com relação à anterior, o conforto da peça: o assento propicia apoios laterais às pernas, e o encosto curvo acomoda as omoplatas. É na simplificação do desenho e nos métodos de produção que residem os requisitos necessários para a produção seriada em escala industrial: o menor número de componentes e peças, soluções que prescindem das técnicas do repertório tradicional no trabalho com a madeira e, em decorrência disso, redução do número de operações facilitam os procedimentos na fabricação. Em contrapartida, se considerado o estágio tecnológico da fábrica, os recursos utilizados na execução do assento e do encosto são ainda artesanais, pois dependem de procedimentos manuais na fabricação das superfícies curvas, o que prejudica a escala de produção. Outra vantagem desse modelo de cadeira é a facilidade de montagem devido à simplificação do sistema construtivo e de um menor número de peças. Como na cadeira nº 2, as ligações são feitas igualmente com parafuso; a mesma solução é dada aos pés e às amarrações em arcos vergados.

Esse modelo traz dificuldades com relação à largura das madeiras do assento e do encosto; nesse aspecto, o modelo é pouco econômico e mais difícil de ser trabalhado, em razão dos defeitos que a madeira maciça apresenta, acarretando perdas e dificultando a produção. Outro fator prejudicial para a fabricação dessas peças é o fornecimento da matéria-prima, que com o aumento das vendas ficou mais escassa. Essa cadeira apresentou, no início, dificuldades de aceitação pelo mercado, já que a preferência ainda eram os modelos mais tradicionais.

Jorge e Martin apostaram nesse modelo e perceberam, nas suas qualidades, um potencial para a produção em grande escala. Trabalharam sua aceitação pelo mercado da época e a superação das dificuldades iniciais relativas aos processos de fabricação e ao uso da matéria-prima, como veremos mais adiante.

Nas poltronas para cinema, permaneciam as mesmas exigências de padronização e fabricação em série.

As cadeiras nº 2 e nº 4 fizeram parte da exposição do Cinquentenário da Fundação da Colônia de São Bento, em 1923.

INDÚSTRIAS REUNIDAS DE MADEIRAS JORGE ZIPPERER & CIA. (1925-1939)

Quando a direção da empresa passa para a família Zipperer com o nome de Indústrias Reunidas de Madeiras Jorge Zipperer & Cia., a empresa não altera suas metas; ao contrário, é quando estas se consolidam, a exemplo da sua produção nesse período.

Parte do texto do catálogo das Indústrias Reunidas de Madeiras Jorge Zipperer & Cia. transcrita a seguir evidencia avanços com relação ao desenvolvimento de novos produtos, à expansão do mercado para vários estados, o que fica claro no *slogan* do catálogo "servir bem por preços módicos para vender muito" e aponta para a modernidade do produto:

> Anexamos em 1921 aos nossos estabelecimentos industriais a nossa fábrica de cadeiras, poltronas, móveis escolares e para escriptorios confeccionados exclusivamente de imbuia vergada a vapor. Desde o início era nossa divisa: fabricar produtos de maior solidez e durabilidade, excelente acabamento, comodidade e preços módicos. Os nossos esforços foram coroados de êxitos em poucos annos, os nossos móveis tornaram-se conhecidos e adquiriram renome e mercado em todos os estados do país. Ampliamos a fábrica instalando machinismos modernos aperfeiçoando os nossos typos de móveis. Commemorando o primeiro decenio da produção de nossa fábrica e estimulados por nossa distinta clientela, resolvemos dedicar aos nossos honrados freguezes esta edição de nosso catálogo [...] com nossos modernos modelos. Podemos assegurar aos nossos distinctos freguezes e clientes que também no futuro continuaremos a aplicar a nossa norma de sempre: "servir bem por preços módicos para vender muito". (Catálogo, Indústrias Reunidas de Madeiras Jorge Zipperer & Cia. Arquivo Museu Municipal Carlos Lampe, Rio Negrinho-SC)

A qualidade e produtividade eram os objetivos persegui-dos por Jorge e Martin Zipperer. "Martin trabalhou incessan-temente, estudando novos tipos de móveis, melhorando os já criados, barateando a confecção" (Zipperer, s/d., p. 8). Estabe-lecia contatos com a Alemanha para se atualizar com relação aos equipamentos e tecnologias; além disso, importava revistas estrangeiras com o intuito de conhecer as novidades da produ-ção do setor moveleiro[49] e acompanhava a produção nacional por meio das relações comerciais que Jorge mantinha com os diferentes estados e em especial com a cidade de São Paulo, cujos contatos eram facilitados pelo fato de Martin ter residido e trabalhado ali como marceneiro durante onze anos.

As análises da evolução dos produtos da empresa revelam que sua concepção produtiva se realizava por meio de uma busca de contemporaneidade, aliada a uma constante atuali-zação tecnológica no uso de materiais e nos métodos de pro-dução, visando a resultados satisfatórios não apenas quanto ao produto em si, mas às suas possibilidades de seriação. A exemplo dos modelos existentes e da variedade colocados no mercado, verifica-se que provavelmente uma experiência se desdobrava em outras, desencadeando um processo contínuo e intenso de realizações.

O fato de Martin Zipperer ter utilizado o sistema dos ar-cos vergados como elemento de amarração dos pés, a exemplo das cadeiras do tipo "vienenses" produzidas por Michel Tho-net, não significa que seus produtos ficaram atrelados àquela

---

[49] Um desses exemplares de revistas estrangeiras encontra-se nos arquivos de Klus Schu-macher, imigrante alemão contemporâneo de Martin Zipperer, morador de Rio Ne-grinho. Vários depoimentos confirmam que Martin tinha uma grande quantidade de revistas importadas e que foram doadas após sua morte.

experiência; o uso dessa solução se limitou à sua natureza técnica. Martin, ao contrário, percorreu caminhos próprios em seu processo, com metas definidas nas duas primeiras décadas. O resultado da concepção e do desenvolvimento dos produtos e a aceitação maciça do mercado, principalmente de móveis institucionais, conferiu-lhe identidade nacional. Muitos produtos foram copiados por outros fabricantes que, no entanto, não souberam copiar seus métodos e tecnologia da produção.

O passo seguinte para o caminho da modernização foi o uso da tecnologia da madeira laminada, colada e prensada, para a fabricação de chapas de compensado e laminados moldados, fabricados pela empresa, evidenciando-se mais uma vez quanto seus desígnios estavam em sintonia com sua contemporaneidade. Isso fica expresso no texto do catálogo *Cadeiras poltronas carteiras Jorge Zipperer & Cia.*, figura 9, em que é feita a comparação entre o cimento armado e a madeira compensada:

> O que cimento armado representa na construção dos aranhas-ceos é hoje a MADEIRA COMPENSADA na confecção dos móveis modernos. Nas páginas seguintes apresentamos modelos fabricados em MADEIRA COMPENSADA que reunem linhas nobres, elegância, maximo conforto, comodidade e estabilidade e demonstram o extraordinário effeito da preciosa madeira de EMBUIA e que se consegue unicamente pela aplicação da madeira folhada. (*Cadeiras poltronas carteiras Jorge Zipperer & Cia.*, s/d.)

A comparação com os avanços da construção civil tem como objetivo conferir credibilidade à nova matéria-prima empregada na fabricação do mobiliário, confirmando e reforçando as suas qualidades iniciais de conforto, estabilidade e beleza.

Figura 9. Catálogo *Cadeiras poltronas carteiras*. Indústrias Reunidas de Madeiras Jorge Zipperer & Cia. editado na década de 1930. Acervo Museu Municipal Carlos Lampe. Rio Negrinho-SC.

A industrialização em grande escala da madeira compensada só ocorreria de maneira significativa na produção seriada do mobiliário no Brasil após a Segunda Guerra Mundial, com a instalação das indústrias paulistas Eucatex e Duratex.

A modernidade da Cimo projeta-se até os dias de hoje, especialmente na fabricação dos laminados moldados. Graças ao domínio desse conhecimento e dessa tecnologia, seus produtos causaram grande impacto no mercado da época.

Figura 10. Modelos de assentos e encostos. Catálogo, Indústrias Reunidas de Madeiras Jorge Zipperer & Cia. Acervo Museu Municipal Carlos Lampe, Rio Negrinho, SC.

O fato de a Cimo ter sido copiada foi positivo para a empresa, garantindo-lhe um lugar à frente de seus concorrentes, por serem os primeiros na região e, provavelmente no país, a utilizar na indústria a madeira laminada moldada. Em resposta a isso, produziram assentos e encostos para cadeiras e poltronas separadamente, para vender aos seus concorrentes, como mostra a figura 10. É muito recente no Brasil a indústria moveleira trabalhar com componentes.

PRODUTO, TECNOLOGIA E PROCESSOS DE PRODUÇÃO NOS ANOS 1930

O crescimento das vendas, decorrente da boa aceitação do produto no mercado, forçava o aumento da capacidade produtiva e do desenvolvimento de novos produtos; por sua vez, a utilização da madeira compensada vinha ao encontro dessas necessidades. Para isso, foi necessário investir em tecnologia para sua fabricação.

As cadeiras e poltronas para cinema e teatro, bem como outros tipos de móveis, exigiam madeiras largas e sem defeitos; a madeira maciça, matéria-prima utilizada na empresa, não se adequava a essas exigências, devido à dificuldade de se encontrar, no mercado, madeira larga na quantidade e qualidade desejadas e devido à demanda por processos artesanais de produção. A madeira compensada e laminada moldada, tecnologia empregada na fabricação do compensado, resolveu os entraves encontrados no uso da madeira maciça para os modelos que pediam madeira larga. O novo material permitia superfícies mais largas, mais estáveis e sem defeitos, resultando num maior desempenho em relação à qualidade do produto, ao aproveitamento da madeira e ao processo de fabricação menos artesanal, viabilizando a produção seriada em escala industrial.

Em 1929,

> para melhorar os produtos veio o estudo de fabricar-se compensado e com este moderno processo de produção não somente aumentou a produção mas também a qualidade. Madeira compensada naquele ano era novidade no Brasil, pois fábricas que a produzissem ainda não existiam (Zipperer, 1955, p. 8).

Para a fabricação de madeiras compensadas e caixas foi construída, segundo Jorge Zipperer (s/d., p. 9), num grande edifício de três partes, a Serraria Willy Jung. No ano anterior, para aumentar a força motriz da produção, foram compradas uma grande máquina a vapor de 450 PS e duas caldeiras de

250 PS. Esses investimentos elevam a capacidade produtiva da empresa, permitindo comportar os novos maquinários que foram adquiridos nesse mesmo ano de 1929 para a fabricação do compensado.

Ainda nesse ano, Martin Zipperer viajou para Hamburgo, na Alemanha, em companhia do senhor Walter Emmerich, funcionário da firma, com o objetivo de conhecer o processo de fabricação do compensado e adquirir o maquinário necessário para a instalação de uma fábrica em Rio Negrinho. Ambos foram recebidos na Aron Bauer & Co., de quem Martin era cliente desde 1924, e também visitaram muitos estabelecimentos do ramo em Hamburgo, Berlim, Leipzig, Chemnitz, Viena, Windischgasten e Krefeld. Após estudos, Martin adquiriu uma máquina descascadeira, com capacidade "para toras de 1,70 m de comprimento por 1, 20 m de diâmetro, servindo para beneficiamento de qualquer qualidade de madeira e para folhas de 0,5 mm até 8 mm de grossura" (Zipperer, s/d., p. 10). Posteriormente foi adquirida, também, uma máquina a vapor, e construíram-se oito tanques para evaporizar as toras a serem descascadas e uma estufa para secar madeira. Esses investimentos iniciais desdobraram-se em outros, num constante aperfeiçoamento; inclusive foram feitos posteriormente estudos para a construção de uma nova fábrica de alvenaria com 17.000 m², sendo que as anteriores eram de madeira.

A produção de móveis com madeira compensada e laminada moldada deu-se a partir de 1932, após a instalação do maquinário adquirido. A folha ou lâmina de madeira descascada e faqueada, segundo terminologia usada na Alemanha,[50] era

---

[50] No Brasil, é também usado o termo *torneado* no lugar do *descascado*.

destinada, a descascada, à fabricação de chapa de compensado e laminado moldado, e a faqueada é usada no laminado moldado e largamente no revestimento de chapa de compensado. O uso da nova matéria-prima introduzida na empresa melhorou muito a qualidade dos produtos e representou um grande avanço na fabricação seriada, com relação aos métodos de produção e técnicas construtivas mais simplificados, do qual decorre economia nos processos de fabricação e melhor aproveitamento na utilização da matéria-prima,[51] reduzindo seu consumo.

Jorge Zipperer, ao comentar os resultados satisfatórios e os benefícios dessa nova tecnologia afirma:

> Madeira compensada [...] de imbuia e cedro temos feito (*sic*) a maioria para o nosso próprio consumo, para as poltronas e outros móveis e nunca mais sofremos a falta de madeira larga (Zipperer, s/d., p.12).

Sobre o benefício dessa nova tecnologia, Martin acrescenta:

> Com o compensado que então se produziu, melhorou em muito a qualidade das poltronas de cinema. Melhores e mais vistosas poltronas de cinema podia-se oferecer ao mercado consumidor (Zipperer, 1955, p.10).

Ao que parece, Martin Zipperer pode ter conhecido esse processo de laminação da madeira no Liceu de Artes e Ofícios,[52]

---

[51] O estudo "A madeira laminada e colada de pinho do Paraná nas estruturas", do engenheiro Vinício Walter Callia, contribui para a compreensão da tecnologia empregada nesse processo e as vantagens da sua utilização. Em Callia, Vinício Walter, *Boletim* nº 47 (São Paulo: Instituto de Pesquisas Tecnológicas (IPT), 1958, p. 14.

[52] Consta na programação dos cursos do Liceu, já nas primeiras décadas do século XX, uma seção denominada "Obras de madeira folhadas e compensados", segundo a publicação de Ricardo Severo, *O Liceu de Artes e Ofícios de São Paulo: histórico, estatutos, regulamentos, programas, diplomas*, de 1934, p. 138. A programação obedecia ao seguinte conteúdo: preparação de cola; prensas; diversos tipos de compensados; colagem e prensagem, pranchas ocas compensadas.

por ocasião de sua permanência em São Paulo; no entanto, tais conhecimentos podem ter sido aprofundados durante sua viagem à Alemanha, destinada à compra do maquinário para a fabricação do compensado.

O avanço tecnológico respondia à necessidade de aprimoramento do produto para uma produção seriada e em grande escala, segundo as metas inicialmente estabelecidas, sendo que, mesmo com os recursos precários para uma fabricação em série, procurava-se garantir uma escala mínima de produção. Se, no passado, o aproveitamento das sobras de madeira provenientes da fabricação das caixas e a matéria-prima de excelente qualidade encontrada na região do Vale do Alto Rio Negro foram os fatores desencadeantes da fabricação de cadeiras; dez anos depois, o uso da tecnologia da madeira compensada e da laminada moldada e colada foi um dos fatores que propiciou a produção em grande escala. Com essa nova tecnologia, tornou-se possível ampliar o mercado e desenvolver novos tipos de produtos. A estrutura produtiva criada permitiu concretizar o produto industrial, cuja fabricação implicou uma escala mínima de produção, inovação tecnológica e o aperfeiçoamento dos produtos e, por consequência, a especialização da mão de obra.

A CADEIRA Nº 1001: O CARRO-CHEFE DA EMPRESA

Entre as primeiras cadeiras produzidas pela então A. Ehrl & Cia., a de nº 4 (já analisada) revelou, desde a primeira versão, um potencial para a produção seriada. As dificuldades inicialmente encontradas relativas ao uso da madeira larga não foram empecilho para Martin e Jorge; ao contrário, eles apostaram nas possibilidades de industrialização desse modelo de cadeira assim como de outras que eram feitas de madeira larga e investiram em tecnologia de ponta na época, ou seja, maquinário para o fabrico da madeira compensada em substituição à madeira maciça.

Esse modelo tornou-se um exemplo que mostra a passagem de uma concepção produtiva artesanal para o conceito industrial de produção. É importante destacar que a metodologia da produção, a compra do maquinário e o leiaute da fábrica foram determinados pelo desenho do produto, sendo este um dos princípios da industrialização. Com o incremento dessa tecnologia, recebe sua versão definitiva: a cadeira n⁰ 1001, como ficou conhecida, passa então a ser produzida em larga escala para o consumo em massa.

O desenvolvimento tecnológico e, em decorrência disso, a inovação nas técnicas construtivas e no desenvolvimento dos produtos representaram um marco com relação ao procedimento anterior na fabricação de cadeiras.

A versão n⁰ 1001 (figura 11), considerada o carro-chefe da empresa, foi a cadeira mais vendida, causando grande impacto no mercado da época e constituindo um exemplo de produto desenvolvido para a produção em grande escala. Segundo Celso Koll Ross,[53] chegaram a ser produzidas 30 mil peças por mês, sendo que uma fábrica fora construída e destinada apenas para a sua produção.

A madeira maciça foi substituída pela madeira laminada no encosto, no assento e nos arcos; no sistema construtivo

---

[53] Celso Koll Ross, ex-funcionário e filho de operário da firma, estudou durante três anos no Centro de Treinamento para Supervisores construído pela empresa para os filhos dos funcionários. Trabalhou, entre outros, no setor de Protótipos. Entrevista concedida à autora em 1999.

permanecem os valores já agregados no desenvolvimento da cadeira nº 4 quando comparada à cadeira nº 2, ou seja, mantém-se o uso do arco como sistema de ligação, procedimento esse empregado em um grande número de modelos de cadeiras, e o uso do recurso de encaixe sem cola para garantir a estabilidade e durabilidade do produto. A figura 12 mostra os recortes para o encaixe do assento e do encosto.

A descrição que se segue relativa à cadeira nº 1001 baseia-se na entrevista concedida por Koll Ross.[54]

A cadeira nº 1001, como mostra a figura 13, é composta por 5 componentes, como era entendido na fabricação, num total de 9 peças, considerando-se os componentes repetidos:

≈ 2 pés dianteiros – 1 componente.
≈ 2 pés posteriores – 1 componente.
≈ 3 amarrações em arcos laminados – 1 componente.
≈ assento laminado.
≈ encosto laminado.
≈ 15 parafusos.

Por sua vez, o sistema de montagem da cadeira nº 1001 constituía-se da seguinte forma:

≈ os arcos em laminado curvo, substituindo o vergado, são fixados com parafusos no assento e nos pés dianteiros e traseiros; como na cadeira nº 4, eles continuam sendo os componentes que estruturam a peça.

≈ os pés dianteiros são encaixados no assento, sem o uso de cola, e a fixação é complementada pelos arcos aparafusados no assento e nos pés dianteiros e traseiros, permanecendo o mesmo sistema da cadeira nº 4.

Figura 11. Cadeira nº 1001. Acervo M. Angélica Santi. Doação de Gentil Schwarz, ex-funcionário da Cimo. Fabricada a partir do início da década de 1930. Recebeu como primeira denominação nº 50, como consta no catálogo Indústrias Reunidas de Madeiras Jorge Zipperer & Cia. e posteriormente a denominação nº 1001, conforme o catálogo da Cia. Industrial de Móveis, Móveis Cimo S.A.. Material: imbuia maciça nos pés e laminada no encosto, assento e arcos. Dimensões: 80 cm (alt.) × 38 cm (comp.) × 39 cm (larg.). Fotografia: Flavio Coelho.

---

[54] Entrevista concedida à autora em 1999.

≈ o encosto com 10 mm de espessura é apoiado e aparafusado nos pés traseiros.

≈ o assento com 20 mm aproximadamente é encaixado nos pés dianteiros e traseiros que são fixados pelos arcos, como na cadeira nº 4.

≈ a laminação do assento, do encosto e dos arcos, segundo processo mencionado mais adiante, foi feita nas primeiras décadas com prensa a frio e, posteriormente, com prensa hidráulica.[55]

---

[55] Segundo Bráulio Zipperer, só a partir da década de 1950, utilizou-se a prensa hidráulica aquecida. Ele comenta que a qualidade da laminação melhorou e a produção tornou-se muito mais rápida. Entrevista realizada com a autora em 1998.

Figura 12. Pé traseiro da cadeira nº 1001. O rebaixo da extremidade superior tem a função de apoio do encosto, e o da parte mediana é destinado ao encaixe do assento. Acervo M. Angélica Santi. São Paulo-SP. Fotografia: Flavio Coelho.

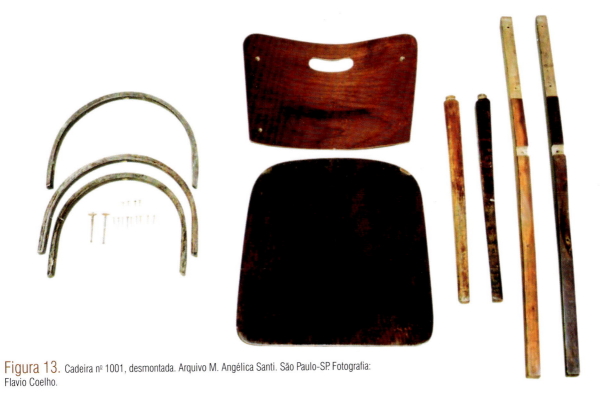

Figura 13. Cadeira nº 1001, desmontada. Arquivo M. Angélica Santi. São Paulo-SP. Fotografia: Flavio Coelho.

Segundo Koll Ross, as folhas de acabamento eram lixadas antes de serem prensadas. Em razão das superfícies curvas, o lixamento posterior teria de ser feito manualmente, o que não é compatível com o processo de produção em grande escala.

Conforme Koll Ross, a estrutura da produção era enxuta, com poucos operários, a maquinaria era composta de serra de fita, serra pêndula, desengrosso, plaina, tupia, serra circular com eixo excêntrico, furadeira dupla, lixadeira, tupia superior e mais algumas ferramentas ou máquinas feitas para operações específicas. Nota-se que com uma tecnologia tradicional é possível atingir uma escala de produção elevada, considerando-se ser uma peça de mobiliário; para isso são indispensáveis o projeto e o planejamento da produção.

O leiaute do plano de melhoria para a produção de cadeira da Móveis Cimo S.A., fábrica de Rio Negrinho[56] (figura 14), exemplifica o planejamento do processo para a produção seriada: organização das etapas de produção, fluxo da produção e tempo de produção de cada etapa. Estas foram planejadas para a execução de doze peças.

Devido à escassez de informações, foi possível apenas inferir como se processava parte de todo o leiaute, especificado a seguir:

---

[56] O leiaute do "Plano de melhoria para a produção de cadeira" foi encontrado no arquivo da fábrica de Móvel Habitasul, em 1999, hoje pertencente à empresa Meu Móvel de Madeira, localizada em Vila Nova, Rio Negrinho-SC.

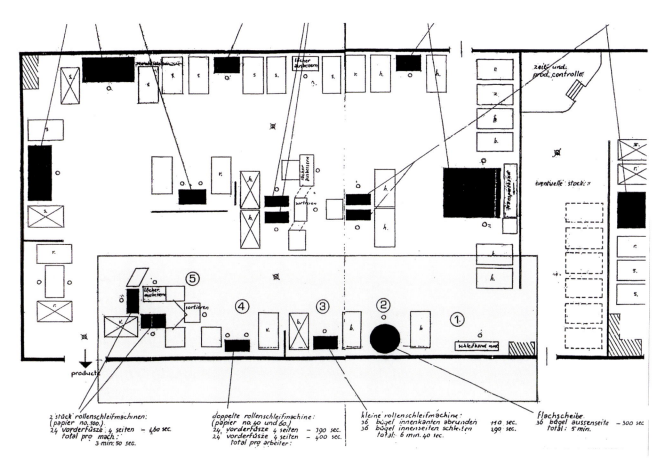

Figura 14. Leiaute da fábrica de cadeiras. Cópia do desenho original encontrado na fábrica de móvel Habitasul, 1999, antiga fábrica da Móveis Cimo S.A., hoje Meu Móvel de Madeira, empresa detentora da marca Móveis Cimo S.A.

ETAPA	PROCESSO
1	Entrada de madeira maciça.
2	Setor para dar acabamento nas faces externas dos arcos. 36 peças – tempo de duração da operação: 5 minutos.
3	Lixadeiras pequenas para arredondamento dos cantos internos dos arcos e para lixamento dos lados dos arcos. 36 peças – tempo de duração da operação: 6 minutos e 40 segundos.
4	Uma lixadeira para lixa nº 40 e uma para lixa nº 60 para lixar os 4 lados dos pés dianteiros. 24 peças – tempo de duração: 6 minutos e 35 segundos.
5	Duas lixadeiras para lixa nº 100, para lixar os 4 lados dos pés dianteiros. 24 peças – tempo de duração: 3 minutos e 50 segundos. Quanto aos apoios: • b - apoio para os arcos. • v - apoio para os pés dianteiros.

A partir de então, um grande número de modelos foi criado, e outros foram adaptados, assimilando a nova tecnologia, a exemplo da cadeira nº 1001, como podem ser verificados nos catálogos da empresa, concretizando-se a produção seriada em grande escala, com qualidade para o consumo em massa.

A firma dominava todo o processo de fabricação da madeira compensada e do laminado moldado: as toras eram cozidas, descascadas ou fatiadas e secas em estufas; eram prensadas e havia uma sequência de prensas, uma para cada formato de assento ou encosto.

O plano para a mudança do setor de colagem (figura 15) é um exemplo de planejamento desse setor. Pelas informações disponíveis no leiaute do plano, pode-se compreender como se organizava o processo de prensagem das peças. Supõe-se que as peças obedecessem ao seguinte fluxo de produção:

- ≈ 1 – setor de colagem.
- ≈ 2 – setor de prensagem.
- ≈ 2a – prensagem dos assentos e encostos de 58 × 58.
- ≈ 2b – prensagem dos assentos e encostos de 48 × 48.
- ≈ 2c – prensagem dos assentos e encostos de 60 × 60.
- ≈ 2d – prensagem dos assentos de 50 × 54.
- ≈ 2e – prensagem dos encostos de poltronas.
- ≈ 2f – prensagem dos assentos de 48 × 48.
- ≈ 2g – prensagem dos assentos de 45 × 47.
- ≈ 2h – prensagem dos encostos.
- ≈ 2i – prensagem dos arcos.

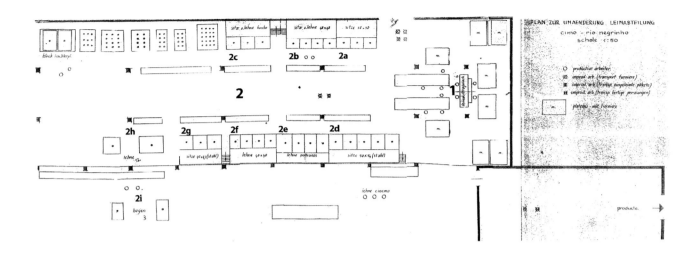

Figura 15. Plano para a mudança do setor de colagem. Cópia do desenho original encontrado na fábrica de móveis Habitasul, 1999, antiga fábrica da Móveis Cimo S.A., e, posteriormente, em 2010, na então Meu Móvel de Madeira.

Figuras 16 e 16a. Cadeira nº 210. A fabricação desse modelo teve início nos primeiros anos da década de 1930. Essa versão foi fabricada no período da Cia. Industrial de Móveis – Móveis Cimo S.A., a partir de 1943. Acervo M. Angélica Santi. São Paulo-SP. Material: imbuia maciça nos pés e laminada no assento, no encosto e nos arcos. Dimensões: 85 cm (alt.) × 53 cm (comp.) × 54 cm (larg.). Fotografia Flávio Coelho.

POLTRONA GIRATORIA N.º 210

SOFÁ N.º 210

POLTRONA FIXA N.º 210

MOBILIA PARA ESCRIPTORIO

Destaca-se outro exemplo de mobília escolhida entre inúmeros outros, a poltrona nº 210 (figuras 16 e 16a), que, juntamente com a poltrona giratória e o sofá, formam o conjunto de "Mobília para escritório nº 210" (figura 17). Esse modelo foi frequente em salas de espera de escritórios e em consultórios médicos e dentários. Foi esse modelo que motivou a escolha da Móveis Cimo S.A. como objeto deste estudo.

Figura 17. Mobília para escritório nº 210, do catálogo Móveis Jorge Zipperer & Cia. Fabricada a partir da década de 1930. Acervo Museu Carlos Lampe. Rio Negrinho-SC.

A modernidade dessa peça fica evidente, deixando transparecer nos topos o uso das lâminas (figura 18) de madeira, mais visível nesse modelo do que na cadeira nº 1001, devido à sua espessura, assumindo assim a natureza do material, a tecnologia empregada, sem preocupação em disfarçá-la, o que resultaria pouco econômico e a descaracterizaria. Essa solução agrega qualidade estética à peça e é empregada em todos os móveis feitos com madeira laminada moldada, dispensando qualquer tipo de acabamento.

Essa poltrona contém 7 componentes, 16 peças e 24 parafusos, compreendendo assento, encosto, braços e 6 arcos de amarração em madeira laminada moldada, 2 pés dianteiros e 2 traseiros em madeira maciça e mais duas peças auxiliares, também em madeira maciça, para a fixação dos braços, como mostra a figura 19. A concepção desse modelo segue os requisitos estipulados na padronização dos produtos: a mesma lógica construtiva que utiliza os arcos laminados para estruturar a peça; as ligações dos componentes são feitas com parafusos e encaixes sem cola, o que permite o desmonte para a embalagem. A simplicidade dessa peça, como a cadeira nº 1001, aponta um produto industrial desenvolvido para a produção em grande escala.

CONFORTO

O conforto, um dos principais requisitos da empresa e qualidade determinante para o desenho do produto, é obtido mediante o emprego de dimensões apropriadas, cujo formato anatômico acomoda a posição do corpo, segundo seus apoios necessários: a curvatura do encosto acomoda a lombar e as omoplatas, a anatomia do assento acomoda as pernas, os

Figura 18. Detalhe que mostra o desenho das lâminas.

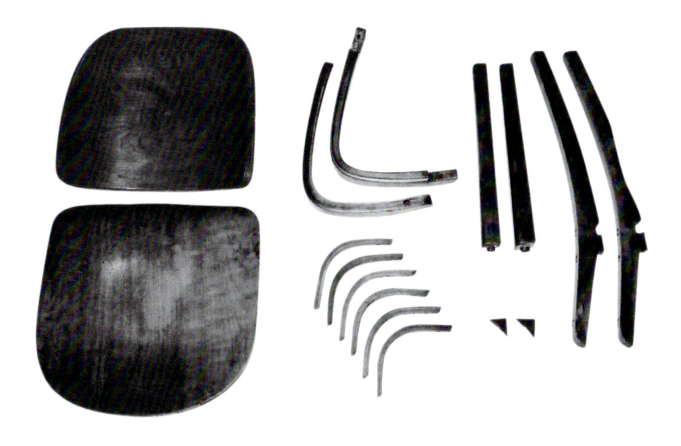

Figura 19. Cadeira nº 210 desmontada. Arquivo M. Angélica Santi. São Paulo-SP. Fotografia: Flavio Coelho.

cantos arredondados evitam machucar o corpo. Estabelecem-se padrões ergonômicos aplicados em todas as peças, do qual decorrem medidas comuns aos diferentes modelos, e, quando os móveis são produzidos para os órgãos públicos, seguem a padronização do Dasp (Departamento Administrativo do Serviço Público). Os resultados conseguidos nos assentos e encostos de madeira propiciam tal comodidade, que dispensavam o uso de estofados.

O modelo da figura 20, que compõe o conjunto de mobília para escritório nº 201, é um dos mais reverenciados da Cimo, porém menos expressivo na inovação e na lógica produtiva, se comparado aos modelos nº 1001 e nº 210: as peças curvas eram feitas com madeira maciça; empregou-se o sistema de cambotas para a construção do formato curvo do encosto e braços com o uso de cola (figura 20a); o assento era feito com madeira maciça seguindo os mesmos procedimentos de fabricação da cadeira nº 4, anterior à tecnologia da madeira laminada moldada; utilizaram-se travessas verticais no encosto seguindo os mesmos procedimentos dos modelos mais tradicionais, e sua execução era mais trabalhosa. Esse modelo foi largamente fabricado por diferentes empresas, pois utilizava os recursos da marcenaria tradicional.

Figura 20. Poltrona giratória que compõe o conjunto de mobília para escritório nº 201, conforme catálogo das Indústrias Reunidas de Madeiras Jorge Zipperer & Cia. Esse modelo fez parte da exposição comemorativa de São Bento em 1923, na então A. Ehrl & Cia. Segundo o selo, a fabricação dessa peça foi anterior a 1939. Material: imbuia maciça. Dimensões: 82 cm (alt.) × 57 cm (comp.) × 53 cm (larg.). Acervo João Livoti. Curitiba-PR.

Figura 20a. Detalhe do braço da poltrona giratória nº 201, que mostra o uso de cambota na construção das curvas e o assento em madeira maciça.

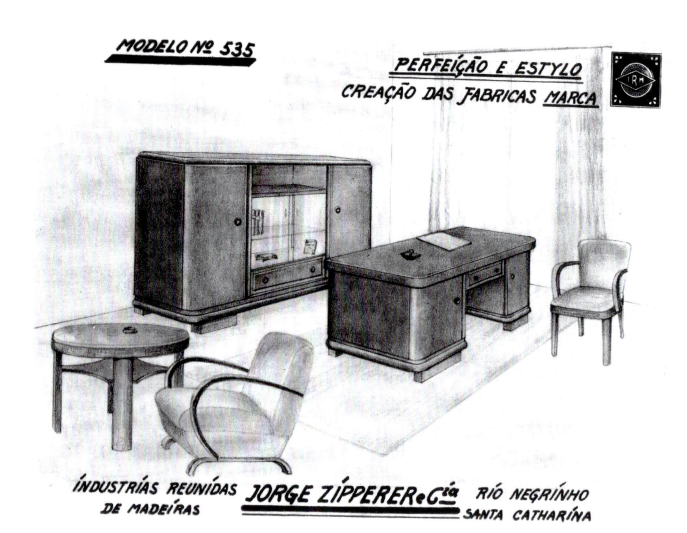

Figuras 21 e 22. Móveis para escritório modelos nº 535 e nº 515. Autoria e fabricação Indústrias Reunidas de Madeiras Jorge Zipperer & Cia., Rio Negrinho-SC. Modelos produzidos a partir da década de 1930. As ambientações do mobiliário da Cimo para os primeiros catálogos, quando ainda não dispunham de estúdio para fotografia, com recursos de iluminação artificial, foram desenhadas por Weick, amigo e colaborador de Martin Zipperer. Acervo Foto Weick. Rio Negrinho-SC. Desenhos de Paul Erich Weick.

A madeira compensada em chapas passou a ser usada nos tipos de móveis que exigiam superfícies planas, como no caso dos armários, dos apoios, das mesas de trabalho e de outros. Esse uso substituirá a tradicional solução dos quadros de madeira maciça fechados com chapas de madeira mais finas, como visto anteriormente. As figuras 21 e 22 mostram duas linhas de móveis de escritório, modelos nº 535 e nº 515, desenvolvidas

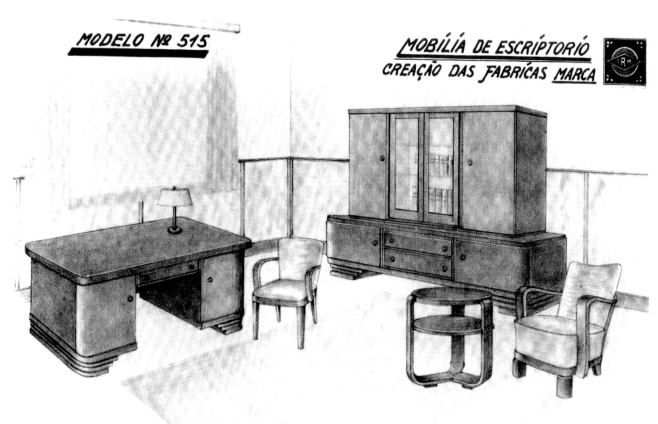

pelas Indústrias Reunidas de Madeiras Jorge Zipperer e Cia. Nessas figuras verifica-se que o desenho resulta do emprego de chapas de compensado empregadas nos tampos, portas e laterais; os pés e as gavetas são provavelmente feitos em madeira maciça; a madeira laminada moldada é usada nas cadeiras, nas poltronas e na mesa auxiliar do modelo nº 515. No dormitório do modelo nº 433 permanecem as mesmas características.

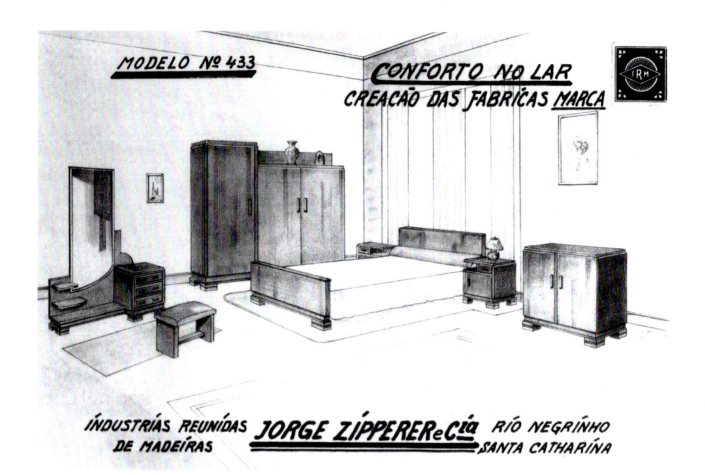

Figura 23. Móveis para dormitório nº 433. Autoria e fabricação Indústrias Reunidas de Madeiras Jorge Zipperer & Cia. Produzido a partir da década de 1930. A madeira compensada propicia inovação no desenho das peças. Acervo Foto Weick. Rio Negrinho-SC. Desenho de Paul Erich Weick.

O novo material passou a ser empregado inicialmente em móveis institucionais. Em 1935, foi criada a primeira linha de móveis residenciais fabricada em série, com chapas de compensado revestido de lâminas ou de folhas de madeira, como era comumente chamada. Segundo Martin Zipperer foi uma novidade na época no mercado nacional (Zipperer, 1955, p. 11). Para essa mobília foi produzido o catálogo *Lar moderno – móveis compensados* (figura 24). No texto de apresentação (figura 25), verificam-se as mesmas premissas atribuídas aos móveis institucionais: beleza, resistência, conforto, padronização

Figura 24. Capa, catálogo *Lar moderno – móveis compensados*. Indústrias Reunidas de Madeiras Jorge Zipperer & Cia., 1935. Arquivo Museu Municipal Carlos Lampe. Rio Negrinho-SC.

Lar moderno   Madeira compensada

Reunimos neste catalogo diversos conjunctos de mobiliario para residencias.

Fabricado exclusivamente com MADEIRA COMPENSADA, os nossos moveis não poderão deixar de ser distinguidos pela sua belleza, resistencia e commodidade, que sómente este moderno processo de fabricação pode proporcionar. Sendo as nossas installações das mais modernas no Paiz, estamos aptos á offerecer aos nossos distinctos freguezes, a par de uma fabricação esmerada, dentro da grande variedade de folhas de embuia lindissimas, o bom acabamento de moveis finos Á PREÇOS MODICOS, fim este á que chegamos mediante o novo processo de fabricação em series, produzindo tudo em nossa fabrica, desde o matto á casa do consumidor.

Rio Negrinho em Março de 1933

JORGE ZIPPERER & CIA.

OBSERVAÇÃO:

Os clichés representam fielmente as execuções; reservamo-nos, porem, o direito de pequenas modificações quando julgadas uteis, pois temos por norma sempre melhorar os nossos productos.

Figura 25. Texto de apresentação, catálogo *Lar moderno – móveis compensados*. Indústrias Reunidas de Madeiras Jorge Zipperer & Cia., 1935. Arquivo Museu Municipal Carlos Lampe. Rio Negrinho-SC.

para a fabricação em série, moderna tecnologia e preços módicos. Como nas cadeiras, desde o início, os móveis residenciais são numerados.

As possibilidades das chapas de madeira compensada são exploradas com soluções criativas identificadas com o novo material; a beleza é atribuída agora aos veios da madeira; busca-se na linguagem da chapa o novo estilo, a estética *déco*, no mobiliário que se populariza no Brasil nas décadas de 1930 e 1940. Caracteriza-se por ângulos retos, formas geométricas, contraste de cores e alternativas de desenho nos veios da madeira.

Nos modelos a seguir identificam-se estas características:

A figura 27 mostra diferentes modelos de pequenas mobílias e complementos afins como cabideiro, porta-guarda-chuva, luminárias, etc.; acompanha cada modelo o número de identificação da peça.

Destacam-se entre os outros exemplos os armários da figura 26 e o que compõe a mobília de dormitório da figura 23, os quais rompem com padrões estéticos estabelecidos, especialmente com a simetria, na concepção dos volumes, de alturas diferentes e na composição dos planos das portas, o que resulta em um conjunto assimétrico, característica frequente nesse estilo de móvel. Exploram-se as possibilidades de composição dos veios da madeira. Nota-se que o desenho dos pés (figura 26) acompanha as características do novo material.

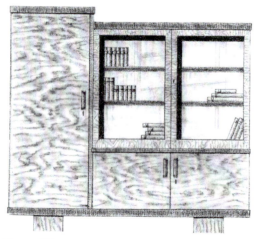

Figura 26. Armário para escritório. Fabricado nos anos de 1930, pela Jorge Zipperer & Cia. Acervo Foto Weick. Rio Negrinho-SC. Desenho: Paul Erich Weick.

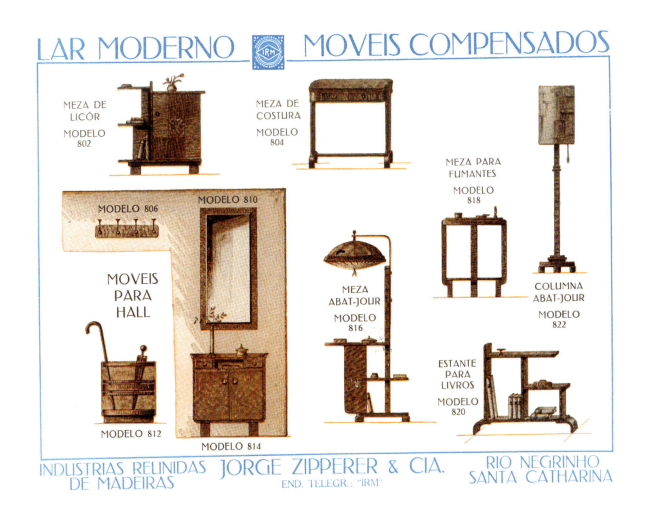

Figura 27. Catálogo *Lar moderno – móveis compensados*. Indústrias Reunidas de Madeiras Jorge Zipperer & Cia., 1935. Acervo Museu Municipal Carlos Lampe. Rio Negrinho-SC.

O catálogo *Lar moderno – móveis compensados*, em 1935, destaca na apresentação de cada conjunto alguns de seus atributos como nos modelos que seguem:

≈ Sala de jantar nº 311 (figura 28). *"Modelo simples de feição moderna. O bufê pode ser fornecido também sem a parte de cima."* Os fabricantes oferecem ao consumidor opções de compra, o que flexibiliza a venda. Reforçam sempre a modernidade de seus produtos.

≈ Sala de jantar nº 323 (figura 29). *"Modelo de fino acabamento. Em estylo moderno. O bufê pode ser fornecido sem a parte de cima."* Como no modelo anterior, esse modelo oferece mais de uma opção de uso, o que flexibiliza a venda. Nos atributos dados a esses conjuntos de sala de jantar, nota-se que são direcionados a público-alvo distintos.

A fabricação de móveis residenciais, principalmente de dormitórios e salas, intensifica-se a partir da década de 1960, sobrepondo-se aos institucionais.

As Indústrias Reunidas de Madeiras Jorge Zipperer & Cia. recebem medalha de ouro em São Paulo no ano de 1928, em Sevilha, na Espanha, em 1929, e em São José, em 1930.[57]

---

[57] Essas informações encontram-se no catálogo das Indústrias Reunidas de Madeiras Jorge Zipperer & Cia. O catálogo não menciona a procedência das medalhas e tampouco onde está situada a cidade de São José; é provável que essas premiações ocorreram em exposições de que a empresa participou.

Figura 28. Sala de jantar nº 311, catálogo *Lar Moderno – móveis compensados*, 1935. Indústrias Reunidas de Madeiras Jorge Zipperer & Cia. Acervo Museu Municipal Carlos Lampe, Rio Negrinho-SC.

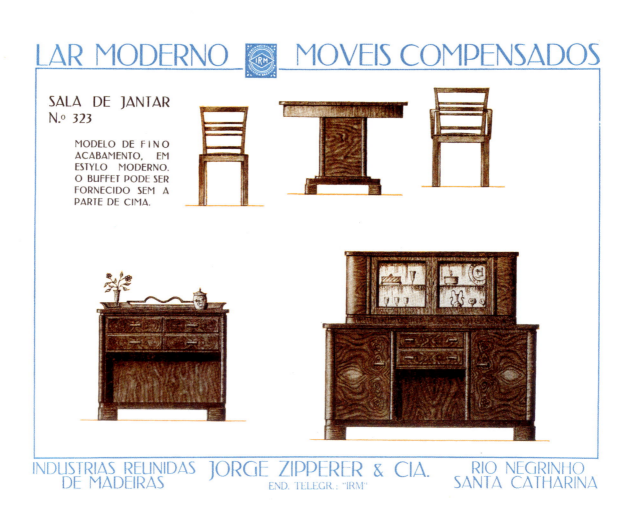

Figura 29. Sala de jantar nº 323, catálogo *Lar moderno – móveis compensados*, 1935. Indústrias Reunidas de Madeiras Jorge Zipperer & Cia. Acervo Museu Municipal Carlos Lampe. Rio Negrinho-SC.

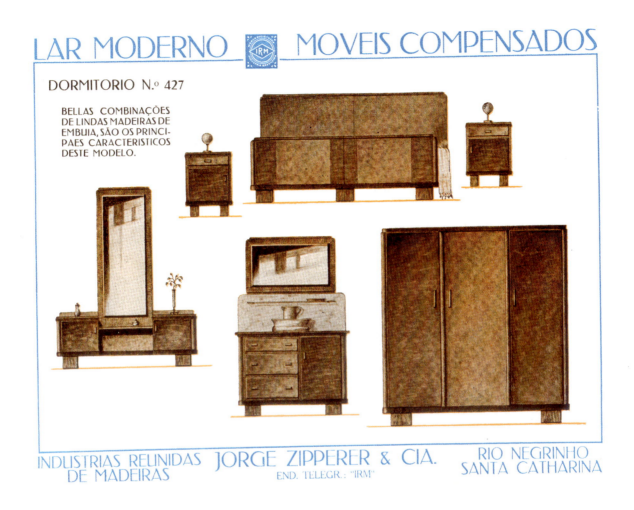

Figura 30. Dormitório nº 427, catálogo *Lar moderno – móveis compensados*, 1935. Acervo Museu Municipal Carlos Lampe. Rio Negrinho-SC. Observa-se que duas camas de solteiro formam a cama de casal, procedimento inédito para a época no Brasil.

Exposição Feira São Paulo 1936.

A Móveis Cimo S.A. em seus diferentes aspectos

A Móveis Cimo S.A. em seus diferentes aspectos

INTRODUÇÃO

A partir do ano de 1939, tem início uma nova fase da empresa. Com a saída de Jorge Zipperer, é desfeita a parceria entre os dois irmãos, cujo legado repercutiu nos anos subsequentes.

A Cia. M. Zipperer – Móveis Rio Negrinho deixa de ser uma empresa familiar, mudando para S.A. Nesse período com representações em quase todos os estados, verifica-se o crescimento das vendas e intensifica-se a produção de mobiliário para órgãos governamentais, para os setores administrativos e escolas; para estes, os modelos seguem os padrões ergonômicos estipulados pelo Dasp (Departamento Administrativo do Serviço Público). Segundo Martin Zipperer,

> o Governo Federal construindo os novos ministérios e demais repartições federais, como também criou os Institutos, tornou-se grande consumidor de móveis de escritório e os padronizou (1955, p. 11).

Em 1943 novos pedidos de vulto para o Ministério da Fazenda, para a Escola Naval e para a Escola de Agulhas Negras "exigiram grandes e maiores fornecimentos, e isso trouxe a ideia destes fornecedores, fabricantes e vendedores se ligarem numa única empresa" (*ibid.*, p. 12). Concorreram também para

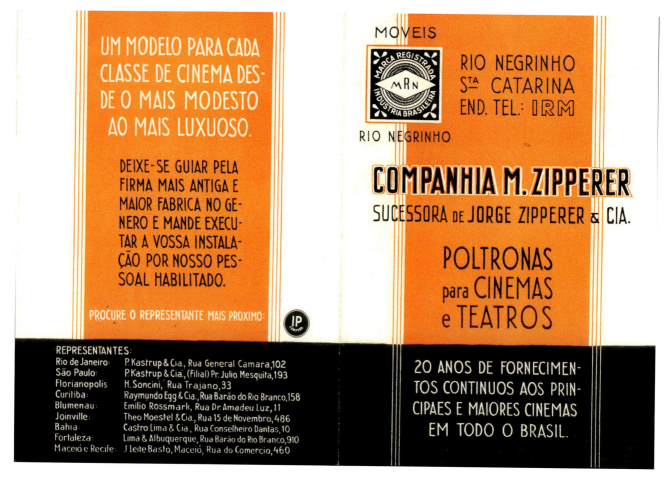

Figura 1. Capa (frente e verso) do catálogo *Companhia M. Zipperer, sucessora de Jorge Zipperer & Cia.*, 1941. Rio Negrinho-SC. Acervo Museu Municipal Carlos Lampe. Rio Negrinho-SC.

isso, segundo Nelson Buchmann, neto de Jorge Zipperer,[58] as dificuldades em importar da Europa ferragens, acessórios, vernizes e tintas, em decorrência da Segunda Guerra Mundial. Ele acrescenta que, com a união de várias empresas, aumenta a quantidade desses insumos, o que facilita a compra, podendo-

---

[58] Nelson Buchmann, entrevistado pela autora em março de 2010 em Curitiba, foi funcionário da empresa, no Departamento Técnico da Móveis Cimo S.A., na matriz de Curitiba e fez parte de uma comissão técnica para estudar a possibilidade de fabricação do aglomerado na Cimo.

-se, diante de um grande comprador, estimular o surgimento, por exemplo, de uma indústria metalúrgica. Em 1944 foi formada a Cia. Industrial de Móveis – Móveis Cimo S.A., com associação das empresas Maida Irmãos, de Curitiba, Paulo Leopoldo Réu, de Joinville, Shauz & Buchmann, de Rio Negrinho, P. Kastrup & Cia., do Rio de Janeiro, e Raimundo Egg, de Curitiba.

No período da Cia. M. Zipperer não houve avanço significativo quanto à inovação tecnológica e desenvolvimento de novos produtos. Na capa do catálogo "Companhia M. Zipperer sucessora de Jorge Zipperer & Cia." (figura 1) fica evidente a intenção de Martin Zipperer de dar continuidade ao período anterior e de ter a Jorge Zipperer e Cia. como referência, o que é expresso nos dizeres desse catálogo: "20 anos de fornecimento contínuo aos principais e maiores cinemas em todo o Brasil". Martin canalizou seus esforços na construção da nova fábrica iniciada em 1939 e na abertura de mercados, atingindo as metas pretendidas.

O mobiliário da Cimo é reconhecido pelos desenhos das peças desenvolvidas nas primeiras décadas, entre os anos de 1921 e 1939, porém sua presença maciça em instituições públicas e privadas deve-se ao desempenho expressivo da Cia. M. Zipperer – Móveis Rio Negrinho, o que contribuiu para a caracterização de uma época.

Quando a empresa se associa a outras para formar a Cia. Industrial de Móveis – Móveis Cimo S.A., tanto o capital como a base produtiva são ampliados e, em decorrência disso, ela investe também na compra de maquinário; a matriz transfere-se primeiro para o Rio de Janeiro e, em 1946, para Curitiba, "ponto mais central para as grandes atividades que se iniciam"

(Zipperer, 1955, p. 13). Em 1947 inicia-se a construção da fábrica de Curitiba para onde muda a antiga Maida Irmãos, em 1949 a obra da fábrica de Joinville é concluída, sendo que o primeiro pavilhão foi terminado em 1946.

O desenvolvimento dos novos produtos se mescla com os interesses dos novos proprietários, como se observa no exemplo da Maida Irmãos, que fabricava os tradicionais móveis de estilo, influência essa absorvida principalmente na fabricação dos móveis residenciais muito valorizados por uma clientela de maior poder de compra. Com relação ao mobiliário institucional, continuam produzindo os mesmos modelos das décadas anteriores, os quais foram fabricados até o final da década de 1950, com algumas exceções, como a cadeira nº 1001, que perpassa todas as fases, sendo produzida até 1975, segundo relatório da diretoria da empresa.[59]

> A fábrica de Rio Negrinho continua como principal fonte produtora com a fábrica de compensado e com as serrarias e 1200 operários são ali registrados. Ao todo 2200 operários e funcionários operam diretamente dentro da Cimo, iniciada naquele ano de 1921 com 12 operários. (Zipperer, 1955, pp. 14-15)

Em 1949, com o mercado em expansão, verifica-se o crescimento das vendas na maioria dos estados; são abertas filiais e cresce o número de representantes. Como exemplo da quantidade de móveis produzidos, Bráulio Zipperer,[60] diretor industrial da empresa na época, menciona a produção mensal de 500 mil cadeiras escolares para diversos colégios ao mesmo tempo.

---

[59] A consulta foi feita nos relatórios originais em posse de Maria Lina Keil, neta de Martin Zipperer.

[60] Bráulio Zipperer, entrevistado pela autora em 1998, filho de Carlos Zipperer, foi por muitos anos diretor industrial da empresa. Em 1975 assume o cargo de diretor presidente no lugar de Raimundo Egg.

Após a Segunda Guerra Mundial, período em que a Cimo conquista o mercado nacional, alguns fatores acarretam mudanças gradativas e significativas na indústria moveleira e, consequentemente, na Cimo. Destaca-se, entre outros, a nova concepção dos espaços arquitetônicos, ou seja, os escritórios com salas compartimentadas foram substituídos por um único espaço subdividido por painéis, introduzindo-se os escritórios de plano aberto, o que acarretou mudanças também na concepção do mobiliário. Outro fator importante foi o impulso à industrialização no Brasil: a Duratex, inaugurada em 1951, e em seguida a Eucatex, no mesmo ano, passam a fabricar chapas de fibra de madeira conhecidas como "eucatex", inicialmente usadas na construção civil e depois na indústria moveleira. A Formplac inaugurou em 1954 a primeira fábrica de laminados no Brasil, que se tornou conhecida como fórmica, revolucionando a indústria moveleira. Outro material que acarretou mudanças nos procedimentos da fabricação de móveis foi o aglomerado, introduzido no Brasil em 1966 pela Placas do Paraná.

A essas mudanças, soma-se a atuação de designers e arquitetos nacionais e estrangeiros que vieram ao Brasil após a Segunda Guerra Mundial, como Lina Bo Bardi, Gian Carlo Palanti, Joaquim Tenreiro; das empresas Knoll, representada pela Forma, e Herman Miller, representada pela Teperman. Foi criado no Museu de Arte de São Paulo Assis Chateaubriand (Masp) o Instituto de Arte Contemporânea (IAC), em 1951, o primeiro curso de desenho industrial em São Paulo e a escola de desenho industrial no Rio de Janeiro. Por sua vez, a construção de Brasília foi responsável pela demanda de um mobiliário moderno coerente com seu projeto arquitetônico, o que motivou a abertura de empresas de móveis para escritório, destacando-se, entre outras, a Escriba, com produtos desenvolvidos pelo designer Bergmiller.

Esse novo contexto repercute na empresa após a década de 1960, não com relação às vendas, como afirma Bráulio Zipperer em entrevista (1998), pois "mercado nacional nunca faltou, tudo o que produzíamos, vendíamos de Manaus a Porto Alegre", mas com relação ao desenvolvimento de produtos.

A seguir abordam-se os aspectos evolutivos da Cimo com relação ao desenho, à base produtiva, à matéria-prima, às formas de comercialização e a alguns fatores que desencadearam o fechamento da empresa.

O DESENHO INDUSTRIAL

Nas duas primeiras décadas do século XX, A. Ehrl. & Cia. e Jorge Zipperer & Cia. foram responsáveis pelo desenvolvimento de produtos que evoluíram para soluções de acordo com as exigências do desenho industrial, o que não impediu a proposta de soluções mais arrojadas, própria dos materiais e tecnologias empregados, aptos a responder às exigências da produção industrial seriada e a atender às demandas por uma quantidade cada vez maior de produtos.[61]

Nos móveis da Cimo, o desenho não dissimula a mecanização da produção e do sistema construtivo, simplifica ou elimina soluções que pedem procedimentos artesanais de fabricação dentro dos limites possíveis ao estágio tecnológico da

---

[61] Além dos catálogos das diferentes razões sociais, as entrevistas e os "relatórios da diretoria", a partir de 1944, possibilitam uma análise dos produtos nas diferentes épocas.

CADEIRA N.º 50 CADEIRA N.º 51 CADEIRA N.º 52

época. A tecnologia da madeira laminada moldada permitiu o aprimoramento do desenho do produto para uma produção em grande escala com soluções estruturais que visam à "desmontabilidade" para a comercialização nos grandes centros. A padronização é reconhecida na concepção estrutural, nos arcos vergados, posteriormente laminados, e no uso da madeira laminada moldada nos assentos e encostos, soluções essas comuns a diferentes modelos de cadeiras. No catálogo das Indústrias Reunidas de Madeiras Jorge Zipperer & Cia. (figura 2), as

Figura 2. Catálogo, Indústrias Reunidas de Madeiras Jorge Zipperer & Cia. Cadeiras nº 50, nº 51, nº 52. Acervo Museu Municipal Carlos Lampe. Rio Negrinho-SC.

cadeiras nº 51 e nº 52 são exemplos de variações da cadeira nº 50. No período da Jorge Zipperer & Cia são poucas as soluções que utilizaram a travessa como elemento de ligação.

No período da Cia. Industrial de Móveis – Móveis Cimo S.A., as cadeiras nº 50 e nº 51, assim como outros modelos, recebem a denominação nº 1001 e nº 1004, respectivamente, como mostra a figura 3a. Nos catálogos dos dois períodos, o encosto, o assento e, provavelmente, os arcos foram feitos em madeira laminada moldada em substituição à madeira maciça.

A modernidade dos móveis Cimo, desde o início, destaca-se com relação aos seus concorrentes, em especial no segmento de móveis institucionais: como o desenho da cadeira nº 1001, fruto da lógica produtiva, no mobiliário para escritório, como o conjunto nº 210, ambos vistos em capítulo anterior; nas cadeiras de cinema modelos "Recreio", "Trianon" e "Roxy"; no desenho diferenciado da cadeira com braço e de balanço "typo cardeal"; nas carteiras escolares "typo São Paulo" e nas "typo aula" e "poltronas para sala de conferência nº 254 e nº 256".

Entre os diferentes modelos de cadeiras de cinema dos catálogos *Indústrias Reunidas de Madeiras Jorge Zipperer & Cia. e Cadeiras Poltronas Carteiras Jorge Zipperer & Cia.*, recortam-se para análise as cadeiras de cinema "recreio", "trianon" e "roxy" e as cadeiras com braço e de balanço "typo cardeal", como exemplos de produtos cujo desenho decorre da tecnologia empregada, das técnicas construtivas e do público-alvo; nas cadeiras de cinema desses catálogos, acompanham dizeres que destacam atributos direcionados a diferentes públicos, sendo as qualidades de resistência e conforto comum a todas as peças, independentemente do público a que se destinam.

Figuras 3 e 3a. Catálogo da Cia. Industrial de Móveis – Móveis Cimo S.A. Capa e página interna, que mostra alguns modelos fabricados nos períodos da A. Ehrl & Cia. e Jorge Zipperer & Cia. com outra numeração. Acervo Museu Municipal Carlos Lampe. Rio Negrinho-SC.

O modelo "recreio" (figura 4), por destinar-se a estabelecimentos populares, um público numericamente maior, pede um produto mais econômico, o que é conseguido pela simplicidade do desenho, que possibilita a redução na quantidade de madeira se comparado aos outros modelos, e pela ausência de aparatos mais luxuosos, de elementos desnecessários ou detalhes construtivos que encareceriam a fabricação, sem com isso deixar de atender às qualidades de resistência e conforto, o que fica explícito nos dizeres que acompanham esse modelo. O emprego da tecnologia da madeira laminada moldada favorece, como em outros modelos de cadeira, a resistência e o conforto pelo formato anatômico do encosto e assento, cuja leveza facilita a mobilidade, por ser dobrável. A beleza é dada pela harmonia da peça, que resulta da proporção, da leveza e da dinâmica de suas linhas, principalmente no conjunto de três assentos, como pode ser visto no desenho da cadeira para cinema "recreio".

Figura 4. Cadeira para cinema modelo "recreio". Catálogo *Cadeiras poltronas carteiras* Indústrias Reunidas de Madeiras Jorge Zipperer & Cia. Fabricada a partir dos anos 1930. Os dizeres do catálogo indicam o público-alvo: "Typo simples porem resistente e confortável. Adaptável para estabelecimentos populares". Acervo Museu Municipal Carlos Lampe. Rio Negrinho-SC.

Ao modelo "trianon" (figura 5) os fabricantes atribuem premissas de resistência, beleza e conforto, segundo os dizeres do catálogo ao se referir a esse modelo. Se comparado à cadeira "recreio", o desenho da peça agrega maior conforto devido ao apoio dos braços e ao formato do encosto, que oferece uma maior superfície de apoio às costas. A sapata nos pés dá maior estabilidade. Esse modelo, apesar de dispensar o supérfluo, resulta menos econômico por utilizar uma quantidade maior de madeira e ser de fabricação mais trabalhosa, porém se justifica por destinar-se a um público selecionado, portanto mais exigente. Provavelmente os fabricantes padronizaram as soluções dadas ao assento, utilizando o mesmo modelo e a concepção estrutural no encosto e nas travessas de amarração dos pés comuns a essas duas cadeiras. Formalmente a proporção da cadeira resulta vigorosa e robusta, conferindo *status* à peça.

Figura 5. Cadeira para cinema modelo "Trianon". "Poltrona sólida e elegante de agradável commodidade para estabelecimentos de diversões de primeira ordem, templos, etc." Catálogo *Cadeiras poltronas carteiras* Jorge Zipperer & Cia. Fabricada a partir dos anos 1930. Acervo Museu Municipal Carlos Lampe. Rio Negrinho-SC.

O desenho do modelo "roxy" (figura 6) diferencia-se dos anteriores em sua concepção. O encosto e o braço são formados por uma única peça de madeira laminada moldada; os pés, com sapatas de feitio similar à cadeira "trianon", terminam no assento; duas peças de madeira laminada ou maciça integram as duas partes, dando acabamento frontal aos pés e braços, e servindo também de apoio a estes; as curvas anatômicas do assento desenvolvem-se em duas direções, da largura e da profundidade, oferecendo maior superfície de apoio às pernas, enquanto em outros exemplos mais econômicos a curva do assento desenvolve-se em uma única direção, como nas cadeiras "recreio" e "trianon". O resultado formal da peça não camufla a lógica do sistema construtivo, resultando em um desenho diferenciado e de difícil execução devido a um maior número de operações na fabricação e montagem, o que, somado à quantidade de madeira utilizada nesse produto, resulta caro, também como no modelo anterior, justificado pelo público-alvo que fica expresso no texto do catálogo.

Figura 6. Cadeira para cinema modelo "Roxy"."O superlativo da commodidade, elegancia e luxo. Uma poltrona nobre, creada especialmente para os theatros de alta distincção; assento de efeito extra confortável." Fabricada a partir dos anos 1930. Catálogo Indústrias Reunidas de Madeiras Jorge Zipperer & Cia. Acervo Museu Municipal Carlos Lampe. Rio Negrinho-SC

As poltronas "typo cardeal", fixa e de balanço (figuras 7, 7a, 8 e 8a) destacam-se por sua originalidade e como exemplo de desenho diferenciado com linhas arrojadas, mantendo, contudo, características do produto industrial, que destacam a "desmontabilidade" para a fabricação em série. Ainda são encontradas diversas dessas cadeiras em condições de uso em

Figuras 7, 7a, 7b, 7c e 7d. Poltrona "typo cardeal" fixa. Indústrias Reunidas de Madeiras Jorge Zipperer & Cia., Rio Negrinho-SC. Fabricada nos anos 1930, conforme consta no selo que acompanha a cadeira (figura 7b). Estrutura de imbuia maciça e chapa de compensado, laminado moldado de imbuia no assento, encosto e braço. Dimensões: 104 cm (alt.) × 86 cm (comp.) × 86 cm (prof.). Pelas razões mencionadas, cabe destacar parte do sistema construtivo desse móvel: fica evidente o uso de parafuso aparente como sistema de ligação, o que permite que essa peça seja desmontável; o braço é aparafusado na travessa traseira que apoia o encosto (figura 7c), um sarrafo de madeira maciça é o elemento de ligação, com parafusos, do encosto com os pés (figura 7d). O encaixe colado, provavelmente do tipo cavilha, é usado nas ligações da travessa dianteira, apoio do assento, com os pés dianteiros e desse conjunto, "em H", com as laterais. Coleção particular de Joselyne Rodrigues, adquirida por Paulo Campos Toledo. São Paulo-SP. Fotografia: Marcelo Andrade.

(7c)

(7d)

(7b)

coleções particulares ou antiquários. Suas dimensões oferecem conforto diferenciado, e a proporção, na altura do encosto, na largura dos braços e no assento, sugere, como o próprio nome diz, um significado hierárquico. Explora-se a tecnologia da madeira laminada moldada chegando-se a soluções-limite, como a altura do encosto e a largura dos braços, considerando-se a espessura de 10 mm.

(8)

(8a)

Figuras 8 e 8a. Poltrona "typo cardeal", versão balanço. Mantém as mesmas características da poltrona fixa. Essa peça foi fabricada a partir dos anos 1950, no período da Móveis Cimo S.A.. Dimensões: 103 cm (alt.) × 86 cm (comp.) × 115 cm (larg.). Coleção particular João Livoti. Curitiba-PR.

As carteiras escolares "typo São Paulo" e "typo aula" são outros exemplos que se destacam pela modernidade de seu desenho resultante da tecnologia da madeira laminada moldada com formato anatômico, que deve favorecer o conforto; o diferencial desses produtos é a regulagem do assento e da mesa segundo as informações do catálogo, como mostra a figura 9, o que supre a necessidade das escolas na adaptação das carteiras às diferentes idades dos alunos. A madeira laminada moldada é também usada na poltrona para sala de conferência com ou sem braço para escrever (figura 10). A figura 11 mostra outro modelo de carteira escolar. Esta, devido ao desenho mais simplificado, é mais econômica do que os modelos "typo São Paulo" e "typo aula"; permanece o diferencial da regulagem das alturas e

Figura 9. Carteira escolar dupla "typo São Paulo" e carteira escolar individual "typo aula". Compõem o catálogo *Cadeiras poltronas e carteiras Indústrias Reunidas de Madeiras Jorge Zipperer & Cia*. Fabricada a partir de 1930, Rio Negrinho-SC. Acervo Museu Municipal Carlos Lampe. Rio Negrinho-SC.

acrescenta-se, a possibilidade de recolher o assento. Essas qualidades ficam expressas nos dizeres do catálogo: "'Carteira Santa Catarina' – individual ou dupla, com assento levantável. Carteira de mais sólida construção para as escolas primárias, modelo econômico adaptado em centenas de escolas do Brasil". Fabricaram-se modelos de carteiras escolares para uso individual e em dupla, comumente usados na época.

Figura 10. Poltronas para sala de conferência nº 254 e nº 256, catálogo Indústrias Reunidas de Madeiras Jorge Zipperer & Cia. Fabricada a partir de 1930, Rio Negrinho-SC. Na poltrona nº 256, as travessas substituem o arco vergado para estruturar a peça, porém, mantendo-se a proposta da "desmontabilidade", utilizam-se parafusos, como se observa na travessa frontal. Acervo Museu Municipal Carlos Lampe. Rio Negrinho-SC.

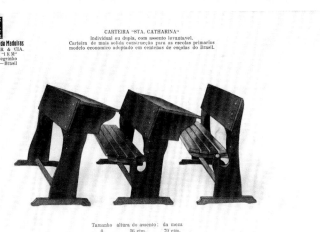

Figura 11. Carteiras "Santa Catarina", que compõe o catálogo das Indústrias Reunidas de Madeiras Jorge Zipperer & Cia. Fabricada a partir de 1930, Rio Negrinho-SC. Acervo Museu Municipal Carlos Lampe. Rio Negrinho-SC.

(12) (12a)

Figuras 12 e 12a. Cadeira nº 32. Indústrias Reunidas de Madeiras A.Ehrl & Cia. Segundo o catálogo, essa cadeira foi fabricada a partir de 1922. Esse modelo está entre os que compõem a exposição na festa do Cinquentenário de São Bento em 1923. Forma conjunto com a poltrona e o sofá. Dimensões: 91 cm (alt.) × 38 cm (comp.) × 46 cm (larg.). Acervo M. Angélica Santi. São Paulo-SP. Fotografia: Marcelo Andrade.

No pioneirismo da Cimo, especialmente no período da Jorge Zipperer & Cia, verifica-se uma sintonia entre o desenvolvimento do produto, a inovação tecnológica e a definição de metas mercadológicas.

Da mesma forma que os procedimentos artesanais na fabricação do mobiliário foram sendo substituídos gradativamente pela mecanização da produção, o desenho de alguns modelos manteve um vínculo com os estilos do passado, os quais foram produzidos enquanto que a Cimo firmava-se no mercado pela modernidade de seus produtos. Essa diversificação que atendia a um público de gosto conservador foi inexpressiva no conjunto da produção e não interferiu nas metas da empresa. É o desenho estilizado dos recortes, dos encostos e de execução mecanizada que remete aos estilos do passado, como pode ser visto na cadeira e no sofá nº 32 (figuras 12, 12a, 13 e 13a).

(13)

(13a)

Figuras 13 e 13a. Sofá nº 32. Indústrias Reunidas de Madeiras A.Ehrl & Cia. Fabricada a partir de 1922. No selo está grafado o logo IRM e "Patente nº 13414 de 13/12/1922", o que mostra que a Cimo patenteava seus móveis desde o início da fábrica de cadeiras. Forma conjunto com a cadeira da figura 12. Observa-se em ambas a padronização dos componentes e das técnicas de fabricação. Material: imbuia maciça. Dimensões: 98 cm (alt.) × 120 cm (comp.) × 56 cm (larg.). Acervo João Livoti. Curitiba-PR.

O conflito entre o novo produto, fruto da produção industrializada, e o antigo, herança do trabalho artesanal, reflete a difícil aceitação de inovações por parte do público; os produzidos segundo diferentes estilos são referências culturais ainda muito presentes na sociedade da época; essa retomada do passado acontece em vários momentos na história do mobiliário.

Na A. Ehrl & Cia., na Jorge Zipperer & Cia. e na Cia. M. Zipperer prevalece o produto industrial, que tem como referência inicial a cadeira nº 1001; a cadeira e o sofá nº 32 utilizam as mesmas peças, obedecendo a mesma lógica construtiva na utilização dos arcos, nos sistemas de ligações com parafusos, complementados com os encaixes sem cola; os assentos de madeira maciça seguem os procedimentos utilizados na fabricação da cadeira nº 4, como já visto, que antecederam à tecnologia utilizada na fabricação dos laminados moldados.

Nos catálogos do período da Jorge Zipperer & Cia., observa-se um número significativo de cadeiras feitas com madeira maciça no assento, concomitantemente com madeira laminada moldada, sendo estas mais frequentes nas cadeiras de cinema, salas de conferências e aquelas, em número menor, no mobiliário para escritório; é provável que a implantação da nova tecnologia tenha sido gradativa e que nem todos os produtos foram produzidos em escala industrial.

Essa prática se repetiu na Cia. Industrial de Móveis - Móveis Cimo S.A., a partir da experiência da empresa associada Maida Irmãos, de Curitiba, na fabricação de móveis de estilo e por encomenda, a qual estava comprometida com as técnicas artesanais de produção. Segundo Bráulio Zipperer, "tínhamos um departamento que fazia entalhamento, uma bonita mesa toda trabalhada".[62] Enquanto os recortes estilizados dos encostos da cadeira e do sofá das figuras 12, 12a, 13 e 13a e de outros modelos podiam ser feitos com a máquina, os entalhes só podiam ser fabricados manualmente, pelo artesão marceneiro; Bráulio Zipperer complementa que

> resolvemos iniciar também uma fábrica para a fabricação de móveis finos, porque os nossos eram móveis mais populares; a Maida Irmãos era fabricante de móveis de estilo, móveis finos, então trouxe a ideia de fazer móveis melhores, de mais categoria, embora a categoria do móvel era bom sempre, mas eram móveis simples e quadrados.[63]

Essa iniciativa teve curta duração por não condizer com os paradigmas da empresa: "nossa ideia era produção em massa, em quantidade e não dá para fazer em série móveis entalhados".[64] Essa linha de produtos não acompanhou a escala de produção dos móveis de linha reta. A fabricação de móveis de estilo, ou melhor, estilizados, foi retomada na década de 1970, na nova fábrica em Vila Nova, Rio Negrinho, contrastando com relação às máquinas automatizadas da fábrica. Atualmente foram desenvolvidas tecnologias para substituir o entalhe feito manualmente, o que prova que os móveis que seguem estilos do passado continuam sendo valorizados por um segmento do mercado.

Até os anos 1960, os produtos desenvolvidos nas décadas anteriores continuaram em produção com algumas modificações, quando havia.

---

[62] Entrevista concedida à autora em 1998.

[63] *Idem.*

[64] *Idem.*

No período da M. Zipperer & Cia., muitos modelos foram adaptados às exigências de padronização do Dasp (Departamento Administrativo do Serviço Público), seguindo padrões ergonômicos por ele estipulados. Observam-se nos modelos do catálogo Móveis Dasp, referindo-se às cadeiras, soluções que utilizam travessas com espigas coladas, as quais substituem os arcos vergados, o que prejudica a desmontabilidade (figura 15). Isso representou um retrocesso, pois o início da fábrica de cadeiras só ocorreu quando Martin Zipperer, no ano de 1921, encontrou no arco vergado a solução para substituir o uso da cola, permitindo que as cadeiras fossem desmontadas e embaladas para viabilizar o transporte. O mesmo aconteceu com relação a outros tipos de móveis que, como pode ser visto na escrivaninha da figura 16, utilizam quadros de madeira maciça fechados com uma chapa de compensado fina, sendo que essa solução havia sido substituída no período da Jorge Zipperer & Cia. por chapa de compensado. Uma característica que diferencia os modelos Dasp é a proteção metálica dos pés.

Figura 14. Capa do catálogo Móveis Dasp Cia. M. Zipperer, Móveis Rio Negrinho. Arquivo Museu Municipal Carlos Lampe. Rio Negrinho-SC.

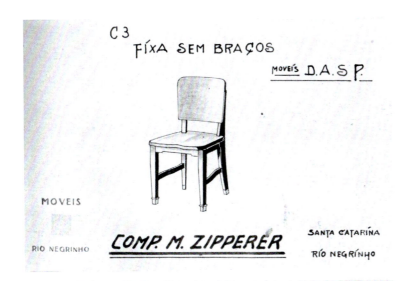

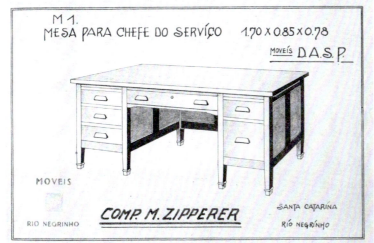

Figura 15. Catálogo Móveis Dasp Cia. M. Zipperer, Móveis Rio Negrinho. Cadeira fixa sem braço, C3. Arquivo Museu Municipal Carlos Lampe. Rio Negrinho-SC.

Figura 16. Catálogo Móveis Dasp Cia. M. Zipperer, Móveis Rio Negrinho. Mesa para chefe do serviço, M1. Arquivo Museu Municipal Carlos Lampe. Rio Negrinho-SC.

Figura 17. Cadeira com braço para escrever nº 260. Móveis Cimo S.A. A fabricação desse modelo teve início, segundo o catálogo, no período da Cia. M. Zipperer, Móveis Rio Negrinho, quando recebe o nº 260. Material imbuia. Dimensões: 86 cm. (alt.) × 56 cm.(comp.) × 62 cm (larg.). Acervo João Livoti, Curitiba-PR.

A M. Zipperer & Cia. se diferencia com relação ao período anterior ampliando a fabricação de assentos estofados, inclusive para os órgãos públicos, como mostra o catálogo Móveis Dasp.

As vendas de carteiras escolares cresceram no período da Jorge Zipperer & Cia. e intensificam-se na Cia. M. Zipperer. Continuam sendo produzidos alguns modelos fabricados por Jorge Zipperer & Cia., como a carteira "Santa Catarina", a qual no período da M. Zipperer & Cia. recebe nova versão, com desenho mais simplificado com relação à do período anterior, ajustando-se provavelmente ao aumento da produção. A carteira nº 260 (figura 17) desenvolvida no período da Cia. M. Zipperer foi muito usada, nesse e em períodos posteriores, não só para conferência, mas também para salas de aula. Esse modelo lembra a poltrona para conferência nº 256 da figura 10.

A mudança na concepção dos produtos, nesse período, ocorreu gradativamente, com algumas soluções pontuais como a carteira escolar (figura 18), cujo desenho se aproxima da concepção modernista.

A Cia. Industrial de Móveis – Móveis Cimo S.A., sem abandonar os modelos anteriores de carteiras escolares, estuda novas soluções, e aquelas dos primeiros tempos são substituídas por outras, que seguem a lógica dos novos materiais e evoluem para o desenho contemporâneo.

Seguindo as tendências dos anos 1950, a Cimo procura modernizar-se principalmente no segmento de móveis residenciais. Na *Revista Móveis Cimo* (março-abril de 1954), lançam uma linha de mobília para sala de jantar. No texto de apresentação consta que "antes do término da primeira série, já tínhamos vendido todos os conjuntos, sem esforço ou campanha publicitária que de um modo geral é feita quando há lançamento de artigos novos" (*Revista Móveis Cimo*, 1954, p. 8).

Figura 18. Carteira escolar fabricada a partir de 1939 no período da Cia. M. Zipperer – Móveis Rio Negrinho, conforme consta no catálogo do período. Acervo Museu Municipal Carlos Lampe. Rio Negrinho-SC.

Esses e outros modelos desenvolvidos na década de 1950 inovaram no desenho e no material: nas formas aerodinâmicas, nos pés de madeira no formato de cone (conhecidos como "pés palito"), conferiam leveza à peça; no uso de materiais lançados no pós-guerra, como os laminados plásticos, conhecidos como "fórmica", imitavam madeira e outros materiais; intensifica-se também o uso do metal, do *courvin* nos estofamentos geralmente com cores vivas. Essas características podem ser reconhecidas nos móveis das figuras 19, 19a, 20, 21, 21a e 22. Mais uma vez, os produtos estavam em sintonia com a modernidade.

(19)

(19a)

Figuras 19 e 19a. Cadeira nº 1036. Móveis Cimo S.A. Fabricada nos anos 1950. Estrutura de imbuia maciça, encosto e assento laminados. Estofamento original. Dimensões: 84 cm.(alt.) × 47 cm.(comp.) × 42 cm (larg.). Acervo João Livoti. Curitiba-PR.

Figura 20. Escrivaninha conjugada com estante nº 9060. Móveis Cimo S.A. Fabricada a partir da década de 1950. Feita com compensado revestido de lâminas de marfim e encabeçado com marfim maciço. Pés de madeira maciça tingida. Dimensões: 123 cm (alt.) × 121 cm (comp.) × 39 cm (larg.). Acervo João Livoti. Curitiba-PR.

Figuras 21 e 21a. Poltrona que compõe o grupo estofado nº 8137. Móveis Cimo S.A. Fabricada a partir de 1950. Estrutura de imbuia maciça, estofamento original. Dimensões: 72 cm (alt.) × 53 cm (comp.) × 63 cm (larg.). Acervo João Livoti. Curitiba-PR.

Figura 22. Catálogo Móveis Cimo S.A. Grupo estofado nº 8137. Fabricado a partir de 1950. Acervo Arnoldo Pockrandt. Curitiba-PR.

Até os anos 1950 os móveis eram criados e desenvolvidos por Martin Zipperer e seus colaboradores, mestres marceneiros conhecedores do ofício, como Martin, herdeiros de uma tradição na qual o artesão marceneiro era considerado um artista; a eles cabiam a criação, as soluções técnicas e a fabricação, feitas manualmente ou com máquinas ainda bastante imprecisas para a produção industrial.

Segundo Bráulio Zipperer, muitos marceneiros aprenderam na fábrica com Martin e, depois, "começavam a rabiscar";[65] portanto, o desenho era pensado junto com as formas de produção.

Em 1952 Martin Zipperer contrata o holandês Han Pieck e sua equipe para, segundo Nelson Buchmann,[66] reestruturar o setor de produção de compensados. Esse fato representou o início de uma nova conduta da empresa com relação ao desenvolvimento de produtos, ou seja, o profissional que cria não é mais necessariamente aquele que fabrica. Martin, ao ceder seu espaço a um profissional para desenvolver novos produtos, dá um passo em direção à modernização.

Em Curitiba foi criado o departamento técnico que desenvolvia os projetos dos produtos para as três fábricas; segundo Nelson Buchmann, teve como primeiro diretor técnico José Maria Félix, um grande conhecedor de construção de móveis, além de projetista e perspectivista.

---

[65] A análise da evolução do desenho a partir das décadas de 1950 e 1960 teve a contribuição de Gentil Schwarz, Max J. Reuss Strenzel, Bráulio Zipperer, Celso Koll Ross, Nelson Buchmann, Arnoldo Pockrandt, em entrevistas realizadas em 1995, 1996, 1998, 1999 e 2010, respectivamente.

[66] Nelson Buchmann, neto de Jorge Zipperer, entrevistado pela autora em 2010.

Han Pieck e sua equipe foram os responsáveis pelo desenvolvimento da nova tendência, a dos "anos 1950", que se populariza no pós-guerra. Permaneceram na empresa até 1959. Segundo Gentil Schwarz[67] foi criado, no departamento técnico, um setor chamado "móveis novos" para o desenvolvimento desses produtos. Foi criada grande variedade de produtos conforme as características acima mencionadas. Além dos modelos das figuras 19 a 22, o desenho do "dormitório juvenil" fabricado em imbuia maciça (figuras 23, 24 e 25) é um outro exemplo que prioriza a plasticidade com prevalência de soluções criativas, do que decorre uma execução mais trabalhosa e menos econômica. O público-alvo é provavelmente uma clientela diferenciada, com melhores condições econômicas.

---

[67] Entrevista realizada com a autora em 1995 e 1999 em Rio Negrinho. Trabalhou no departamento técnico em Curitiba.

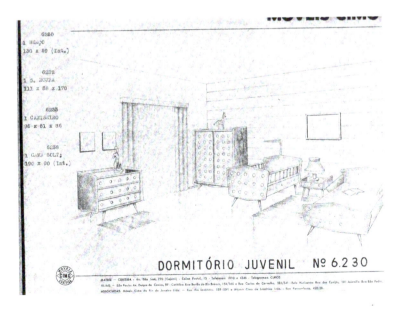

Figura 23. Catálogo Móveis Cimo S.A. Dormitório juvenil nº 6230. Móveis Cimo S.A. Fabricado na década de 1950. Acervo Arnoldo Pockrandt. Curitiba-PR.

Figura 24. Camiseiro nº 6233. Móveis Cimo S.A. Fabricado na década de 1950. Compõe o conjunto "Dormitório juvenil". Material: imbuia maciça. Dimensões: 87 cm (alt.) × 94 cm (comp.) × e 45 cm (larg.). Coleção João Livoti. Curitiba-PR.

Figura 25. Cama de solteiro nº 6238 e mesa de cabeceira. Móveis Cimo S.A. Fabricado na década de 1950. Compõe o conjunto "Dormitório juvenil". Material: imbuia maciça. Dimensões: 59 cm (alt.) × 196 cm (comp.) × 109 cm (larg.). Coleção João Livoti. Curitiba-PR.

Em 1959 o designer francês Emille Scofone foi contratado pela empresa em substituição aos holandeses e lá permaneceu até 1982, trabalhando em Curitiba; saiu um pouco antes de a Cimo fechar.

No período da Móveis Cimo S.A. o desenvolvimento do produto, segundo Arnoldo Pockrandt,[68] realiza-se por etapas que incluem diferentes profissionais: a primeira refere-se ao desenho de criação, a segunda, ao projeto executivo e, por fim, à prototipagem. O projetista cria o modelo em perspectiva que, depois de aprovado pela diretoria, é encaminhado ao departamento técnico para a elaboração do projeto executivo. Segundo Bráulio Zipperer, um só não bastava, houve também, além de Emile Scofone, outros desenhistas. Na indústria de móveis Habitasul,[69] por exemplo, foram encontrados, entre 1998 e 1999, desenhos com as iniciais "E" de Emille Scofone, outros com "ALM" e "SZ". O projeto executivo era feito no departamento técnico da fábrica de Curitiba, e Arnoldo relata que "fazia o desenho das vistas, cortes e o detalhamento técnico com cotas na escala de 1:1", e acrescenta: "com as cotas o marceneiro encarregado fazia o levantamento de toda a matéria-prima". Na fábrica de móvel Habitasul foi encontrada grande quantidade de desenhos como os descritos por Arnoldo.[70]

Celso Koll Ross conta que, quando trabalhava no setor de protótipos na fábrica de Rio Negrinho, "vinha um designer do

---

[68] Arnoldo Pockrandt, desenhista projetista da Cimo, trabalhou de 1959 a 1966 na fábrica de Curitiba. Entrevista concedida à autora em março de 2010.

[69] Indústria de Móveis Habitasul, hoje pertencente à fábrica de móveis Meu Móvel de Madeira, em Rio Negrinho-SC, onde funcionava uma das fábricas da Móveis Cimo. Pesquisa realizada pela autora em 1998-1999.

[70] Pesquisa realizada pela autora na fábrica de móveis Habitasul, na antiga fábrica da Cimo, hoje Meu Móvel de Madeira. Rio Negrinho-SC. 1999.

Uruguai, ele fazia somente um esboço, um croqui, e se sentava com a gente para tirar dúvidas, suas visitas eram semanais"; o protótipo resolvido era desmontado, e o "departamento técnico" fazia o desenho executivo. Na afirmação de Koll Ross, observa-se que, a partir da criação do departamento técnico na fábrica de Curitiba, houve uma mudança na condução do desenvolvimento do produto em razão de o projeto executivo ser feito na fábrica de Curitiba, dirigida por Raimundo Egg, e a prototipagem ser feita na fábrica de Rio Negrinho, dirigida por Martin Zipperer. É significativo o desenvolvimento do projeto executivo feito a partir do protótipo, pois remete à experiência de artesão de Martin, na qual não havia separação entre o criar e o fazer; nessa metodologia de desenvolvimento de produto, o desenho do produto é resolvido concomitantemente à produção.

Emille Scofone intensifica, segundo Bráulio, a fabricação de móveis para sala de jantar e dormitório e introduz estruturas metálicas nos móveis de escritório, permanecendo nos tampos e nos gaveteiros as chapas de compensado e, posteriormente, aglomerado. São desenvolvidos produtos para diferentes segmentos do mercado e classificam-se o mobiliário residencial (dormitórios, salas de jantar e estofados) em popular, médio e de luxo. A linha de dormitório 6700, por exemplo, é destinada ao mercado popular, a 6800, ao médio, e a 6900 são dormitórios de luxo. O "dormitório de casal popular nº 6760" (figura 26) é destinado ao segmento popular conforme "Codificação numérica dos modelos de móveis Cimo".[71]

---

[71] Documento encontrado na pesquisa realizada pela autora, em 1999, na então Fábrica de móveis do grupo Habitasul em Vila Nova, Rio Negrinho, SC; atualmente, Meu Móvel de Madeira.

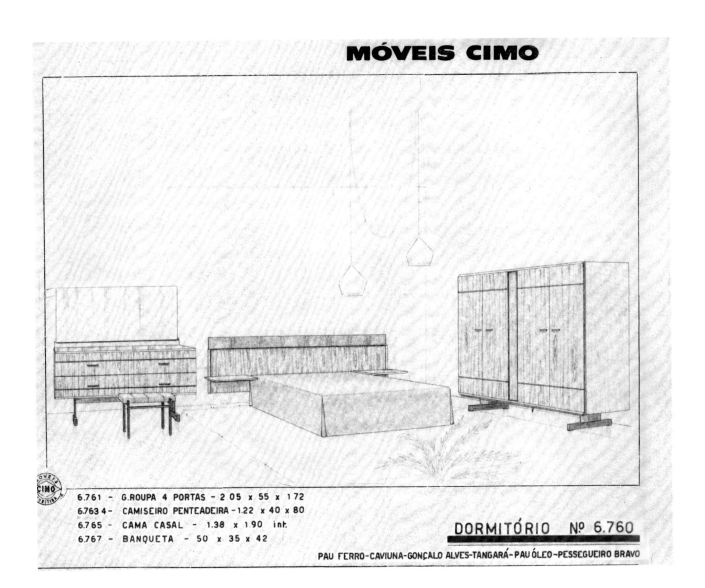

Figura 26. Dormitório de casal popular, n° 6760, Móveis Cimo S.A. Fabricado a partir de 1960. Cada peça da linha recebe uma numeração: guarda-roupa 4 portas n° 6761 com 205 cm (alt.) × 173 cm (comp.) × 55 cm (larg.). Camiseiro penteadeira n° 6763-4 com 80 cm (alt.) × 122 cm (comp.) × 40 cm (larg.). Cama de casal n° 6765 com 190 cm (comp.) × 138 cm (larg.).

Em decorrência da abrangência do mercado houve um aumento significativo de itens em produção, os quais atendem ao poder aquisitivo e às preferências de diferentes públicos. Essa diversidade compromete a produção em grande escala. Segundo Arnoldo e Buchmann, eram produzidos de 120 a 150 dormitórios por mês, o que mostra uma mudança significativa com relação às quantidades fabricadas nas primeiras décadas.

Arnoldo, ao comentar essa diversificação, diz que

> a estrutura era a mesma, o tamanho da caixa (ao se referir aos armários) era o mesmo para o móvel popular (ou seja, para cada segmento do mercado – popular, médio e de luxo), só o padrão da lâmina que mudava. Para a cama, a parte do estrado era igual; o que mudava era a cabeceira.

O diferencial, portanto, de um desenho para o outro não está na concepção do produto – este continua padronizado – e sim nos acabamentos, nas ferragens, nos materiais e nos tratamentos ornamentais aplicados às superfícies como portas, gavetas, cabeceira, peseira das camas, etc. Para Arnoldo, Emille Scofone, como projetista, fazia o esboço da ideia e, com o marceneiro, mostrava como queria o móvel, decidia o padrão da lâmina – se era de marfim, caviúna, pau-ferro – os puxadores e os apliques decorativos.[72]

É possível verificar ainda nos desenhos dos móveis diferentes estilos, provavelmente na tentativa de agradar aos diferentes públicos: a estilização de modelos tradicionais como a sala de jantar nº 7360 (figura 27) e o conjunto de estofados nº 8021 (figura 28); a estética dos anos 1950 na maioria dos assentos

---

[72] Entrevista com a autora em 2010.

Figura 27. Sala de jantar nº 7360. Móveis Cimo S.A. Fabricada a partir de 1960. Acervo Arnoldo Pockrandt.

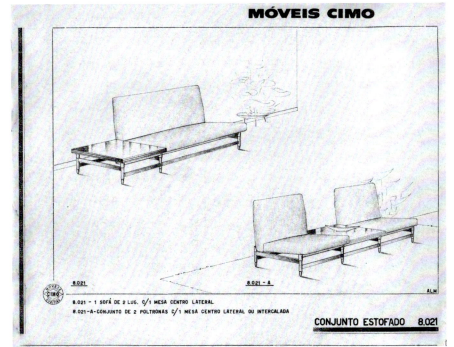

Figura 28. Conjunto de estofados nº 8021. Catálogo Móveis Cimo S.A. Grafada com as iniciais "ALM", provavelmente do desenhista projetista e/ou perspectivista. Fabricado a partir de 1960. Acervo João Livoti.

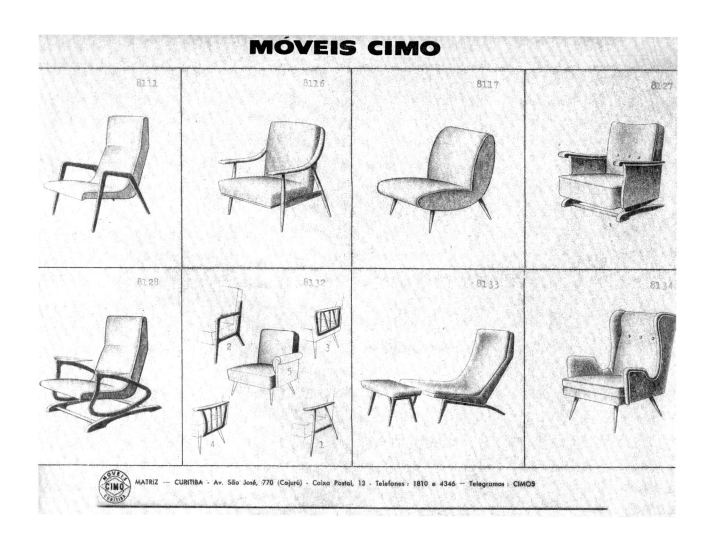

Figura 29. Poltronas diversas. Catálogo Móveis Cimo S.A.
Acervo Arnoldo Pockrandt.

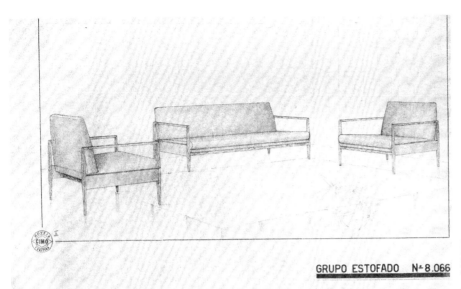

Figura 30. Conjunto de estofados nº 8066. Catálogo Móveis Cimo S.A. Grafado com a letra "E", de Emille Scofone. Fabricado a partir de 1960. Acervo Arnoldo Pockrandt.

do catálogo da Móveis Cimo (figura 29), os pés em formato de cone e formas aerodinâmicas, e outros modelos, em menor número, híbridos, que misturam o moderno com soluções do passado, como no modelo nº 8134, cujo encosto no formato da tradicional *berger* coexiste com os chamados pés palitos; as linhas do móvel contemporâneo no conjunto de estofados nº 8066 (figuras 30, 31 e 31a) desenvolvido na década de 1960. A fabricação de móveis estofados é intensificada na década de 1950, substituindo os assentos e encostos de madeira compensada que caracterizou as primeiras décadas. "A moda era diferente, ninguém se sentava numa cadeira de pau", afirma Max Josef Reuss Strenzel.[73]

Esses profissionais projetistas passam a imprimir um estilo próprio no desenvolvimento dos produtos, o que prejudicou a identidade da Cimo, muito forte em época anterior.

---

[73] Max Josef Reuss Strenzel, em entrevista à autora, em 1999.

(31)

Figuras 31 e 31a. Poltrona que compõe o conjunto nº 8066. Móveis Cimo S.A. Provável autoria de Emille Scofone. Fabricada a partir de 1960. Estrutura de imbuia, assento e encosto estofados. Dimensões: 72 cm (alt.) × 53 cm (comp.) × 63 cm (larg.). Acervo João Livoti.

(31a)

    Outros produtos desenvolvidos pela Cimo seguiam a tendência do mobiliário contemporâneo como a linha infinita, que podia ser usada em ambientes institucionais ou residenciais: um sistema modular que permitia várias composições que se ajustavam a diferentes funções, servindo inclusive como divisão de ambientes e cujo desenho seguia a lógica do sistema construtivo; a beleza do produto não dependia dos recursos decorativos, esta se encontra, no caso dos armários, na composição dos volumes, dos cheios e vazios, nas cores, nos materiais e nas soluções construtivas; esse sistema modular pede complementos como mesas, cadeiras, poltronas, cujos desenhos, também de linha reta e funcionais, seguem os mesmos conceitos.

Figura 32. Catálogo Móveis Cimo, posterior a 1965. Estante Aquarius nº 7612 e cadeiras e mesa do conjunto para sala de jantar "Aquarela" nº 7610. Inovam na utilização de painéis em laqueado e acrílico. Acervo Museu Municipal Carlos Lampe. Rio Negrinho-SC.

Nessa perspectiva, outras linhas são desenvolvidas seguindo a mesma tendência, como a estante "Aquarius" nº 7612 (figura 32), que é composta com as cadeiras e com a mesa da sala de jantar "Aquarela" nº 7610. O desenho e a utilização de novos materiais atribuem a esses móveis as qualidades, entre outras, de leveza, praticidade e versatilidade, proporcionando um aspecto jovial e moderno ao ambiente.

Os móveis de escritório seguiam as demandas do mercado por móveis de linhas retas condizentes com os escritórios modernos, como no modelo nº 9300 (figura 33), os quais permitiam organizar o espaço de acordo com a atividade,

Figura 33. Catálogo Móveis Cimo, posterior a 1965. Mobília para escritório, linha linear nº 9.300. Acervo Museu Municipal Carlos Lampe. Rio Negrinho-SC.

Figura 34. Poltrona giratória para escritório. Móveis Cimo S.A. Fabricada a partir de 1960. Feita em imbuia maciça e estofamento no assento e no encosto. Dimensões: 90 cm (alt.) × 60 cm (comp.) × 55 cm (larg.). Acervo João Livoti. Curitiba-PR.

e a cadeira giratória (figura 34), que oferecia maior conforto devido à sua mobilidade. Utiliza-se aglomerado nos painéis, como nos tampos, gaveteiros, etc., e, nas estruturas como nos pés e nas travessas, geralmente utiliza-se madeira maciça ou metal. A construção de Brasília aquece as indústrias desse setor, e a Cimo fabrica móveis para a nova capital, porém enfrenta a concorrência de novas empresas identificadas com o novo projeto arquitetônico.

O investimento em tecnologia para a produção industrial, no final dos anos 1960 e no início dos anos 1970, e as tendências do mercado foram determinantes no desenvolvimento da nova linha; o aglomerado foi e continua sendo a matéria-prima adequada à produção em escala industrial e ao maquinário adquirido.

Desse modo, o mobiliário da Cimo ficou conhecido nacionalmente pelos produtos desenvolvidos entre 1921 e 1944; considerados de vanguarda, formaram e alavancaram o mercado nacional. Com o crescimento da empresa, a indefinição de seus desígnios e a diversidade dos produtos desenvolvidos, torna-se mais difícil identificar quando o móvel é Cimo. Nas décadas subsequentes, especialmente depois de 1960, a marca Cimo ficou associada às qualidades técnicas de resistência e bom acabamento e não à inovação do desenho. Deixou-se o pioneirismo na concepção dos novos produtos para acompanhar o que era oferecido no mercado.

Os investimentos em tecnologia vieram para otimizar a produção industrial com vistas ao mercado interno, em crescente demanda, e ao externo.

OUTROS DESDOBRAMENTOS

A LOGOMARCA

Os produtos eram identificados também pela logomarca, cujos desenhos expressam a continuidade da empresa em suas diferentes razões sociais: a marca "Indústrias Reunidas de Madeiras – IRM" (figura 35) corresponde aos períodos da A. Ehrl & Cia. e Jorge Zipperer & Cia.; no período da "Cia. M. Zipperer – Móveis Rio Negrinho" (figura 36), apenas a sigla IRM é modificada para MRN, permanecendo o mesmo desenho, no período da "Cia. Industrial de Móveis – Móveis Cimo S.A." (figuras 37 e 37a), houve uma simplificação no desenho, o que representou uma modernização sem, no entanto, perder a identidade com relação às anteriores. Com a mudança para "Móveis Cimo S.A.", o desenho da logomarca permanece, mudando apenas o nome que se apresenta com mais de uma grafia, como "Móveis Cimo Curitiba", "Móveis Cimo qualidade internacional" (figuras 38 e 38a). Variam as cores, especialmente quando se referem aos períodos de Jorge Zipperer & Cia. e Móveis Cimo S.A.; usam, entre outras cores, a preta e branca, vermelha, verde, amarela. Já no ano de 1975, uma nova logomarca foi criada, rompendo com a continuidade das anteriores (figura 39). Essa mudança já vinha sendo anunciada desde 1971 em alguns catálogos e nas publicações do "relatório da diretoria e balanço anual" da empresa, com o uso da grafia "Móveis Cimo" ou "Móveis Cimo S.A.", com um novo tipo de letra, como pode ser visto nos catálogos das figuras 26, 28 e 29, porém vinha acompanhada da logomarca da Móveis Cimo, o que entra como reforço à nova proposta, que com o tempo é incorporada. Essa grafia, já identificada com a Móveis Cimo,

(35)

(36)

(37)

(37a)

(38)

(38a)

(39)

Figura 35. Logomarca das Indústrias Reunidas de Madeiras A. Ehrl & Cia. (1919 -1925) e Indústrias Reunidas de Madeiras Jorge Zipperer & Cia. (1925 – 1939).

Figura 36. Logomarca da Cia. M. Zipperer – Móveis Rio Negrinho (1939 – 1944).

Figuras 37 e 37a. Logomarca e variação da Cia. Industrial de Móveis – Móveis Cimo S.A. (1944 – 1954).

Figuras 38 e 38a. Logomarca do período da Móveis Cimo S.A. (1954 - 1975).

Figura 39. Logomarca da Móveis Cimo S.A. (1975 - 1982).[74]

---

[74] Hoje a marca Cimo pertence à empresa Meu Móvel de Madeira Comércio de Móveis e Decorações, funcionando no mesmo prédio da fábrica construída pela Cimo em Vila Nova, Rio Negrinho-SC, nos anos 1970.

acompanha a nova logomarca, o que garantiu a continuidade da identidade visual da empresa.

MATÉRIA-PRIMA

Como empreendedores, Jorge e Martin Zipperer destacam-se também quanto ao uso e às políticas adotadas com relação à matéria-prima, conforme revelam documentos deixados pelos irmãos Zipperer.

A abundância de madeira na região, sua boa qualidade e o fato de ser apropriada para o fabrico de móveis constituíram fatores de incentivo aos investimentos realizados por Jorge Zipperer e posteriormente por Martin Zipperer, constituindo, assim, a madeira, durante todo o processo de desenvolvimento da Móveis Cimo, o principal material empregado na fabricação do mobiliário.

A matéria-prima utilizada a princípio era imbuia, cedro, pinho e canela em seu estado maciço. Nos primeiros tempos, foram adquiridas dos proprietários circunvizinhos árvores ou matas como reserva de matéria-prima de qualidade. O valor da propriedade dependia das matas nela encontradas. Para exemplificar essa prática, por volta de 1923, "Jorge Zipperer e Antonio Zipperer, este empregado da firma desde 1912, adquiriram no Bituva, município de Mafra, dos herdeiros de Seraphim Bino de Andrade, 6 a 8 mil pinheiros, imbuias, cedros, etc. ao preço de RS4$000 a RS6$000 por árvore, para mais tarde colocar a Serraria Encruzilhada" (Zipperer, s/d., p. 7). Na época, elaborou-se uma escritura de compra e venda da madeira, estipulando-se o prazo de aproximadamente vinte anos como tempo para uso da propriedade. Essa prática ocorreu nas primeiras décadas, porém, com o crescimento da empresa, cresceu também a aquisição de matas próprias para abastecer a produção dos móveis.

O aumento do consumo de madeira intensifica-se com a fabricação da madeira compensada, a partir de 1932, que, por sua vez, repercute no crescimento da produção em grande escala, desencadeando um elevado consumo dessa matéria-prima. Este volume levou Martin Zipperer a ver na política de reflorestamento uma saída que garantisse matéria-prima para a indústria. Somava-se a isso a consciência que tinham do mal que representava o desmatamento para o equilíbrio ecológico, graças aos ensinamentos do pai, Josef Zipperer, que condenava a derrubada das matas praticada por pessoas inescrupulosas, que tornava a terra improdutiva.

Desse modo, ao prever, ainda na década de 1930, a escassez de matéria-prima para a indústria moveleira e o desequilíbrio ecológico em curto espaço de tempo, Martin, em 1932, no mesmo ano em que tem início a fábrica de compensado, numa iniciativa de vanguarda, começa o plantio de pinheiros (*Araucaria angustifolia*) e posteriormente de carvalho, imbuia e pinheiro português (*Pinus insignis*) em terreno próprio (*Guia Banyan de Campinas*, 1959).

Dedica-se por vários anos ao estudo e ao experimento de reflorestamento dessas e de outras espécies, chegando a resultados satisfatórios após vários anos na condução do plantio; ao redor de sua propriedade plantou várias árvores, o que permitiu um melhor acompanhamento. Dedicou-se especialmente à pesquisa do reflorestamento consorciado, ou seja, com várias espécies, e do carvalho, de procedência europeia, cuja madeira de excelente qualidade é muito valorizada na fabricação de móveis. No plantio de carvalho feito por Martin em Rio Negrinho, em vinte anos o seu aproveitamento na indústria já era possível, enquanto na Europa isso ocorre após quase um século; os mesmos resultados obteve com a imbuia; em 25 anos já estava em condições de corte para o uso na indústria. Se considerado que um tronco de imbuia tirado da mata nativa e usado para a fabricação de compensado na Cimo chegou a medir 1,50 m de diâmetro, e uma idade calculada em aproximadamente 600 anos, com essa iniciativa Martin prestou um relevante serviço ao mostrar que é possível o emprego da madeira na fabricação de móveis e a preservação das florestas, o que representou também um avanço para a indústria moveleira.[75]

Em 1940, foi feito o primeiro projeto de reflorestamento, aprovado pelo Instituto Nacional do Pinho,[76] hoje Ibama (Instituto Brasileiro do Meio Ambiente e dos Recursos Naturais Renováveis).

Em 1954, em uma das áreas reflorestadas, já totalmente arborizadas, achavam-se distribuídos: 50.000 pinheiros, 20.000 carvalhos europeus, 1.500 imbuias, 6.000 pinheiros chilenos, 6.000 pinheiros portugueses, além de 1.500 pés de erva-mate. Eram três as áreas reflorestadas denominadas como: Reflorestamento 1, Reflorestamento 2, Reflorestamento 3.[77]

---

[75] Essas informações foram obtidas na publicação "Plantação de carvalho e outras espécies em Rio Negrinho, SC" do "Suplemento Agrícola" do jornal *O Estado de S. Paulo*, em 7 de novembro de 1962.

[76] O Instituto Nacional do Pinho foi extinto em 1967, sendo sua atividade substituída pelo IBDF (Instituto Brasileiro de Desenvolvimento Florestal); este, por sua vez, foi extinto em 1989 e substituído pelo Ibama (Instituto Brasileiro do Meio Ambiente e dos Recursos Naturais Renováveis).

[77] Foi feito em 1969 o "Levantamento em diversas áreas do reflorestamento do plantio desde 1930"; esse trabalho foi encomendado por Martin Zipperer e feito nas três áreas reflorestadas, especificando: os tipos de árvores, o ano e o tempo do plantio, a altura e o diâmetro das árvores. – Arquivo Maria Lina Keil.

Martin Zipperer recebeu a medalha Marechal Rondon pela realização de um reflorestamento consorciado, pelo plantio de uma floresta natural com várias espécies, em benefício do equilíbrio ecológico, contrariando a orientação do então Instituto Brasileiro de Desenvolvimento Florestal (IBDF), atual Ibama, com relação ao plantio de uma única espécie como o desejado para o equilíbrio ecológico.

Em 1964, recebe pela Sociedade Geográfica Brasileira a Medalha Marechal Cândido Mariano da Silva Rondon.

Em 1965, recebe pela Sociedade Geográfica Brasileira a Medalha da Primavera Doutor Cândido Couto de Magalhães.

Segundo Bráulio, Martin Zipperer chegou a plantar 2.500.000 árvores, as quais não puderam ser usadas pela Cimo devido ao fato de a empresa ter fechado antes de estas completarem 25 anos, sendo que, segundo ele, a madeira reflorestada levava 25 anos para poder ser usada na fabricação de móveis.

Figura 40. Muda de imbuia a ser plantada no reflorestamento de 1940. Arquivo Maria Lina Keil. Curitiba-PR.

Figura 41. Reflorestamento em 1944. A foto mostra o crescimento em quatro anos do reflorestamento iniciado em 1940, conforme foto acima. Arquivo Maria Lina Keil. Curitiba-PR.

Figura 42. Floresta mista, com plantação de várias espécies. Arquivo Maria Lina Keil. Curitiba-PR.

Figura 43. Vista aérea da floresta mista. No centro, a propriedade de Martin Zipperer circundada pela floresta. Arquivo Maria Lina Keil. Curitiba-PR.

COMERCIALIZAÇÃO E MERCADO

Primeiramente em São Paulo, e depois em outras cidades, a comercialização dos móveis nas primeiras décadas do século XX era realizada por meio de representantes. Segue um relato detalhado que mostra quanto a política de comercialização da empresa e a atuação dos representantes no mercado, no período acima mencionado, determinaram a definição do desenvolvimento dos produtos, a escala de produção, as mudanças na base produtiva e o investimento em tecnologia; isso fica visível com o crescimento das vendas de cadeiras, poltronas de cinema e carteiras escolares, verificando-se assim uma simbiose entre produto, produção e mercado.

A princípio os representantes não se mostraram muito eficientes na comercialização dos produtos, e a falta de encomendas ameaçava a fábrica de cadeiras. Jorge Zipperer atribuiu também o prejuízo nas vendas ao fato de os tipos de cadeiras por eles produzidas não serem conhecidos no mercado. Para sanar essas dificuldades viaja a São Paulo, onde permanece por algum tempo, estabelecendo contatos que revertem a favor da empresa. Nomeia Adolfo Moretz vendedor de cadeiras e Gustavo Zieglitz vendedor e comprador de poltronas para cinema, cuja colocação era facilitada por este trabalhar, segundo Jorge Zipperer, com o mercado de fitas cinematográficas, mantendo contato com todos os cinemas de São Paulo.[78] Com a atuação desses dois representantes, as vendas melhoraram em São Paulo. A fábrica de cadeiras passou a receber encomendas em abundância, especialmente pedidos para a instalação de cine-

---

[78] A crônica deixada por Jorge Zipperer traz uma descrição detalhada da política de comercialização.

mas e teatros. Dessa forma, os móveis começaram a ficar conhecidos no mercado paulista e, por consequência, amplia-se sua comercialização para o Rio de Janeiro, sul de Minas Gerais e Rio Grande do Sul.

A fábrica só aceitava encomendas quando estas eram em quantidades que justificassem a produção, pois os móveis não eram comercializados no varejo e com isso dependiam do desempenho e pontualidade de seus representantes. Essa exigência era maior nas primeiras décadas, pois só deles dependia a comercialização.

A oscilante atuação dos representantes no mercado repercutiu no desempenho da empresa, que conseguia superar cada dificuldade. Entre essas crises, uma das mais sérias foi a ocorrida em São Paulo com a concordata de Moretz em 1926, trazendo prejuízos para a fábrica de caixas e, principalmente, para a de móveis. Esse foi um período de crise no Brasil e no exterior que levou a muitas falências e concordatas, o que prejudicou as vendas em São Paulo. Para solucionar as dificuldades que vinham enfrentando com a comercialização dos produtos em 1927, Martin e Jorge viajam a São Paulo e nomeiam Eduardo Whitaker Penteado, cujo desempenho fez aumentar significativamente a venda de cadeiras e, consequentemente, a produção na fábrica, e a situação econômica se modifica.

Em decorrência de constantes desavenças entre Zieglitz e Penteado, este exige exclusividade de representação em todo o Brasil, o que lhe foi concedido com exceção dos estados do Sul, e Zieglitz continua vendedor de cadeiras de cinema. Penteado faz sociedade no Rio de Janeiro com a empresa P. Kastrup & Cia. Ltda., sendo os sócios Paulo Kastrup e Hermano Ribeiro. Penteado empreende viagens pelo estado de São Paulo, o que torna os produtos muito conhecidos, e reforça a colocação no mercado de carteiras escolares. As vendas voltam a aumentar significativamente em todos os estados, sobretudo de cadeiras de cinema e de carteiras escolares.

O constante aumento das vendas não apenas em São Paulo, mas em outros estados, exige mudanças na base produtiva da empresa.

Dependendo da atuação dos representantes, novas oscilações das vendas ocorrem, no entanto, são superadas em seu processo de desenvolvimento. Uma das maiores dificuldades foi devido ao contrato de exclusividade com Penteado, limitando as vendas nos estados. Somente em 1930, com o rompimento do contrato de exclusividade, é que foram nomeados representantes nas cidades de Belo Horizonte, Porto Alegre, Florianópolis, Joinville, Curitiba, Maceió, Aracaju, Recife, Salvador e Fortaleza, ficando a firma Penteado Ayres & Cia. (decorrente da nova sociedade de Penteado com o sócio capitalista Paulo Ayres) com exclusividade em São Paulo, sul de Minas e Triângulo Mineiro. Por sua vez, Gustavo Zieglitz continua, apesar de oscilações, vendendo cadeiras e poltronas de cinema.

As crises e as dificuldades no gerenciamento da comercialização não impediram o crescimento das vendas nos anos subsequentes, destacando-se o fornecimento para os órgãos governamentais intensificado no período da Cia. M. Zipperer – Móveis Rio Negrinho. Em 1949, foram criadas filiais para vendas em São Paulo, Rio de Janeiro e Londrina, e representações em onze estados e, segundo Martin, ao todo eram 111 representantes (Zipperer, 1955, p. 13).

As informações dos catálogos e panfletos eram apropriadas aos vendedores ou aos empresários possuidores de firmas de representações ou até mesmo a lojas para comercialização dos produtos. Esse veículo orientava as vendas e o fluxo das mercadorias; para isso era indispensável que os móveis fossem padronizados e que houvesse definição das metas mercadológicas.

O catálogo da A. Ehrl & Cia. é, por excelência, um exemplo que se diferenciava ao fornecer aos clientes e revendedores as informações relativas ao produto, mostrando suas propriedades e possibilidades de uso, ao contrário de outros encontrados comumente no mercado, que davam ênfase ao caráter publicitário.

Nos catálogos do período que corresponde à razão social Jorge Zipperer & Cia., destaca-se a intenção de ampliar cada vez mais o mercado e atender diferentes públicos, o que fica claro nos dizeres "servir bem por preços módicos para vender muito", como já mencionado, e nas frases que acompanham as cadeiras de cinema, as quais orientam inclusive com relação ao público-alvo. Estes adquirem um caráter mais promocional do que o anterior, mas sem deixar o aspecto educativo, enfatizando o incremento na produção de novos materiais e possibilidades tecnológicas.

Na Cia. M. Zipperer – Móveis Rio Negrinho, destacam-se os catálogos dirigidos a clientes específicos, especialmente para os órgãos públicos, como o "Móveis Banco do Brasil" e "Móveis Dasp" (Departamento Administrativo do Serviço Público).

Os primeiros anos da Cia. Industrial de Móveis – Móveis Cimo S.A. não apresentam mudanças relevantes na comercialização e divulgação dos produtos. Estas acontecem ao longo do seu processo de desenvolvimento, primeiramente com a publicação da *Revista Móveis Cimo*, a qual cria um novo espaço para o posicionamento dos produtos no mercado e sua divulgação até então feita pelos representantes, e com a abertura de lojas próprias, atingindo com isso um público mais diversificado; segundo Bráulio Zipperer, era uma condição para ser representante da Cimo ter depósito ou loja.[79] Esse período corresponde à mudança da razão social para Móveis Cimo S.A., na década de 1950.

Outra importante mudança ocorre a partir de Emille Scofone, com a fabricação de móveis de linha reta para dormitórios e salas, diversificando o público-alvo, anteriormente focado nos móveis institucionais, para o mercado de móveis residenciais. Talvez um dos fatores que determinou essa mudança foi a concorrência no mercado de móveis institucionais, com a abertura de várias indústrias, inclusive com representações estrangeiras no Brasil, como já foi visto.

Na filial de Curitiba, aceitavam-se pedidos por encomenda para clientes especiais, como Mesbla, Mappin e Sears, objetivando a exclusividade. Arnoldo conta, em entrevista a esta autora, que Scofone se reunia com os representantes desses clientes que escolhiam modelos de puxadores, de aplique decorativo, etc., diferenciando assim o produto em diferentes lojas. Segundo Buchmann (entrevista em 2010), com esse objetivo fizeram também no *showroom* da fábrica exposições com dez conjuntos de mobílias desenvolvidas especialmente para esses clientes, que, ao visitá-las, sugeriam modificações que contemplavam seus interesses, as quais Scofone, na medida do possível, incorporava ao produto. Comercializavam também, nos anos 1960, móveis de estilo para um público reduzido, devido ao fato de a fabricação ser em pequena escala.

---

[79] Entrevista concedida à autora em 1998.

A divulgação e a comercialização continuam sendo feitas, até onde se tem conhecimento, por meio de catálogos (utilizados pelos representantes e pelas lojas), fôlderes e de publicações em revistas; eram feitas campanhas publicitárias conforme informa a *Revista Móveis Cimo*.[80]

O catálogo continua sendo o principal instrumento para a comercialização. A partir dos anos 1960, foi criado um novo conceito de catálogo, e para sua maior compreensão é importante conhecer o sistema de código numérico que identifica e organiza os produtos.[81]

Nesse sistema os móveis são agrupados primeiramente por funções. Cada item recebe numeração em milhar, correspondendo 1000 às cadeiras, 6000 aos dormitórios, 7000 às salas de jantar, e assim por diante. Cada um desses itens tem várias linhas, e cada linha tem vários modelos. As linhas mantêm o milhar e modificam a centena, algumas recebem um nome, por exemplo, linha linear 9300 (figura 33). Os modelos que compõem as linhas recebem numeração que varia na dezena, e no caso das peças de cada modelo, a numeração varia na unidade. Exemplificando: na linha para dormitório popular nº 6700 os modelos, segundo a codificação numérica, recebem a numeração 6710, 6720 e assim consecutivamente, somando no total nove modelos, entre eles o dormitório nº 6760 da

---

[80] O material levantado contou com a colaboração do Museu Municipal Carlos Lampe e dos ex-funcionários Arnoldo Pockrandt, Alcides Raimundo Liebl e Max Josef Reuss Strenzel e da Fábrica de Móveis do grupo Habitasul em Vila Nova, Rio Negrinho, 1999, hoje Meu Móvel de Madeira. Outros meios de divulgação, além dos mencionados, podem ter sido utilizados nas campanhas publicitárias, como em jornais, *outdoors*, divulgação radiofônica, etc., utilizados na época. Porém não foi encontrada nenhuma informação a esse respeito.

[81] A "Codificação numérica dos modelos de móveis Cimo" encontrada na fábrica de móveis Habitasul (1999) foi referência para a compreensão do novo conceito dos catálogos: relaciona o código do produto, o tipo de mercadoria, o material, a fábrica onde o modelo foi produzido e um campo para observações.

figura 26, que é outro exemplo desse sistema: guarda-roupa nº 6761, camiseiro/penteadeira nº 6763/4, cama de casal nº 6765, banqueta nº 6767.

Cada modelo tem uma espécie de ficha: na frente, a foto do conjunto ambientado e, no verso, o desenho das vistas de cada móvel que compõe a mobília com as medidas e com os textos explicativos que informam os materiais. Com o decorrer do tempo, houve variações mais simplificadas sem, no entanto, mudar o conceito. Esse sistema flexibiliza a utilização do catálogo, na medida em que este pode ser montado de acordo com a natureza da venda e dos produtos em linha de fabricação; além de fichas impressas, encontra-se grande quantidade de cópias heliográficas comumente usadas pelos vendedores. No catálogo "Móveis Cimo" posterior a 1975, já com a nova logomarca, essas fichas foram agrupadas em um fichário.

Durante décadas, a Cimo não teve problemas com a colocação de seus produtos no mercado. A partir de 1975, as dificuldades se manifestaram com maior intensidade, porém não foram os problemas com a comercialização os únicos responsáveis pela crise ocorrida a partir dessa data e que desencadeou o encerramento das atividades em 1982.

FÁBRICAS

Por duas décadas, entre os anos de 1921 e 1944, a cidade de Rio Negrinho sediou a base produtiva da Cimo, funcionando inicialmente na serraria e fábrica de caixas da A. Ehrl & Cia. com a fabricação de cadeiras, para a qual foi construído no ano de 1924 um edifício próprio; o maquinário era o tradicionalmente usado na fabricação de móveis. Entre os anos de 1928 e 1929, no período das Indústrias Reunidas de Madeiras Jorge Zipperer & Cia., a fábrica foi ampliada para receber maquinário importado da Alemanha, para a fabricação de compensado e laminado moldado, e foi construído um novo edifício para esse fim. Em 1939, têm início estudos para a construção de uma nova fábrica de pedra e cal, segundo Martin, iniciada em 1940 e concluída em 1943 (Zipperer, 1955, p. 11).

Com a Cia. Industrial de Móveis, Móveis Cimo S.A., a base produtiva da empresa compreendeu: a fábrica de Rio Negrinho, com área total de 89.000 m^2 e área construída de 13.943 m^2; a fábrica de Curitiba, com área total de 58.100 m^2 e área construída de 7.000 m^2; construção do primeiro pavilhão na fábrica de Joinville, com área construída de 1.493,55 m^2 em área total de 6.324,10 m^2 (Catálogo da Cia. Industrial de Móveis – Móveis Cimo S.A.). Com o crescimento da empresa, a base produtiva foi ampliada; segundo catálogo da Móveis Cimo S.A., Curitiba possuía uma área total de 64.240 m^2 e 16.197.85 m^2 de área construída; Rio Negrinho, uma área total de 102.100 m^2 e 25.535.50 m^2 de área construída, e Joinville com área total de 8.930 m^2 e 2.809 m^2 de área construída. Em 1972, teve início a construção de uma nova unidade fabril em Vila Nova, Rio Negrinho, com área total de 175.469 m^2 (catálogo da Móveis Cimo S.A.). Foi prevista no projeto a construção de três unidades, as quais foram construídas por etapas.

Nessa localidade funciona hoje a Indústria de Móveis Meu Móvel de Madeira.

A fábrica de Curitiba, sede da empresa que centralizava o desenvolvimento dos produtos, fabricava estofados e linhas de dormitórios médios e de luxo; os populares eram geralmente fabricados em Joinville. Na fábrica de Rio Negrinho, a maior base produtiva da Cimo, com maior número de empregados, funcionava o setor de prototipagem. Fabricava salas de jantar, móveis para escritórios, cadeiras, poltronas fixas, giratórias e de cinema, escrivaninhas, carteiras escolares, mesas de centro e de bares, estantes. Apesar de cada fábrica se especializar em determinadas linhas, ocorriam exceções como a linha nº 3020 de carteiras escolares, uma especialidade da fábrica de Rio Negrinho, que era também fabricada em Curitiba. Quando a fábrica de Vila Nova inicia suas atividades, produz os móveis de linha reta e modulados para escritórios e residências.[82]

Segundo Arnoldo, em entrevista concedida à autora em 2010, todas as fábricas seguiam a mesma metodologia de produção. O fluxo de produção era orientado por um cartão itinerário que especificava a sequência das operações até a embalagem; as peças entravam em linha de produção por componentes, com 10% a mais para evitar perdas. Eram transportadas em apoios apropriados para as seções de preparação da madeira, cortes, usinagens, lixamento, etc. e seguiam as etapas previamente estabelecidas no cartão itinerário. O encarregado de cada seção tinha um desenho que orientava a operação. Para o controle do tempo da produção havia um setor

---

[82] Essas informações foram obtidas na "Codificação numérica dos modelos de móveis Cimo" encontrada na fábrica de móveis Habitasul, hoje Meu Móvel de Madeira. Pesquisa realizada pela autora em 1999.

de cronometragem com profissionais que acompanhavam a produção de cada seção. O tempo era marcado pela produção de um grupo de peças, as quais acompanhava um outro cartão onde eram marcados o início e o fim da operação. Tereza Augustin Hocfc, operária da fábrica que trabalhava na seção de estofamento, conta que ela tinha uma meta diária de números de assentos e encostos a ser cumprida, inclusive comenta que havia uma ajuda entre os operários no cumprimento das metas.[83]

Os investimentos em tecnologia avançada ocorrem com a compra de máquinas automáticas sequenciais, sistema que revolucionou a fabricação do mobiliário nacional, alavancando a produção em grande escala. No início da década de 1970, foi construído o primeiro pavilhão da fábrica em Vila Nova, Rio Negrinho, para alojar o novo sistema, cujas operações eram coordenadas por uma única pessoa. Era um conjunto de máquinas que executavam diferentes operações. Bráulio descreve esse processo:

> um pedaço de madeira entrava lá no início e recortava um lado, depois um aparelho logo adiante virava a chapa e cortava o outro lado, daí saía e entrava na coladeira de bordo, colava primeiro um lado, virava novamente e colava o outro, plainava, tirava as arestas, e pronta entrava no acabamento.[84]

As peças eram conduzidas por esteiras. Essa sequência corresponde à fabricação de um tampo, eram vários os recursos, acionados de acordo com a operação desejada, nesse caso, a

---

[83] Tereza Augustin Hocfc, moradora de Rio Negrinho e ex-funcionária da Cimo, foi entrevistada pela autora em 2010.

[84] Entrevista de Bráulio Zipperer concedida à autora em 1998.

furadeira, por exemplo, que fazia oito furos ao mesmo tempo e, segundo Bráulio, não existia produção para esse equipamento.

Nessa unidade foram fabricados os móveis de linha reta, entre outros: dormitórios, salas de jantar, uma linha de móveis modulares laqueados e a linha 9A, linha infinita, como já mencionado anteriormente.[85] Lembre-se que, contrapondo-se à fabricação de móveis modernos, fabricavam-se também móveis de estilo.

A primeira iniciativa de fabricar o aglomerado no Brasil partiu da Cimo. Segue um breve relato de Nelson Buchmann,[86] para conhecimento dos investimentos feitos pela Cimo na fabricação do aglomerado, mencionando um experimento de matéria-prima no Brasil que se assemelhava ao aglomerado, mas que não servia para a fabricação de móveis. Logo depois da feira de Hannover na Alemanha, chegou ao Brasil a notícia sobre a nova matéria-prima, que nasceu na Alemanha entre os anos de 1939 e 1945, e parece que foi desenvolvida por uma necessidade de guerra. Nos anos de 1963 e 1964 foi constituída na Cimo uma comissão de técnicos, da qual Buchmann fazia parte, com o objetivo de estudar a possibilidade de fabricação do aglomerado para complementar a do compensado, cujo volume não atendia à demanda da produção. Constituía também a comissão o Sr. Curt, técnico em máquinas e equipamentos, Evaldo Zipperer, chefe do departamento técnico, e Gastão Ray, do departamento industrial. Martin era um grande entusiasta da proposta. Foram feitos dois projetos, e após eleger-se um deles, Curt e Raimundo Egg, em março 1964, foram para a

---

[85] Foi possível identificar em que fábrica cada modelo de móvel foi produzido a partir da "Codificação numérica dos modelos de móveis Cimo", 1999.

[86] Entrevista concedida à autora em março de 2010.

Alemanha negociar a compra dos equipamentos, quando chegou a notícia de que, diante da instabilidade econômica do país, devido ao golpe de 1964 ocorrido no dia do fechamento dos negócios para a compra do maquinário, decidiu-se não realizar o negócio com a Alemanha para a fabricação de aglomerado. A partir da renúncia da Cimo de fabricar o aglomerado, parte dos técnicos dessa comissão foi convidada pela diretoria da Móveis Vogue, empresa de estofados na época, a levar os conhecimentos adquiridos para a implantação da fábrica de aglomerado Placas do Paraná, a primeira no Brasil.

FATORES QUE CONTRIBUÍRAM COM O FECHAMENTO DA CIMO

Os fatos a seguir relativos à situação financeira da empresa a partir de 1970 contam com as contribuições de Alcides Raimundo Liebl, Bráulio Zipperer, Gentil Schwarz e Max Josef Reuss Strenzel, e com os estudos dos "relatórios da diretoria e seus anexos", de 1944 a 1977, realizados por Amir Khair em 1999,[87] para melhor compreender, entre outros, os motivos que levaram a empresa a pedir concordata e a passagem do controle acionário das mãos dos diretores e conselheiros para pessoas estranhas ao grupo.

> [...] a empresa desde a sua fundação em 1944 foi crescendo gradualmente em suas vendas, até 1976, evidenciando o desenvolvimento da empresa e sua crescente penetração no mercado.

---

[87] Estudaram-se os anexos: Evolução econômico-financeira da Móveis Cimo de 1944 a 1977; Demonstração dos resultados do ano (1977); Ativo e passivo de 31 de dezembro (1977); Evolução dos estoques – imobilizações de dívida; Análise econômica-financeira da Móveis Cimo. Arquivo Maria Lina Keil.

> Assim, de 1945 até 1965, o lucro da empresa sempre representou mais do que 10% de suas vendas, o que é um índice bastante bom. De 1966 a 1974, esse lucro cai para a média de 9% das vendas, evidenciando aí uma situação não tão confortável quanto a que vinha ocorrendo, mas, assim mesmo, um índice bastante bom.
>
> É em 1975 que ocorre problema econômico da empresa, em que o seu lucro praticamente zera.
>
> Para a empresa não incorrer em prejuízos, como suas operações não eram suficientes para pagar todas as suas despesas operacionais, ela lança mão de venda de seu ativo (patrimônio). (Khair, 1999, s/p).[88]

Nesse mesmo ano, em razão das vendas oscilantes e da situação financeira agravada, foram tomadas algumas medidas, como contratar um profissional de marketing e cortar a fabricação de alguns produtos, como a cadeira "Singela", nome atribuído, segundo fôlder da empresa da década de 1970, à cadeira nº 1001 e sua variação 1009, a poltrona de madeira para cinema e as carteiras escolares.

> [...] um bom indicador das dificuldades de mercado que a empresa enfrentou é retratado pelo custo dos seus produtos vendidos, o que quer dizer, matérias-primas, mão de obra de fabricação, manutenção da fábrica, o qual, entre 1972 e 1974, representava metade do valor das vendas e, a partir de 1975, vai subindo gradualmente até atingir 58% em 1976. Isto indica que os preços de venda a partir de 1975 não acompanham mais os custos de suas matérias-primas. (*Ibidem*)

---

[88] Amir Khair, mestre em finanças públicas pela Fundação Getulio Vargas, presta assessoria nessa área e tem publicações em periódicos. Foi secretário das finanças da Prefeitura do Município de São Paulo de 1988 a 1992.

Bráulio Zipperer, ao comentar as dificuldades dos últimos tempos, considera que teria sido necessário recorrer a profissionais especializados para cuidar das áreas administrativa e de engenharia de produção: "Tentamos nós mesmos resolver todos os problemas, a empresa cresceu demais e perdemos o fio da meada".[89]

> Nos relatórios da diretoria, era sempre apontado que um dos problemas mais graves da Móveis Cimo eram suas despesas financeiras, decorrentes de empréstimos tomados. Ocorre que, em 1977, que foi o ano da concordata, as vendas da empresa não propiciavam resultado positivo mesmo sem considerar suas despesas financeiras.
>
> É claro que as despesas financeiras que vinham crescendo de forma assustadora desde 1975 agravam ainda mais o quadro acima descrito.
>
> Importante também destacar que a empresa, face às suas dificuldades de mercado evidenciadas em diversos relatórios de diretoria, onde são mencionadas dificuldades com concorrência estrangeira, dentre outras, ao invés de adotar uma política de racionalização de estoques, agiu no sentido de crescê-los muito acima do volume de suas operações comerciais, sendo que usou para financiar esse crescimento de estoques empréstimos cujos juros representavam cerca de 1/3 do valor dos mesmos.
>
> Concorreu também para os altos custos financeiros da empresa a implantação, a maturação e a entrada efetiva em operação da nova unidade de produção em Vila Nova - Rio Negrinho (do relatório da diretoria do balanço de 31/12/1977). (*Ibid.*, s/p)

---

[89] Entrevista de Bráulio Zipperer à autora em 1998.

Em 1968 foi aprovada pela diretoria a construção da fábrica em Vila Nova, Rio Negrinho, retomada em 1972,[90] quando foi discutido o plano para sua construção, segundo relatório da diretoria. A intenção de construir a nova fábrica era alocar o maquinário automatizado, para atender à demanda do mercado interno e investir na exportação. A compra das máquinas sequenciais automáticas, tecnologia de ponta para a época, trouxe dificuldades financeiras à empresa, que se agravaram ainda mais com o incêndio da fábrica de Joinville, com perda total. Não havia capital suficiente para concretizar a obra e para a compra do maquinário mencionado, adquirido quando o primeiro pavilhão foi concluído. Foi preciso recorrer a empréstimos bancários. Martin Zipperer era contra a construção da fábrica em Vila Nova, visto que não estavam trabalhando com dinheiro próprio. Segundo Bráulio, todo o lucro destinava-se ao pagamento dos juros.

Destaca-se ainda na análise realizada por Amir Khair:

> A empresa também não foi capaz diante de seus problemas financeiros de mobilizar recursos próprios de acionistas para fazer face a esses problemas, recorrendo a empréstimos, sendo que, em 1971, quando a empresa se apresentava de forma econômica e financeira saudável, seu capital era quase quatro vezes superior ao volume de suas dívidas junto a instituições financeiras. Esse quadro se inverte dramaticamente, onde, em 1976, sua dívida passa a ser mais de três vezes superior ao capital social.
>
> As dívidas vão crescendo a partir de 1973 face às necessidades de investimento necessárias a ampliações industriais e à cobertura dos danos causados pelos incêndios. Esses investimentos não fo-

---

[90] Strenzel, em entrevista à autora em 1999.

> ram cobertos de forma suficiente por aportes de capital, tendo a empresa recorrido a empréstimos que causaram sucessivamente problemas financeiros que acabaram por inviabilizar as próprias operações da empresa.
>
> É importante observar que as imobilizações técnicas que são os valores de seus terrenos, construções, equipamentos e instalações, móveis e utensílios e veículos, cresceram de 1972 até 1974, passando de 16 milhões para 27 milhões, passando em seguida a decrescer para o nível de 16 milhões em 1976 e, fruto da concordata, caindo para cerca de 12 milhões em 1977.
>
> Em posição oposta, os estoques passaram em 1972 de 25 milhões para 45 milhões em 1976. (*Ibidem*)

Em abril de 1977, foi feito o pedido de concordata provisória e aceito em 27 de agosto do mesmo ano, e foi estipulado um prazo de dois anos para a empresa se recuperar e pagar a seus credores. A Móveis Cimo S.A. tinha, na ocasião, 3.000 acionistas, 360 fornecedores, 3.400 funcionários, 2.500.000 árvores e a fábrica de Rio Negrinho, que gerava 60% da receita municipal (*O Estado do Paraná*, 26 de abril de 1977).

A empresa continua com o controle acionário até janeiro de 1979, quando este passa para Felipe Lutfalla e Eduardo Lutfalla, os quais já eram acionistas desde junho de 1978. Nessa ocasião, a diretoria da Cimo era composta por: Bráulio Zipperer, diretor-presidente, Geraldo M. de Castelo Branco, diretor vice-presidente, Max Josef Reuss Strenzel, diretor industrial e Ewaldo Zipperer, diretor comercial, segundo comunicado da Móveis Cimo em 31 de janeiro de 1979.[91]

---

[91] Essas informações foram obtidas nos documentos da empresa. Arquivo Maria Lina Keil.

Raymundo Egg concede entrevista ao *Diário do Paraná* em 12 de julho de 1978 e, segundo a reportagem,

> Raymundo Egg, empresário paranaense, aos 78 anos de idade, já aposentado, fala dos bons tempos em que dirigia a maior fábrica de móveis do país – entre os anos 1943 e 1975 –, grande parte dos quais, ao lado de Martin Zipperer, misturando observações de natureza técnica, tristezas nascidas nos últimos três anos, durante os quais a empresa viveu um processo de crise crescente, e esperanças de que com a recente venda da maioria de suas ações para o grupo paulista – alguns dizem multinacional – Lutfalla, sua "Cimo" volte a constar na lista das grandes empresas brasileiras.[92]

A expectativa de Raymundo Egg reflete a dos diretores e funcionários da Cimo na esperança de que o grupo Lutfalla recuperasse a Cimo, dado o que esta representava para todos, porém isso não ocorreu e, em 1982, foram encerradas as atividades da empresa.

Esses fatores visam a contribuir para um melhor entendimento dos fatos que levaram a Cimo a encerrar suas atividades, porém esta abordagem poderá ser aprofundada e exigirá outros estudos.

Martin Zipperer faleceu em 1971, quando a empresa apresentava resultados satisfatórios; depois de aposentado, dedicou-se ao reflorestamento.

---

[92] Raymundo Egg trabalhou para a Cimo como representante desde 1932, compôs o grupo que fundou a Cia. Industrial de Móveis, Móveis Cimo S.A., dirigiu a fábrica de Curitiba e, em 1968, substitui Martin Zipperer, quando este se aposenta, no cargo de diretor-presidente.

ALGUMAS CONSIDERAÇÕES FINAIS

Os desafios enfrentados pela Móveis Cimo nos últimos tempos na luta pela sobrevivência não foram suficientes para impedir o fechamento da empresa; no entanto, esta deixou um importante patrimônio, não com relação aos bens materiais restritos a poucos, mas sim com relação à sua importância histórico-cultural e aos ensinamentos que esta empresa trouxe à industrialização do mobiliário no país.

No início do século XX, a Móveis Cimo representou, juntamente com a Indústrias Cama Patente, um marco divisor entre a produção artesanal e a industrialização do mobiliário brasileiro. Conforme foi apontado no segundo capítulo, a Cimo atuou principalmente no mercado de móveis institucionais e a Patente no de móveis residenciais, ambas em escalas de abrangência nacional. A produção em grande escala, com produtos de qualidade, atingida por essas duas empresas é ímpar na história do mobiliário brasileiro.

O diferencial da Cimo evidencia-se no início quando propõe fabricar cadeiras com as sobras de madeira da fábrica de caixas. A partir daí revelam-se contribuições singulares para a indústria do mobiliário, destacando-se: inovação na organização industrial do setor moveleiro, sendo o produto gestor do planejamento da produção; a visão empresarial dos irmãos Jorge e Martin Zipperer ao alocar a base produtiva próxima às reservas de matéria-prima e o acesso ao transporte visando à comercialização nos centros urbanos em desenvolvimento nas primeiras décadas do século XX e a alojar e capacitar a mão de obra; inovação no produto com soluções que permitiam a "desmontabilidade", priorizando as qualidades de resistência, durabilidade, conforto e beleza; investimento em tecnologia de ponta em decorrência do aprimoramento do produto, do beneficiamento da madeira e da otimização dos métodos de produção para a escala industrial. Foram pioneiros em reflorestamento, e os primeiros estudos para a fabricação do aglomerado no Brasil foram feitos na Cimo.

A construção da identidade da empresa no mercado nacional e sua popularização foram marcadas pela presença maciça em espaços coletivos, sejam instituições privadas como cinemas, comércios, sejam especialmente instituições públicas, como nos setores educacionais e administrativos e pelas qualidades oferecidas pelos seus produtos. O mobiliário da Cimo simboliza uma época de mudanças sociais e representa uma referência à identidade da população brasileira por resgatar momentos significativos de seu passado e de sua história.

Em parte, essa experiência pode não corresponder à realidade produtiva atual, porém a problemática relativa ao processo produtivo, ao mercado e à cultura do planejamento empresarial desenvolvidos pela Cimo na perspectiva da produção industrial ainda não foi superada por grande parte das empresas do setor moveleiro com relação ao design, ao planejamento industrial e ao investimento em tecnologia apropriada ao produto, à formação e à especialização da mão de obra e na definição de metas mercadológicas.

A importância da Cimo ressaltada nos capítulos deste livro é mostrar um exemplo de produção industrial que se desenvolveu a partir de uma realidade nacional, porém mantendo-se atualizada com relação ao contexto mundial, e estabeleceu relações internacionais que repercutiram em seu desenvolvimento.

Este livro busca ressaltar os aspectos socioculturais e os relativos aos processos de produção que caracterizaram o mobiliário brasileiro ao abordar inicialmente as contribuições culturais do colonizador português, do indígena, do africano e do fazer artesanal na concepção da produção do mobiliário. Seja este um objeto único ou em série, executado para as elites a partir de padrões europeus ou para móveis e objetos populares a partir de referências autóctones ou híbridas com a cultura europeia. Esta obra se propõe ressaltar, num segundo momento, a passagem do fazer artesanal para os primórdios da produção mecanizada, ainda dependente do fazer manual, cuja evolução tecnológica capacitou a produção em grande escala ainda na primeira metade no século XX. Acompanhou essa evolução o desenvolvimento de produtos que atendiam às necessidades funcionais e estéticas de uma sociedade em constante mudança.

Os aspectos constitutivos da identidade do mobiliário brasileiro devem-se àqueles que detêm o conhecimento tradicional, artístico e técnico, herdados de geração a geração, como foi o caso dos fundadores da Cimo, e aos profissionais que aplicaram os conhecimentos adquiridos formalmente, alguns deles mencionados no decorrer dos capítulos.

Esses exemplos sinalizam a importância da função social do design do produto e do comprometimento dos setores produtivos, no caso do mobiliário, com questões que abrangem um leque de ações que vão desde a sustentabilidade do sistema produtivo ao desenvolvimento de produtos com qualidades técnicas, estéticas e de conforto, que deverão reverter em benefício da sociedade.

Bibliografia

LIVROS

ARGAN, Giulio Carlo. *Arte moderna: do iluminismo aos movimentos contemporâneos*. São Paulo: Companhia das Letras, 1993.

BAER, Werner. *A industrialização e o desenvolvimento econômico no Brasil*. Rio de Janeiro: Fundação Getulio Vargas, 1966.

BANDEIRA JUNIOR, Antonio Francisco. *A indústria no estado de São Paulo*. São Paulo: Editora Diário Oficial, 1901.

BAVA, Ideo. "Reflexões sobre o móvel de madeira com desenho exclusivo". Em *Madeira na arquitetura, construção e mobiliário*. São Paulo: Associação Brasileira de Desenhistas de Interiores e Decoradores, Projeto Editoriais Associados Ltda., 1988.

BAYEUX, Gloria. *O móvel da casa brasileira*. São Paulo: Museu da Casa Brasileira, 1997.

BENJAMIN, Walter. *Sobre arte, técnica, linguagem e política*. Lisboa: Relógio d'Água Editores, 1992.

BORGES, Adélia. *Prêmio design*. Museu da Casa Brasileira: 1986/1996. São Paulo: Museu da Casa Brasileira, 1996.

_____. *Maurício Azeredo: a construção da identidade brasileira no mobiliário*. São Paulo: Instituto Lina Bo & P. M. Bardi, 1999.

BRUNO, Ernani Silva. *O equipamento da casa bandeirista segundo os antigos inventários e testamentos*. São Paulo: Secretaria Municipal da Cultura/ Departamento do Patrimônio Histórico, Divisão de Iconografia e Museus, 1977.

CALLIA, Vinício Walter. "A madeira laminada e colada de pinho do Paraná nas estruturas". Em *Boletim* nº 47. São Paulo: Instituto de Pesquisas Tecnológicas (IPT), 1958, publicação nº 571.

CANTI, Tilde. *O móvel do século XIX no Brasil*. Rio de Janeiro: CGPM, 1988.

_____. *O móvel no Brasil: origens, evolução e características*. 2ª ed. Rio de Janeiro: CGPM, 1985.

COSTA, Lúcio. "Notas sobre a evolução do mobiliário luso-brasileiro". Em *Arquitetura civil III: mobiliário e alfaias*. São Paulo: FAU-USP/MEC--IPHAN, 1975/1939, pp. 133-146.

COUTINHO, Luciano G. & FERRAZ, João Carlos (coords.). *Estudo da competitividade da indústria brasileira*. Campinas, IE-Unicamp-IEI/UFRJ--FDC-Fundex, 1993.

DEAN, Warren. *A industrialização de São Paulo: 1880-1945*. São Paulo: Difel, 1971.

FERRAZ, Marcelo Carvalho. *Arquitetura rural na Serra da Mantiqueira*. São Paulo: Quadrante, 1992.

GALLI, Vera. *Cadeira: o mobiliário no Brasil*. São Paulo: Editare Editora, 1988.

GITAHY, Maria Lucia Caira. "Qualificação e urbanização em São Paulo: a experiência do Liceu de Artes e Ofícios (1873-1934)" apud RIBEIRO, Maria Alice Rosa. *Trabalhadores urbanos e ensino profissional*. Campinas: Unicamp, 1986.

HOMEM, Maria Cecília Naclécio. *O palacete paulista e outras formas urbanas de morar da elite cafeeira: 1867-1918*. São Paulo: Martins Fontes, 1996.

JOBIM, José. *História das indústrias no Brasil*. Rio de Janeiro: José Olympio, 1941.

KOPP, Anatole. *Quando o moderno não era um estilo e sim uma causa*. São Paulo: Nobel/Edusp, 1990.

KORMANN, José. *Rio Negrinho, que eu conheci*. Curitiba: Tipowest, 1980.

LEMOS, Carlos A. C. *Alvenaria burguesa*. 2ª ed. São Paulo: Nobel, 1989.

_____. *Cozinhas, etc. Um estudo sobre as zonas de serviço da casa paulista*. 2ª ed. São Paulo: Perspectiva, 1978.

LOURENÇO, Maria Cecília França. *Operários da modernidade*. São Paulo: Hucitec/Edusp, 1995.

MAFRA, Antônio Dias. *A história do desenvolvimento da indústria do mobiliário: região do Alto Vale do Rio Negro: São Bento do Sul, Rio Negrinho, Campo Alegre*. Santa Catarina: Monografia para obtenção do título de Especialista em História. Universidade do Vale do Itajaí, Centro de Pós-graduação, 1993.

MAINIERI, C. & Chimelo, J. P. *Fichas e características das madeiras brasileiras*. 2ª ed. São Paulo: Instituto de Pesquisas Tecnológicas (IPT), 1989.

MALDONADO, Tomás. *El diseño industrial reconsiderado: definición, historia, bibliografía*. Barcelona: Gustavo Gili, 1977.

MAYER, Arno J. *A força da tradição: a perspectiva do antigo regime (1848-1914)*. São Paulo: Companhia das Letras, 1990.

MORSE, Richard M. *Formação histórica de São Paulo*. São Paulo: Difel, 1970.

PEVSNER, Nikolaus. *Os pioneiros do desenho moderno: de Willian Morris a Walter Gropius*. 2ª ed. São Paulo: Martins Fontes, 1995.

_____. *Origens da arquitetura moderna e do design*. 2ª ed. São Paulo: Martins Fontes, 1996.

REIS FILHO, Nestor Goulart. *Quadro da arquitetura no Brasil*. 7ª ed. São Paulo: Perspectiva, 1995.

SANTOS, Maria Cecília Loschiavo dos. *Móvel moderno no Brasil*. São Paulo: Studio Nobel/Fapesp/Edusp, 1995.

SEVERO, Ricardo. *O Liceu de Artes e Ofícios de São Paulo: histórico, estatutos, regulamentos, programas, diplomas*. São Paulo, 1934.

SINGER, Paul. *Desenvolvimento econômico e evolução urbana*. São Paulo: Companhia Editora Nacional, 1968.

ZIPPERER, Josef. *São Bento no passado: reminiscências da época da fundação e povoação do município*. Curitiba: Tipografia João Haupt, 1951.

REVISTAS, JORNAIS E PERIÓDICOS

ARNHOLDO, Vera Alice & OLIVEIRA, Kalil de. *Imagens da história*. Prefeitura Municipal de São Bento do Sul, SC. s/d.

BARDI, Lina Bo. *Revista Habitat* nº 46. jan./fev., 1958.

BANCO NACIONAL DE DESENVOLVIMENTO ECONÔMICO E SOCIAL. *BNDES Setorial* nº 8. Rio de Janeiro: Finame/BNDESPAR, setembro/1998.

CASTRO, Jorge Bierrenbach de. *A plantação de carvalho e outras espécies em Rio Negrinho*. Em *O Estado de S. Paulo*. "Suplemento Agrícola". 7-11-1962.

DIÁRIO CATARINENSE. "São Bento do Sul: origens de uma cidade moveleira e industrial". Série de cadernos em comemoração aos 125 anos de São Bento do Sul. Em *Diário Catarinense*, Florianópolis, 1998.

Guia Banyan de Campinas. Ano 4, nº4, Campinas, 1959.

História da indústria e comércio do mobiliário no Brasil: os pioneiros. Ano 10, nº 97, São Paulo: Moveleiro Móveis & Design, jun. 1990.

História do design no mobiliário no Brasil: a trajetória 2. Ano 11, nº 109. São Paulo: Moveleiro Móveis & Design, jul. 1991.

MOLLERUP, Per. "Offspring-Danish Chair with Foreign Ancestors". Mobilia Press ApS. Snekkersten: Udgivet af, DK, 1983.

Revista Móveis Cimo, mar.-abr., 1954. Acervo do Museu Municipal Carlos Lampe. Rio Negrinho-SC.

Revista Móveis Cimo, jan.-fev.-mar., 1954. Arquivo da Fábrica de Móveis Habitasul.

Revista Tendência. Ano 1, nº 9. Rio de Janeiro, jun. de 1974.

CATÁLOGOS

Baraúna Marcenaria, nos anos de 1990.

Cadeira, evolução e design. Museu da Casa Brasileira, 1985.

Cadeiras poltronas carteiras Jorge Zipperer & Cia. Indústrias Reunidas de Madeiras Jorge Zipperer & Cia. Rio Negrinho. Arquivo Museu Municipal Carlos Lampe. Rio Negrinho-SC.

Edição Comemorativa aos 75º Aniversário da Fundação de São Bento do Sul, hoje Serra Alta, Rio Negrino-SC. Arquivo do Museu Histórico de São Bento do Sul-SC (pesquisa em arquivos especiais).

Exposição Vila Penteado. Coordenação: Maria Cecília Naclério Homem Prado & Lucio Gomes Machado. Promoção: Universidade de São Paulo, Faculdade de Arquitetura e Urbanismo. Patrocínio: Secretaria da Cultura, Ciência e Tecnologia do Estado de São Paulo.

Forma S.A. móveis e objetos de arte. São Paulo: 1993-1994.

Indústrias Reunidas de Madeiras A. Ehrl & Cia. Arquivo Museu Municipal Carlos Lampe. Rio Negrinho-SC.

Lar moderno – móveis compensados. Indústrias Reunidas de Madeiras Jorge Zipperer & Cia. Arquivo Museu Municipal Carlos Lampe. Rio Negrinho-SC.

Mobiliário brasileiro: premissas e realidade. São Paulo: Museu de Arte de São Paulo, 1971.

Modelos avulsos (posteriores a 1944). Arquivo Indústrias de Móveis Habitasul e arquivo Museu Municipal Carlos Lampe. Rio Negrinho-SC.

Morada paulista. Museu da Casa Brasileira, 1986.

Cia. Industrial de Móveis Cimo. Arquivo Museu Municipal Carlos Lampe. Rio Negrinho-SC.

Móveis Dasp. Cia. M. Zipperer. Móveis Rio Negrinho. Arquivo Museu Municipal Carlos Lampe. Rio Negrinho-SC.

Móveis Jorge Zipperer & Cia. Arquivo do Museu Municipal Carlos Lampe. Rio Negrinho-SC.

O design no Brasil: história e realidade. Exposição inaugural do Centro de Lazer do Sesc Fábrica da Pompeia. São Paulo: Museu de Arte de São Paulo Assis Chateaubriand, 1982.

Poltronas para cinemas e teatros. Cia. M. Zipperer. Arquivo Museu Municipal Carlos Lampe. Rio Negrinho-SC.

Teperman. Concepção e coordenação de Adélia Beru. São Paulo, 1997.

PESQUISAS EM ARQUIVOS ESPECIAIS

ACERVO AMIR KHAIR:

KHAIR, Amir. Análise da evolução econômica da Móveis Cimo de 1944 a 1977 a partir dos relatórios da diretoria e seus anexos. 1999.

ACERVO M. ANGÉLICA SANTI:

Relatório de pesquisa. Centro Tecnológico do Mobiliário (Cetemo-Senai). Bento Gonçalves, RS, 1993. Pesquisa encomendada pela Oficina de Arte e Design.

ACERVO MARIA LINA KEIL:

ZIPPERER, Irineu; OLIVEIRA, Crispim C. de; SOUZA, Saulo Flores de. Levantamento em diversas áreas do reflorestamento da Móveis Cimo S.A., de 1930 a 1969.

ZIPPERER, Jorge. Diário. Santa Catarina, s/d. Arquivo Histórico Municipal de São Bento do Sul-SC.

ZIPPERER, Martin. *Dados sobre a formação e desenvolvimento da Móveis Cimo S. A., de suas três fábricas – uma situada em Rio Negrinho; outra em Joinville, ambas no estado de Santa Catarina, e a terceira em Curitiba, no Estado do Paraná.* Álbum pessoal de memórias e relatos acompanhado de fotos. 1955.

ACERVO MAX JOSEF REUSS STRENZEL:

ZIPPERER, Martin. *Reminiscências do ano de 1921.* Rio Negrinho-SC. 12-1-1971.

ARQUIVO HABITASUL:

"Codificação numérica dos modelos de móveis Cimo". A Móveis Cimo hoje pertence à empresa Meu Móvel de Madeira. Rio Negrinho-SC, 1999.

Recortes de jornais e revistas (1920-1950). Arquivo da Indústria de Móveis Habitasul, atual Meu Móvel de Madeira, Rio Negrinho. Pesquisa realizada em 1998-1999.

ARQUIVO HISTÓRICO MUNICIPAL DE SÃO BENTO DO SUL:

_____. Bibliografia. Traduzida por Afonso Zipperer. Santa Catarina, s/d.

_____. Crônica Jorge Zipperer Imigração e fábrica. Santa Catarina, s/d.

Guia do estado de Santa Catarina. Florianópolis: impressão e encadernação Livraria Central Alberto Entres, 1927.

Guia do estado de Santa Catarina vol. 2. Florianópolis: impressão e encadernação Livraria Central Alberto Entres, 1941.

Relatório da gestão dos negócios do município de São Bento do Sul. 1899. Conselho Municipal De São Bento Do Sul. Superintendente Manoel Gomes Tavares.

PREFEITURA DE RIO NEGRINHO:

Subsídios para Tomada de Decisão. Secretaria da Indústria, do Comércio e do Turismo, 1998.

VÍDEO

STAROSTA, Márian. Thonart Móveis Vergados S.A. Thonart [filme – vídeo]. Direção de produção Costa Vera, direção Starosta Márian, direção de fotografia Starosta Márian. Rio Grande do Sul, Canoas, Thonart Móveis Vergados S.A. (sem data). Áudio dolby digital 2.0. 256Kbps. Tempo de duração 11'46".

Vídeo realizado como projeto final da disciplina AUP 427 – Produção e Consumo do Objeto Industrial. Universidade de São Paulo, Faculdade de Arquitetura e Urbanismo, departamento de Projeto. Luiz Bargmann (dir. e imagem). Yvonne Mautner (coord. e roteiro). São Paulo: VideoFau, 1995.

ENTREVISTAS CONCEDIDAS À AUTORA

Alcides Raimundo Liebl, 1999.

Antônio Dias Mafra, 1999.

Arnoldo Pockrandt, 2010

Bráulio Zipperer, 1998.

Celso Koll Ross, 1999, 2010.

Gentil Schwarz, 1995, 1999.

João da Silva, 1999.

José Kormann, 1999.

José Zipperer, 1995, 1996.

Klus Schumacher, 2010.

Leoni Fuerst Pacheco, s/d.

Marcos Alberto von Bahten, 2010.
Maria Lina Keil, 1996,1997.
Mario Ghisalberti, 1996.
Mauro Mariani, 1999.
Max Josef Reuss Strenzel, 1996, 1999.
Milly Teperman, 1998.
Nelson Buchmann, 2010.
Siezmar Erico Weick, 1998.
Tereza Augustin Hocfc, 2010.